LEONARDO DA VINCI, DIBUJOS

195 obras maestras

José René Cruz Revueltas

Idbcom LLC

Diseño de la portada de: Idbcom LLC
Las imágenes son del dominio público

Número de control de la Biblioteca del Congreso: 2018675309
Impreso en los Estados Unidos de América

"Su espíritu nunca descansaba, su mente siempre estaba ideando cosas nuevas".

ANTONIO BILLI

CONTENTS

INTRODUCCIÓN

Desde su más tierna infancia, Leonardo se caracterizó por su insaciable sed de conocimiento, preguntaba el porqué de las cosas y se pasaba largas horas contemplando atentamente la tierra, el cielo, el mar, las estrellas, las hojas, las flores, o los animales, era un cautivo de su inmensa curiosidad interna, cualidad que lo caracterizaría hasta el final de sus días.

Leonardo nació en Vinci, un pequeño pueblo situado en las afueras de Florencia, en el año 1452. Era hijo de Ser Piero, un conocido notario local de una familia distinguida y de un buen nivel económico.

Leonardo nació de una aventura de su padre con Caterina, una humilde campesina de los alrededores. Por las diferencias sociales y económicas, Ser Piero y Caterina no se casaron; En consecuencia, Leonardo fue un hijo "ilegítimo". Leonardo parece no haber sufrido por ello, salvo los ataques a que le sometían sus medio hermanos, "los legítimos".

Su padre se casó con Albiera Amadori, de una familia acomodada, en cambio, su madre Caterina, contrajo matrimonio con un campesino del lugar.

Leonardo vivió en casa de su padre, donde creció rodeado de los mimos y atenciones que le prodigaban; sus abuelos, un tío joven y su padre.

Desde temprana edad su forma de estudiar fue a través del dibujo, todo lo que le llamaba la atención lo dibujaba, era su forma de apropiarse de la naturaleza para examinarla a conciencia.

Leonardo encontró en el dibujo la forma más fácil y estimulante de autoexpresión, el uso de la pluma y el crayón le vinieron tan naturalmente que parecía que había nacido dibujando.

Educación

Da Vinci tuvo una educación completa. Su padre notó su brillante inteligencia y seguramente, porque la familia no sufría problemas económicos lo encausó al estudio. Su educación fue muy superior a la de sus contemporáneos pintores, Miguel Ángel y Rafael.

Leonardo estudió latín, griego y música, cantaba y tocaba bien el laúd, pero pronto perdió el interés por la música. En cuanto a matemáticas, rápidamente superó a su tutor, haciendo preguntas que éste no sabía cómo responder.

Un día, su padre llevó algunos de los dibujos de Leonardo a Verrocchio, el gran maestro pintor florentino, para que le diera su opinión. Con entusiasmo, el maestro aconsejó a Leonardo que estudiara arte y se ofreció a recibirlo en su taller como aprendiz.

Andrea del Verrocchio fue un artista consumado, educado y de mente abierta, conocía los secretos de la escultura y la orfebrería; era un buen pintor; y sabía música e ingeniería. Por la calidad de su trabajo, su taller fue uno de los más apreciados y solicitados en la ciudad de Florencia. Leonardo ingresó a su taller entre los 15 y 16 años, durante este período, sus más significativos avances fueron en el dibujo y la pintura. Entre los dibujos supervivientes de este período hay uno fechado en 1473 (los que tienen una fecha son raros).

Leonardo tenía solo 21 años, pero el dibujo muestra lo que sería para siempre la estructura de sus obras. En él se puede apreciar una vista del valle del Arno, donde se detalla notablemente la naturaleza y la creación del hombre. Hay castillos, pueblos aislados, campos, ríos, árboles, plantas y rocas: la naturaleza como un todo y cada cosa en ella con su individualidad.

Valle del Arno, de Leonardo da Vinci

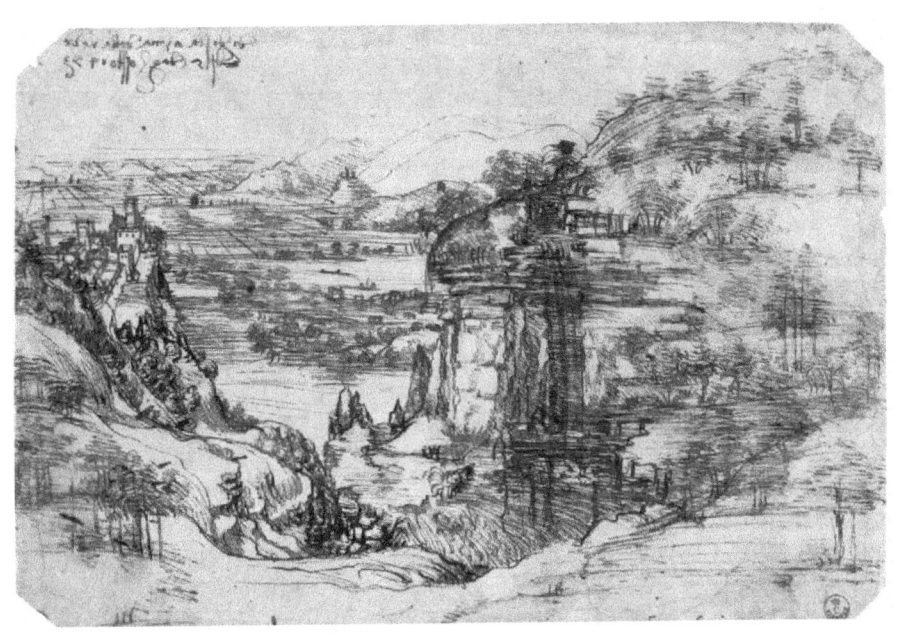

También durante el tiempo que pasó con Verrocchio, Leonardo dibujó planes para; la construcción de edificios, canales para llevar agua a lugares inaccesibles; túneles a través de montañas y equipos de construcción como grúas, levas y otras máquinas. Desde su juventud, Leonardo dio muestras concretas de sus múltiples aficiones.

Renacimiento de la filosofía

Los duques de Florencia, los Médicis, eran una familia de banqueros rica e influyente, gobernaban los destinos de la ciudad sin ostentar ninguna corona o título. Era una familia de gran visión, para la que no todo era poder y riqueza. Protegieron y promovieron las manifestaciones artísticas y culturales durante varias generaciones. Supieron rodearse de ilustres eruditos, arquitectos, músicos, poetas, pintores y filósofos, al mismo tiempo que protegían a los jóvenes talentos. Sin duda, el Siglo de Oro vivido en Florencia se debió, en gran medida, a esta familia.

Pedro de Médicis encargó al joven filósofo Marsilio Ficino la traducción al italiano de los Diálogos de Platón y le pidió que los explicara. Hombres de las más diversas ideas filosóficas y religiosas, intelectuales y artistas se reunían en la diminuta casa de Ficino en Careggio para escucharlo. Entre los más entusiastas se encontraba Leonardo Da Vinci.

Durante los diez años de su primera estancia en Florencia, Leonardo se sumergió en las teorías de

Marsilio Ficino, a quien mencionaría repetidamente en sus escritos, los cuales, junto a las obras de Platón, fueron sus libros de cabecera durante el resto de su vida.

El dibujo y el conocimiento

En general veneramos hoy a Leonardo da Vinci como pintor, pero para Leonardo la pintura no era más que una parte del círculo completo de la vida. Todo lo que ofrecía alimento a la visión o al cerebro del hombre le atraía.

Para Leonardo todo está interrelacionado y obedece a un único principio ordenador, el dibujo y la pintura son partes del proceso del conocimiento.

De acuerdo con su teoría la condición esencial para conocer es ver, pero no en el sentido simple de mirar. Para aprender, se debe observar, un arte que requiere una técnica única. Consideraba el ojo como la ventana del alma. Este instrumento permite al hombre el conocimiento porque sólo el sentido de la vista puede comunicar inmediatamente los hechos de la experiencia de forma correcta y precisa. En consecuencia, cada fenómeno percibido se convierte en objeto de conocimiento.

Leonardo desconfiaba de las ciencias basadas en razonamientos puros. Sostenía que lo que había que saber no se encontraba en la mente sino en la naturaleza. Afirmó que en el aprendizaje lo primero es abrir los ojos para observar, escudriñar y descubrir. Una vez que se conoce la causa de un evento natural, entra en juego el juicio o razonamiento para completar el acto cognoscitivo.

Es por ello que Leonardo es un precursor del método científico moderno. Y fue este doble acercamiento a la naturaleza, por un lado, conocerla y describirla, y por otro, descubrir sus leyes para recrearla, lo que permitió fusionar en ella con naturalidad ambas vertientes del conocimiento: el arte y la ciencia.

La teoría de la percepción de Leonardo incluía la emoción. Para él, los sentimientos, los estados de ánimo y las emociones eran las fuentes que proporcionaban la energía necesaria para percibir.

En su proceso de investigación la observación era el primer paso, el segundo tomar notas rápidas por medio de dibujos, en hojas sueltas, luego las ordenaba por temas y las anotaba y dibujaba en sus cuadernos.

Partiendo de que el ojo es el órgano del conocimiento y que ver observando y percibir es lo mismo, Leonardo concluyó que el pintor era la persona más adecuada para adquirir y transmitir el conocimiento. Consideró que, a juzgar por él mismo, los poderes de percepción del pintor eran más sutiles que los de la persona corriente y que, gracias a su dominio del dibujo, podía reproducir con absoluta fidelidad todo lo que había conocido.

Por lo tanto, concibió el gran plan de observar todos los objetos en el mundo visible, reconociendo su forma y estructura, y representándolos gráficamente. En los escritos de Leonardo, los dibujos se convierten en el principal instrumento de su método de aprendizaje y enseñanza. Al mismo tiempo, adquieren una nueva función: son prácticamente más importantes que la palabra escrita; esto explicará las ilustraciones, no al revés, como había sido hasta entonces. Leonardo se convirtió en un precursor de la imagen científica moderna al formular su principio de representación gráfica, llamado dimostrazione (demostración).

Aproximadamente una cuarta parte de sus escritos y dibujos sobrevivieron, lo que podría llenar 5 mil páginas de papel muy apretado con textos y dibujos.

Los títulos de las entradas en los cuadernos pueden

dar una idea de la amplitud de los temas que cubrió Leonardo:

Filosofía, Aforismos, Anatomía, Fisiología, Historia Natural, Proporciones Humanas, Medicina, Óptica, Acústica, Astronomía, Botánica, Geografía, Apuntes Topográficos, Atmósfera, Vuelo, Máquinas Voladoras, Mecánica, Matemáticas, Naturaleza del Agua, Hidráulica, Canalización, Experiencias, Invenciones, Balística, Armamento Naval, Dechado de las Artes, Tratado de Pintura, Color, Paisaje, Sombra, Luz, Perspectiva, Materiales de Artista, (cómo pintar), Escultura, Fundición, Arquitectura, Música, Cuentos, Chistes, Fábulas, Bestiario, Alegorías y Profecías.

La época que le tocó vivir a Leonardo da Vinci el denominado "Renacimiento italiano" fue única para el desarrollo de las artes y el pensamiento, sin embargo, también fue violenta y llena de guerras. Esto lo observamos en los dibujos de Leonardo, en donde además de plasmar la belleza y la dulzura femenina, bosqueja armas de destrucción, el dolor y el terror de la vejez y de la muerte.

En esa época los artistas dependían de la suerte de sus

mecenas, y al final de la vida de Leonardo se quedó sólo sin protector, el rey de Francia que lo admiraba y que dominaba Milán en ese entonces le ofreció refugio.

El final

Leonardo, se trasladó a Francia, a un castillo, a pasar cómodamente sus últimos días, hacía mucho tiempo que ya no pintaba cuadros, se había dedicado totalmente al dibujo.

Leonardo muere el 2 de mayo de 1519, en Castillo de Clos-Lucé, Amboise, Francia

DIBUJOS

MADONAS, MADRES Y VIRGENES

1

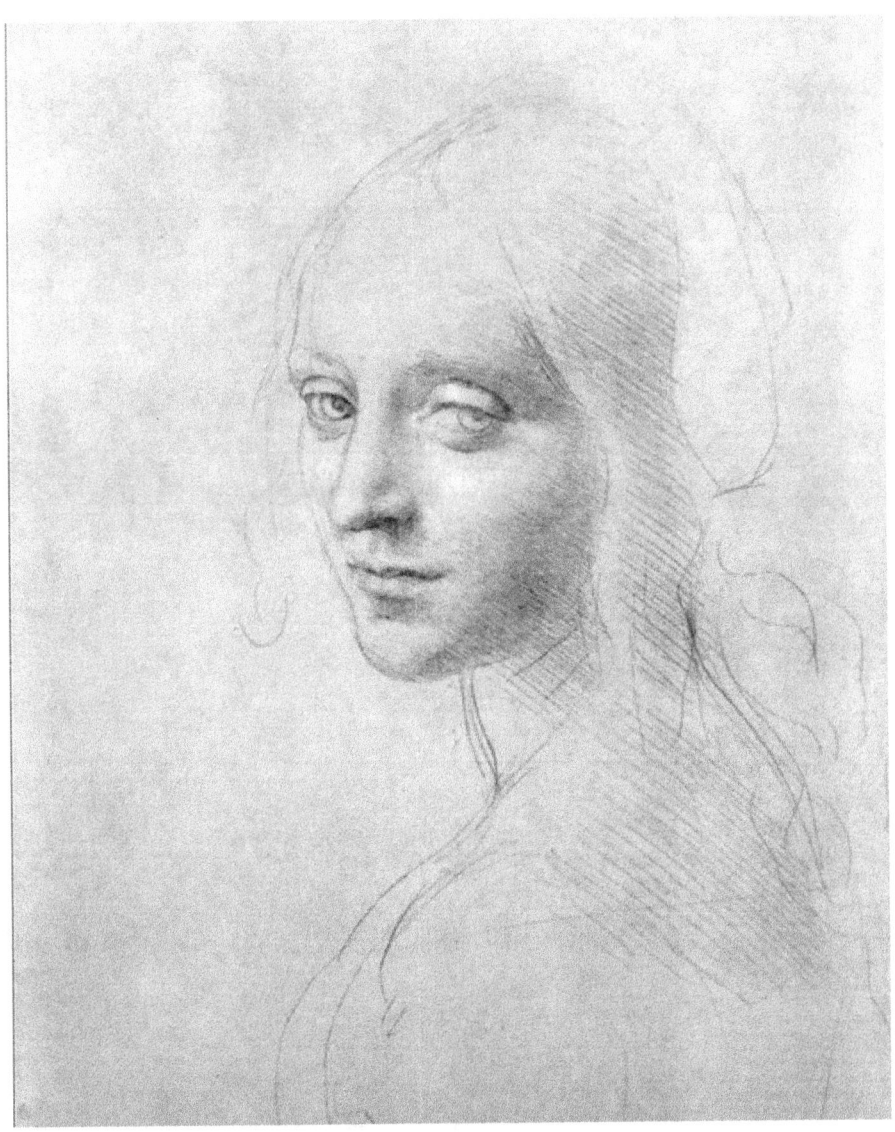

2

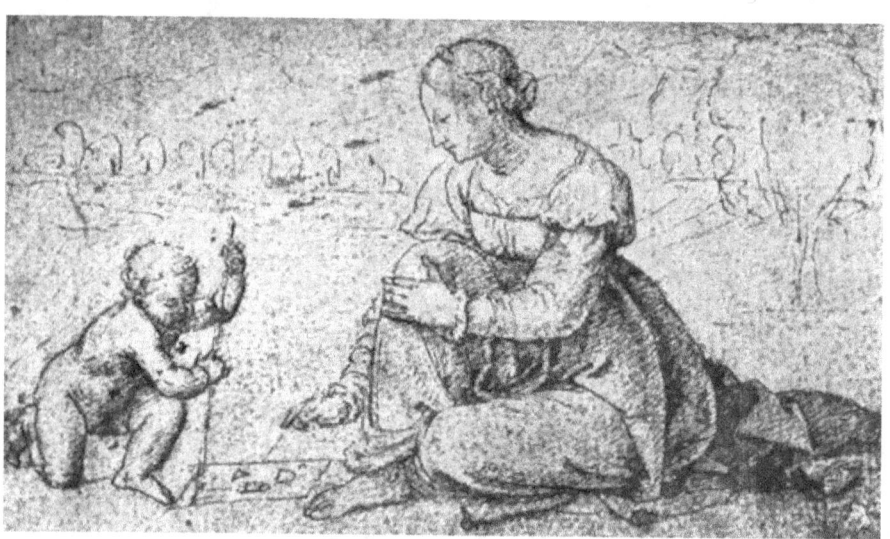

3

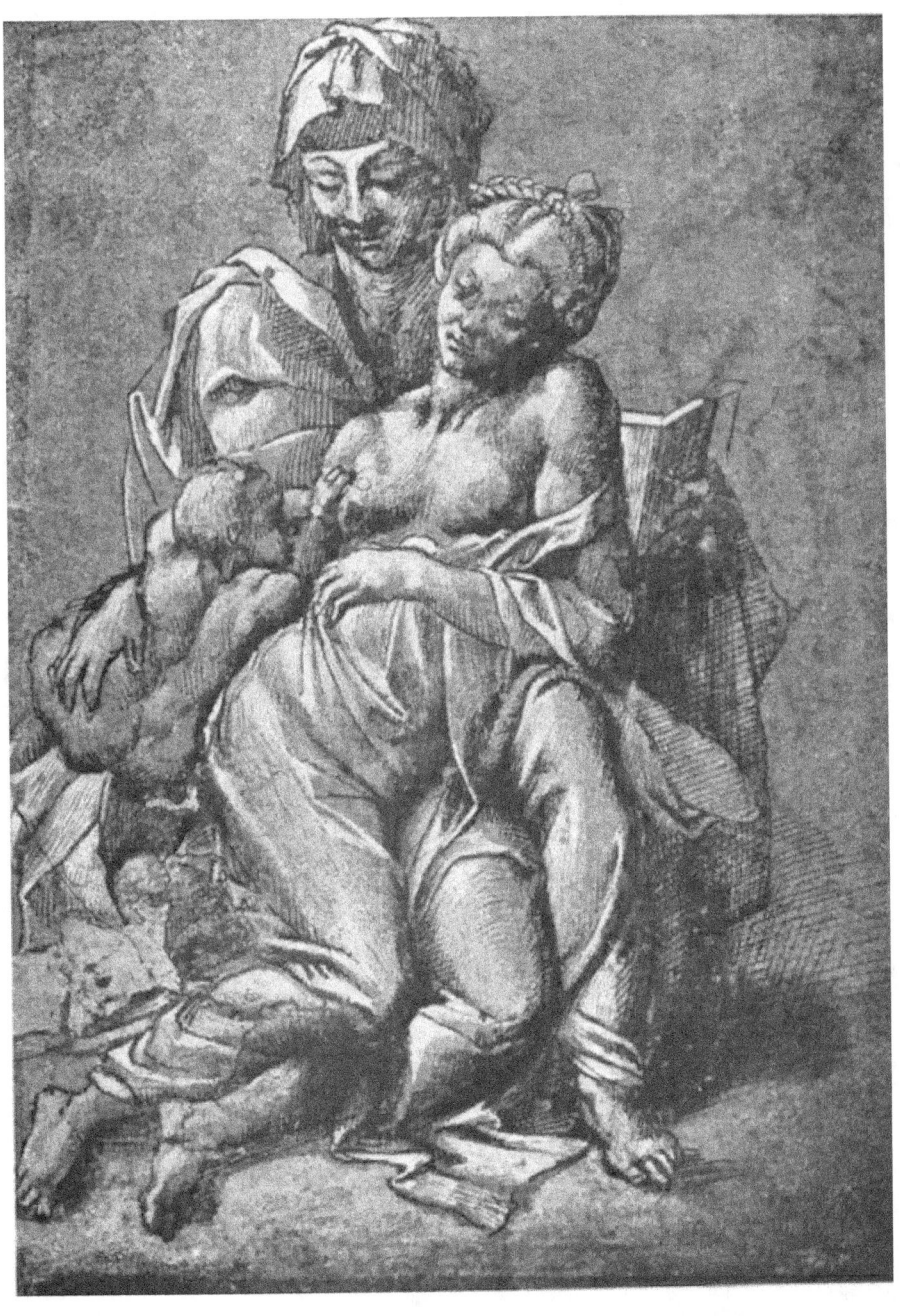

4

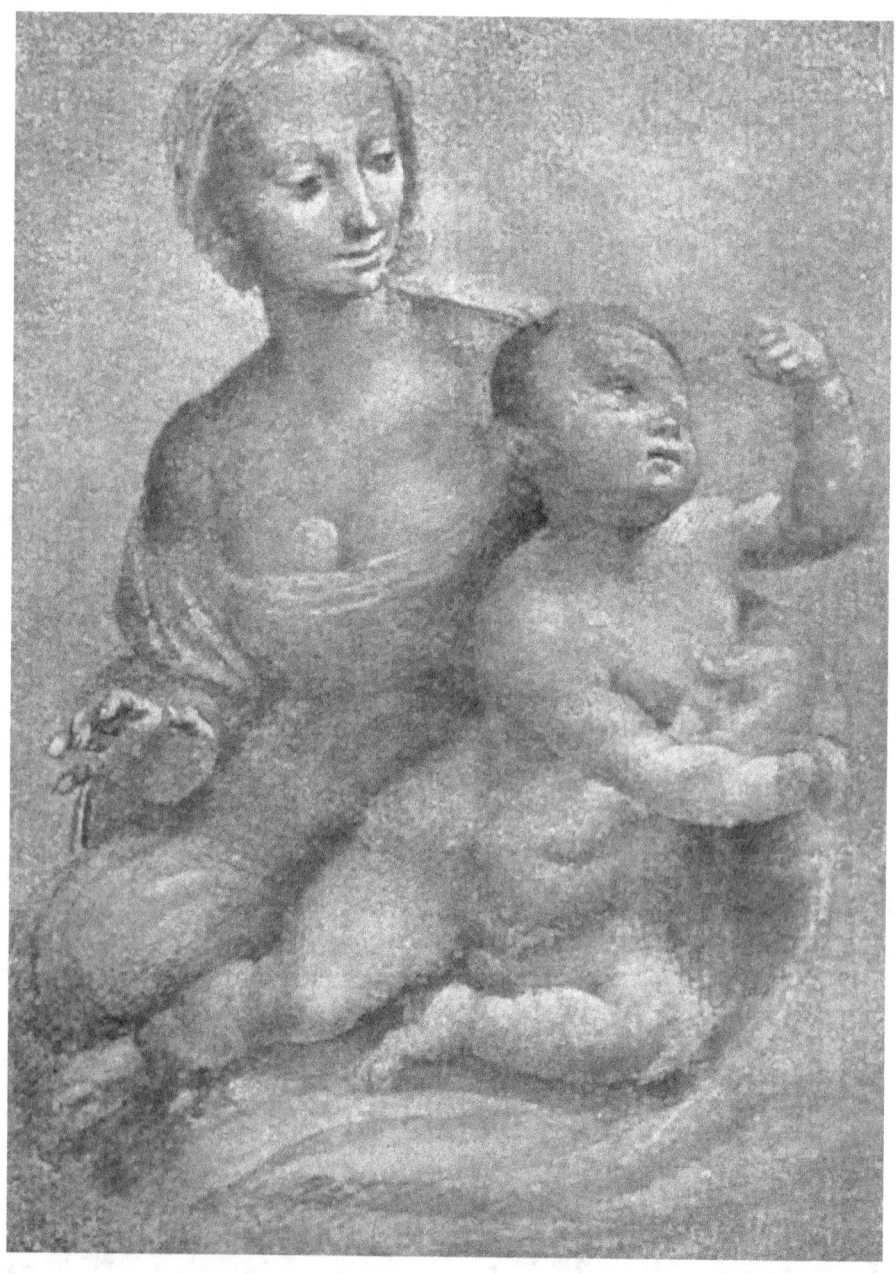

5

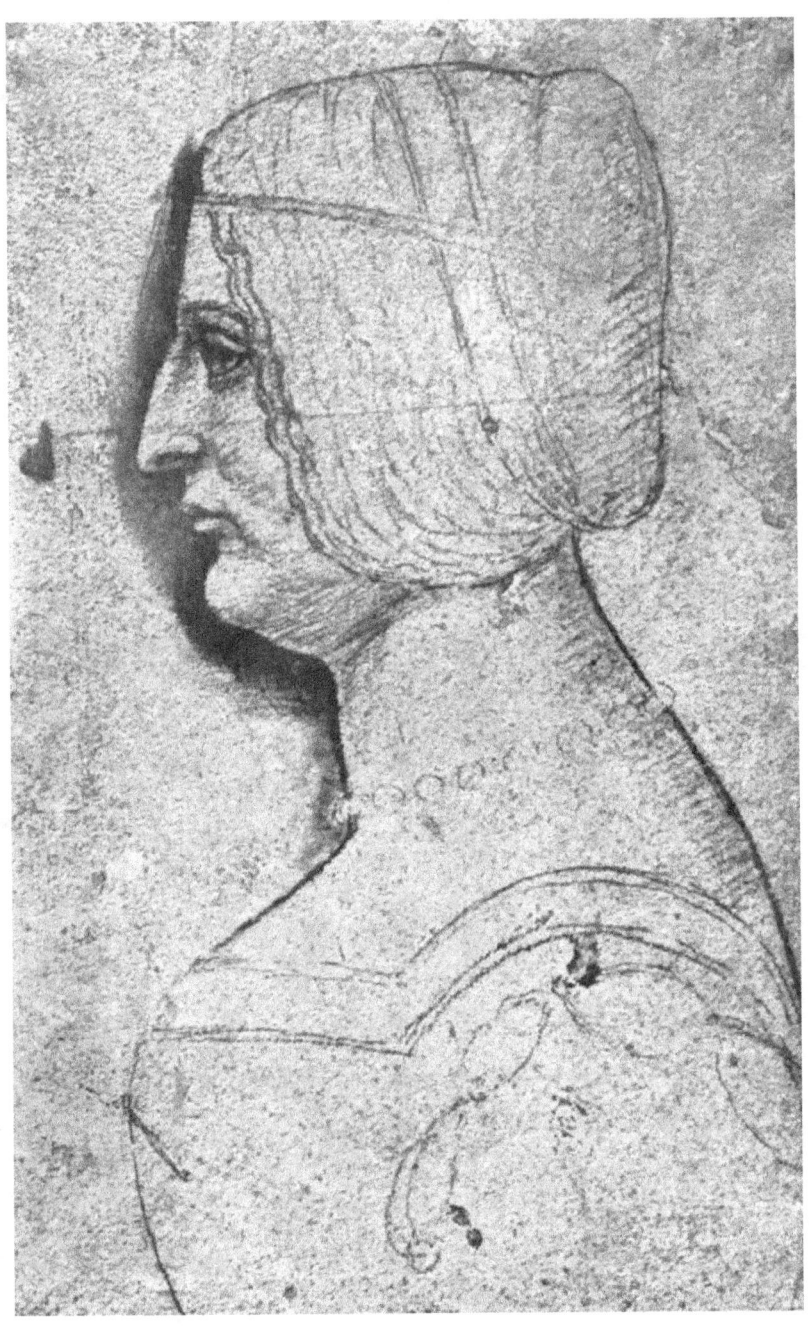

6

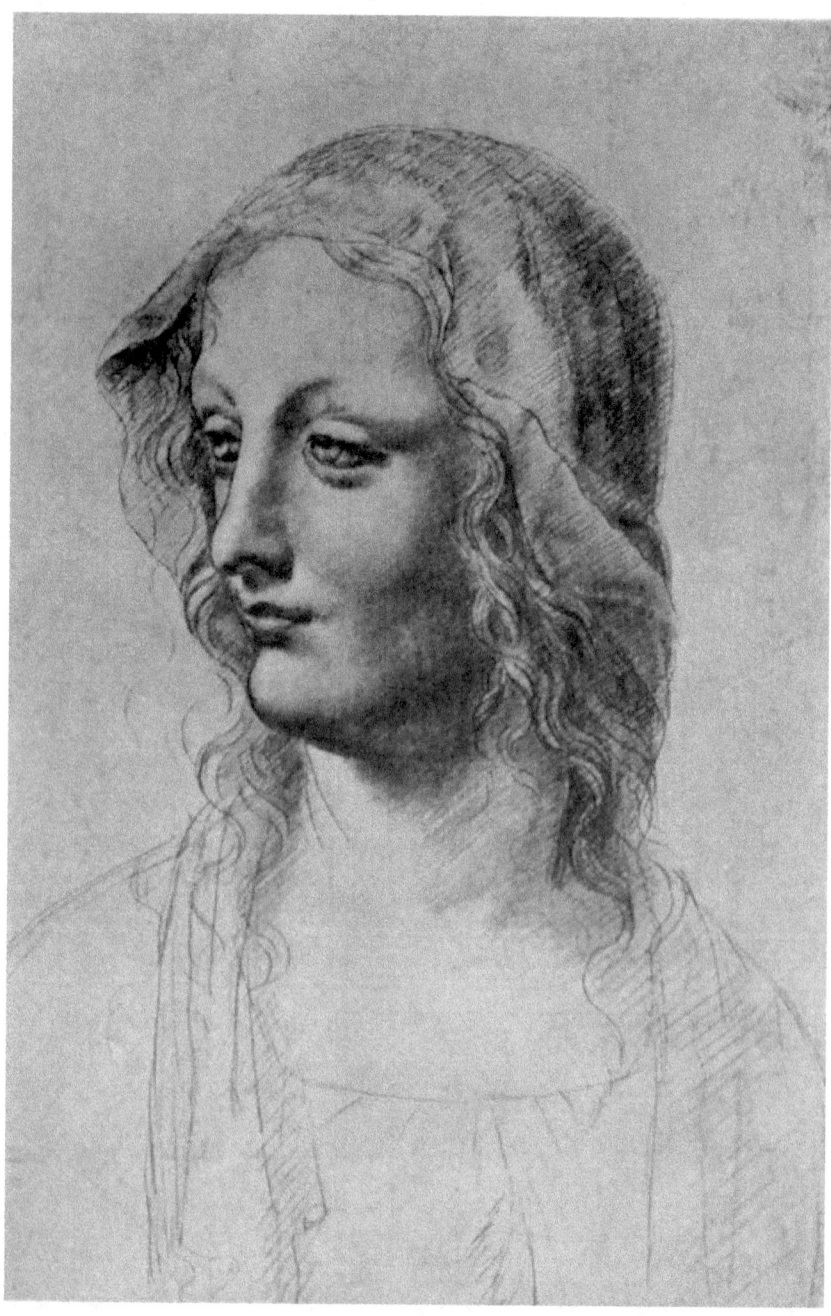

7

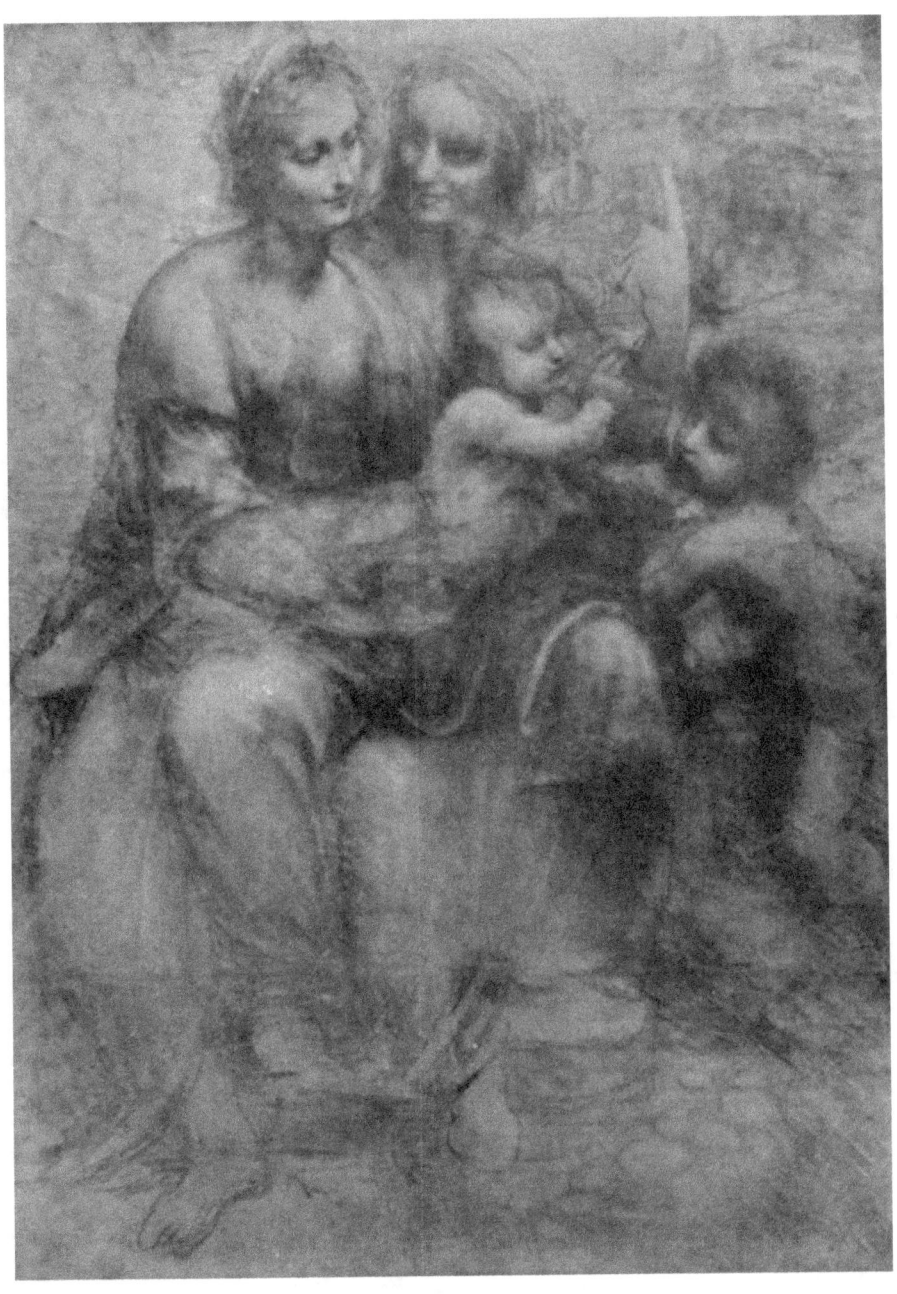

8

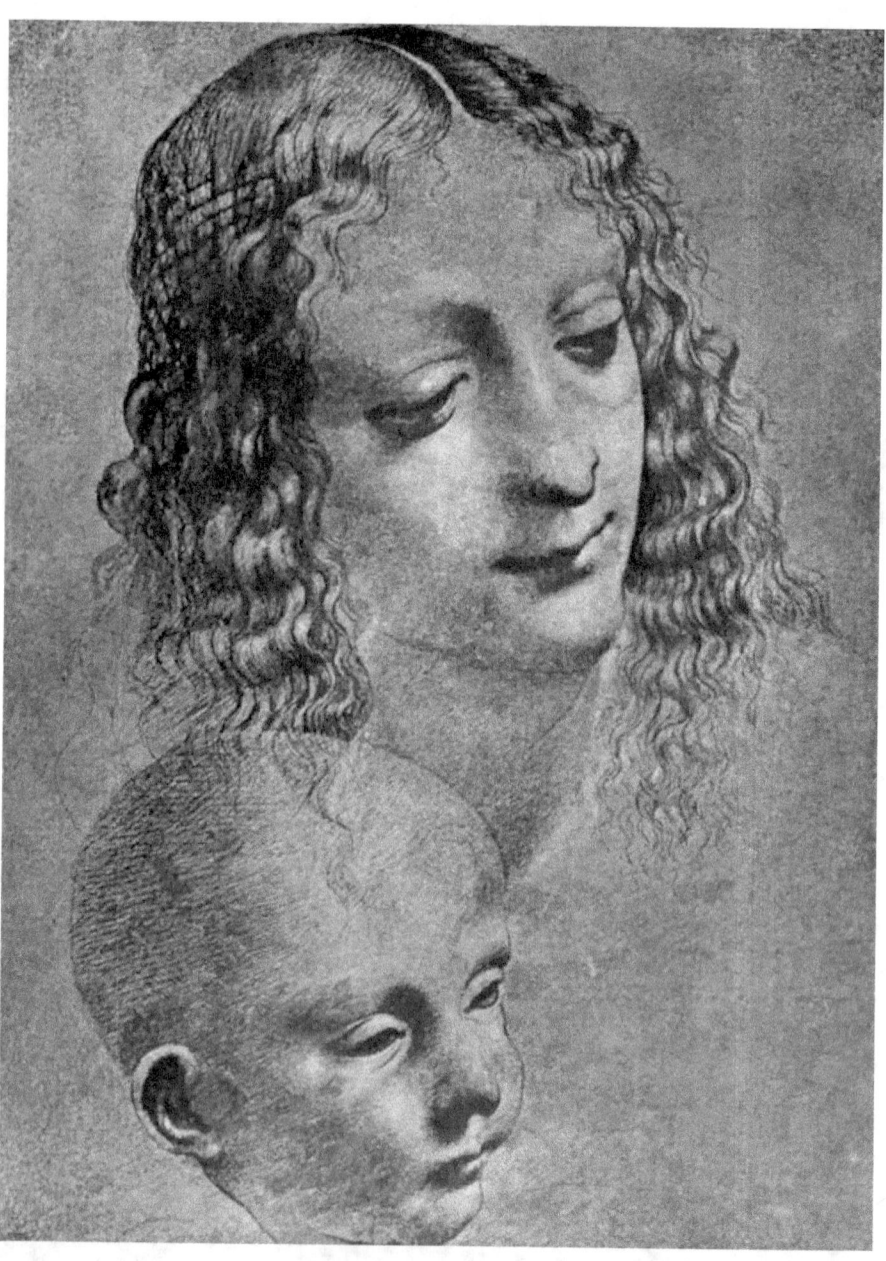

9

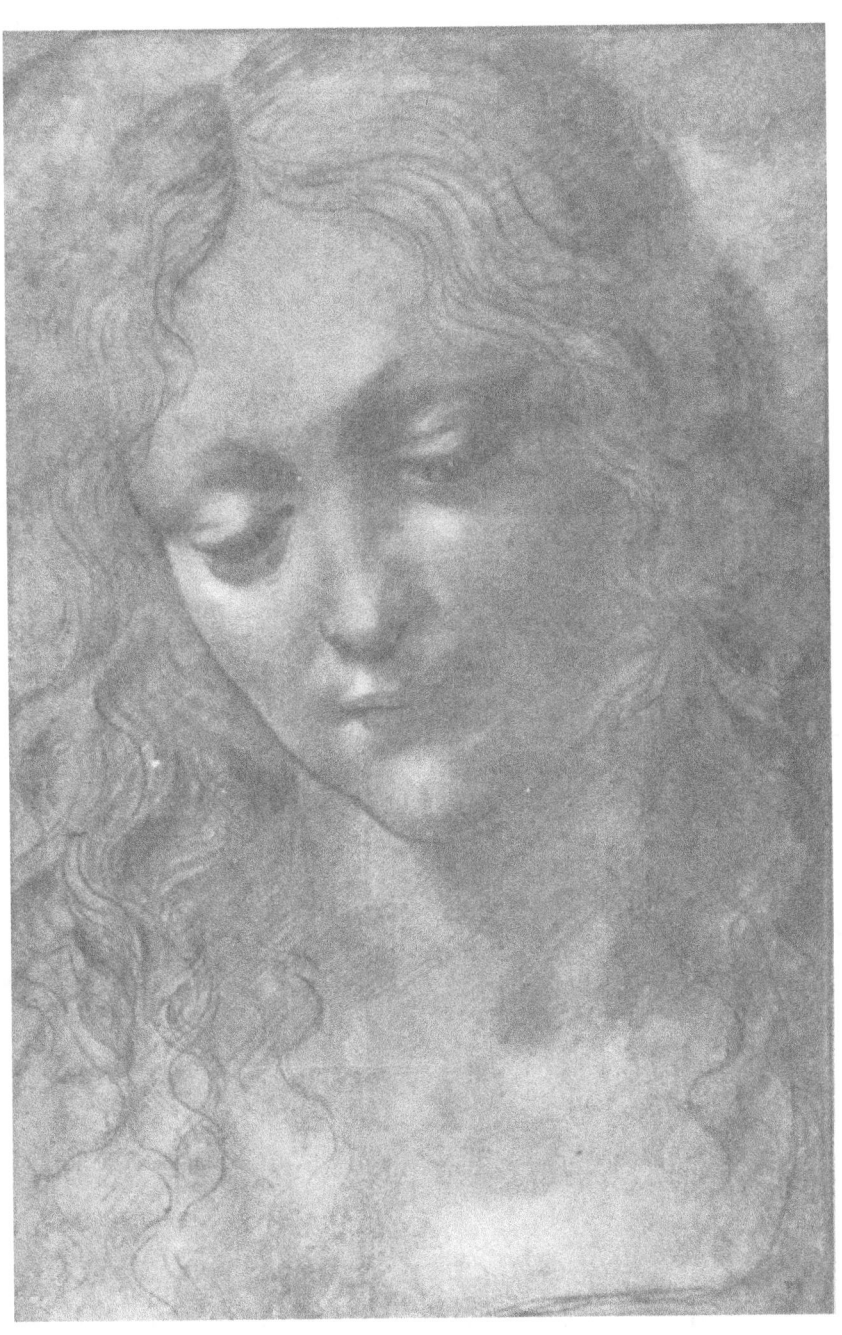

10

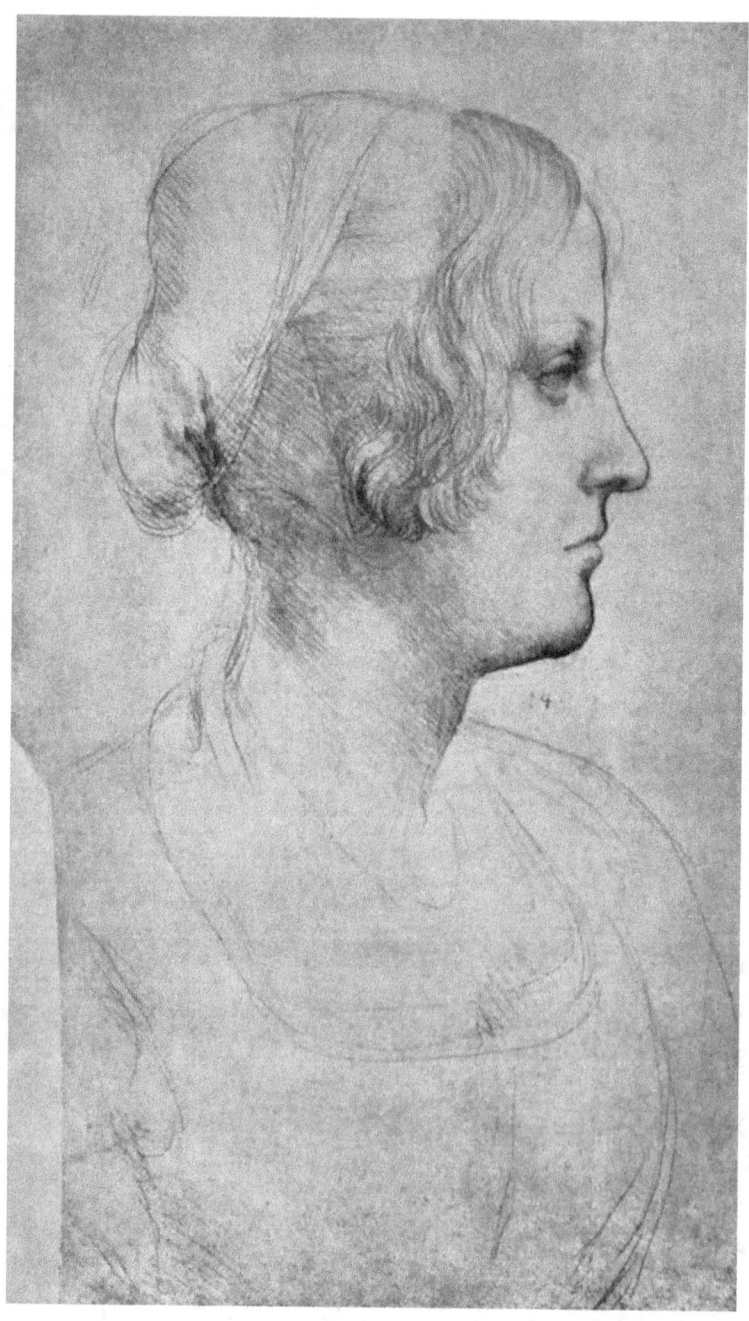

11

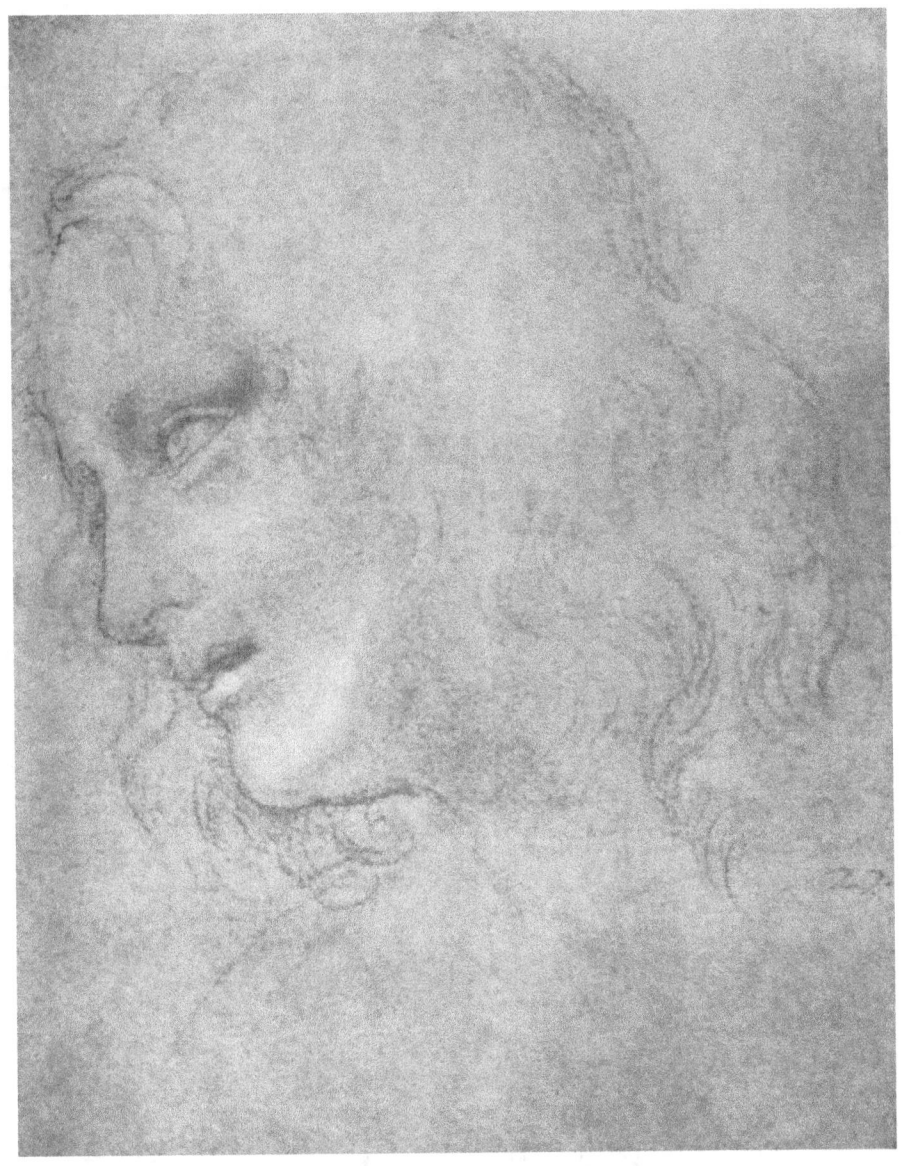

12

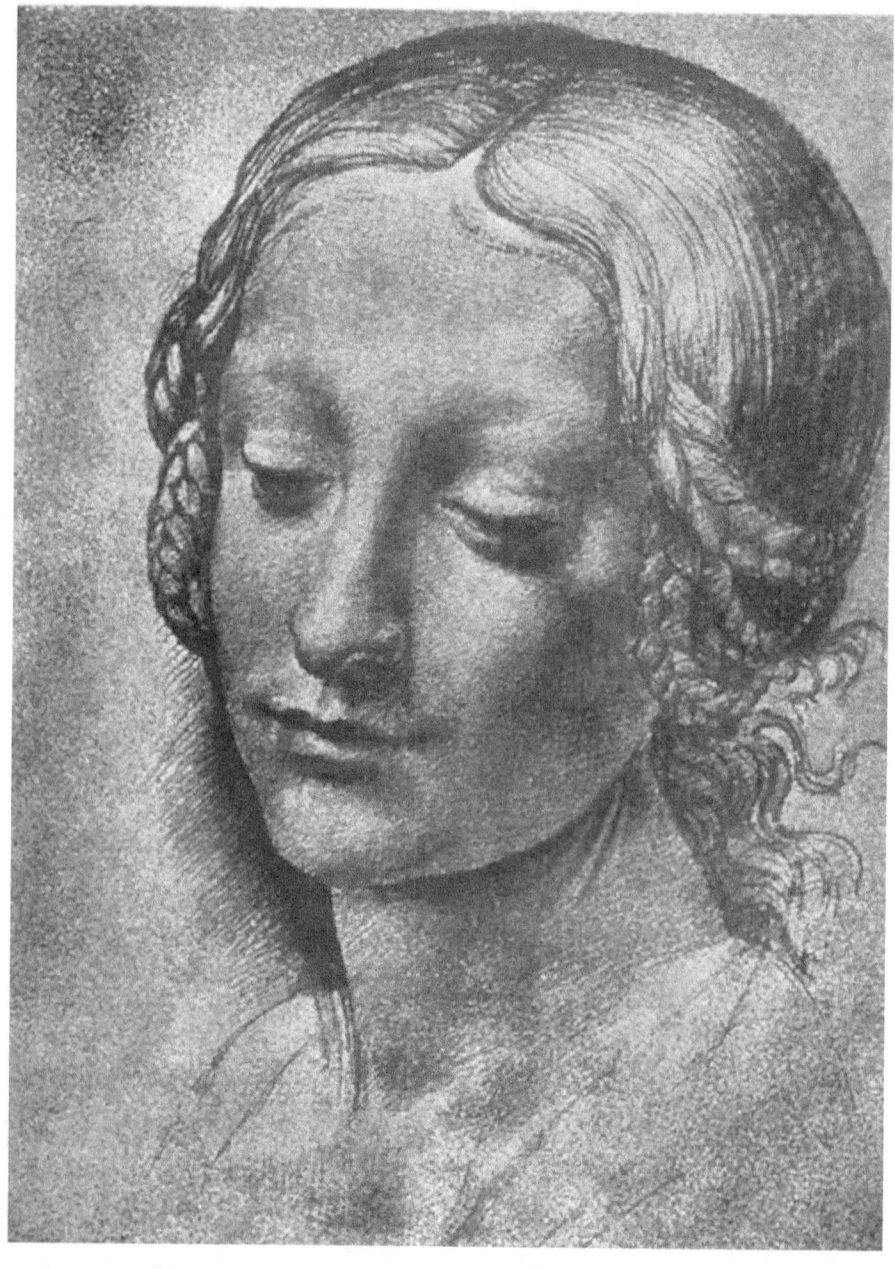

13

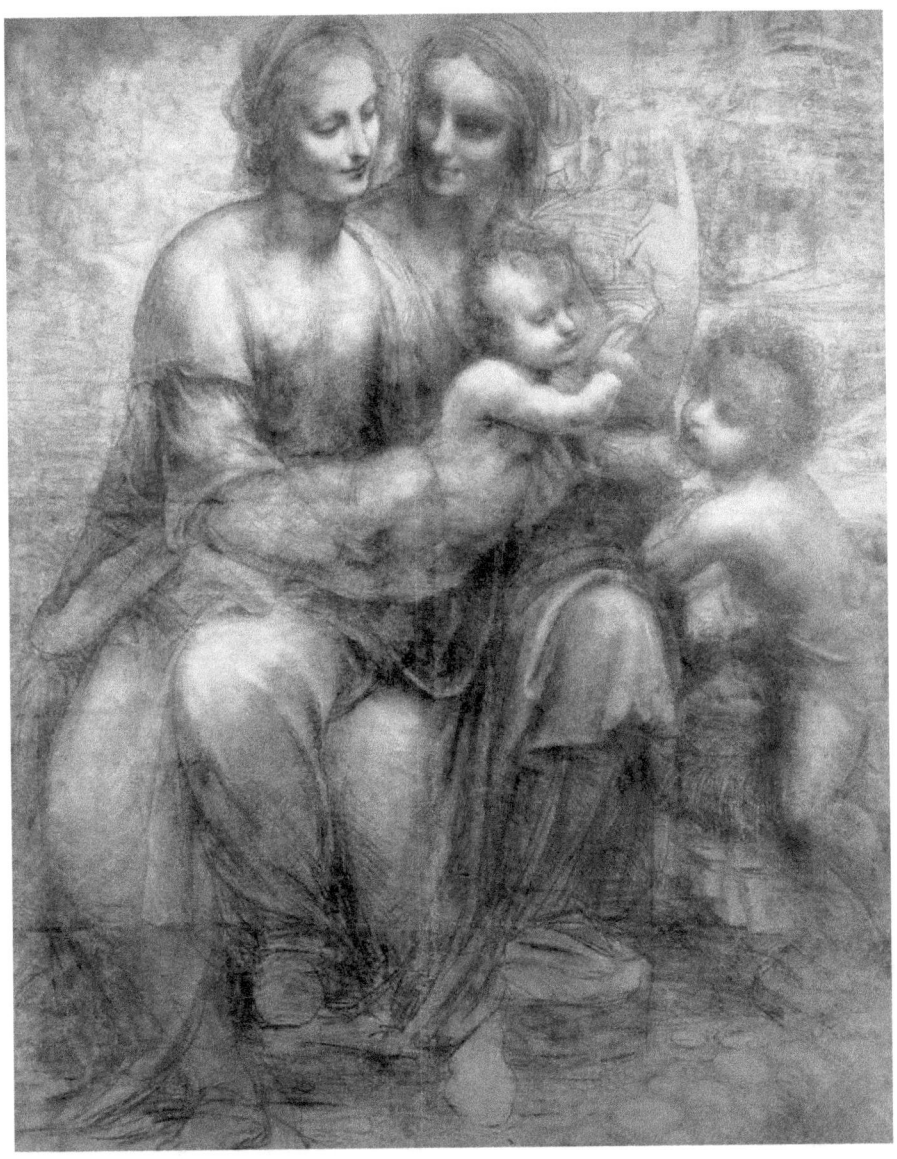

14

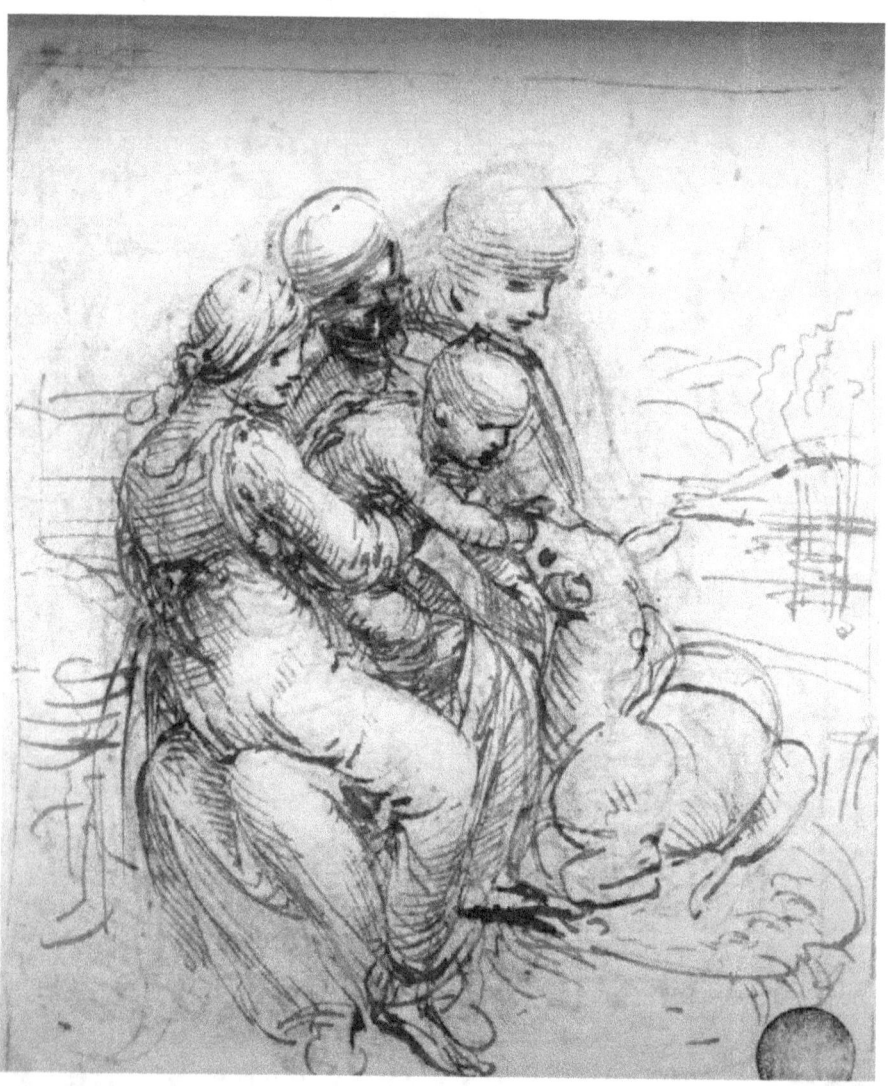

15

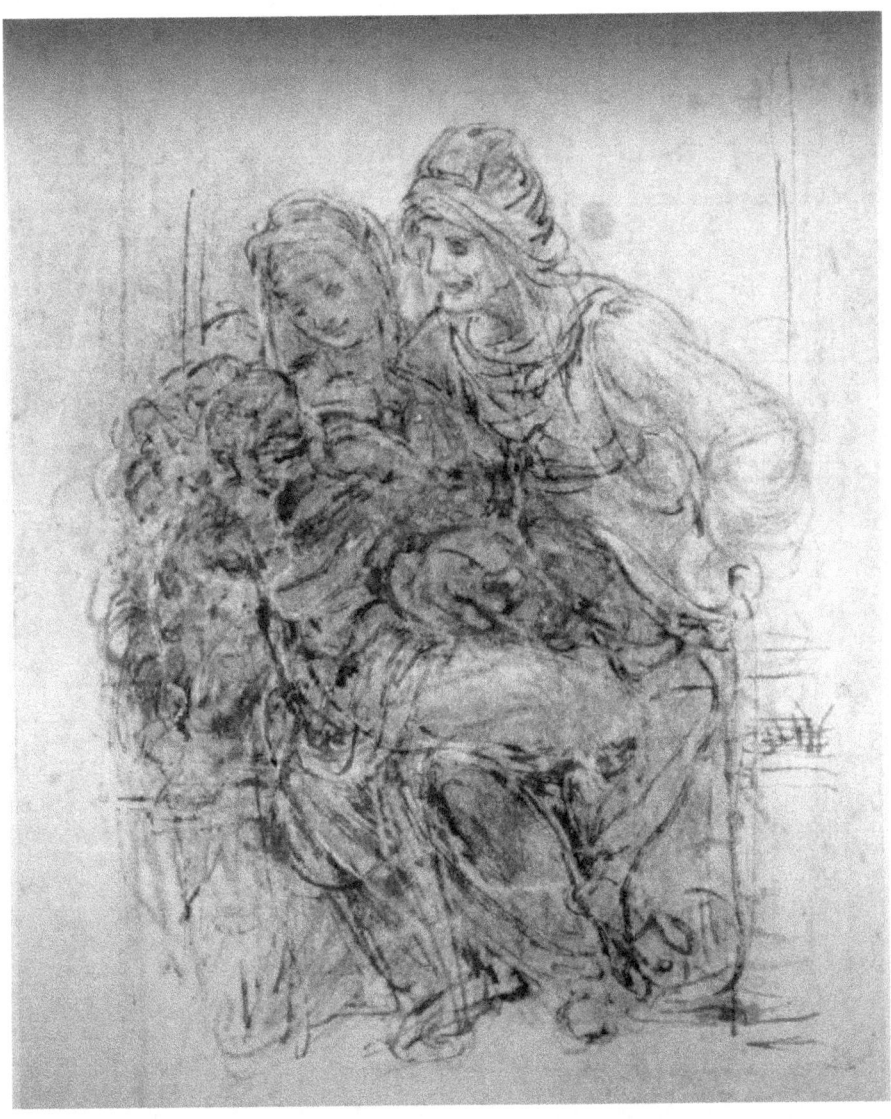

16

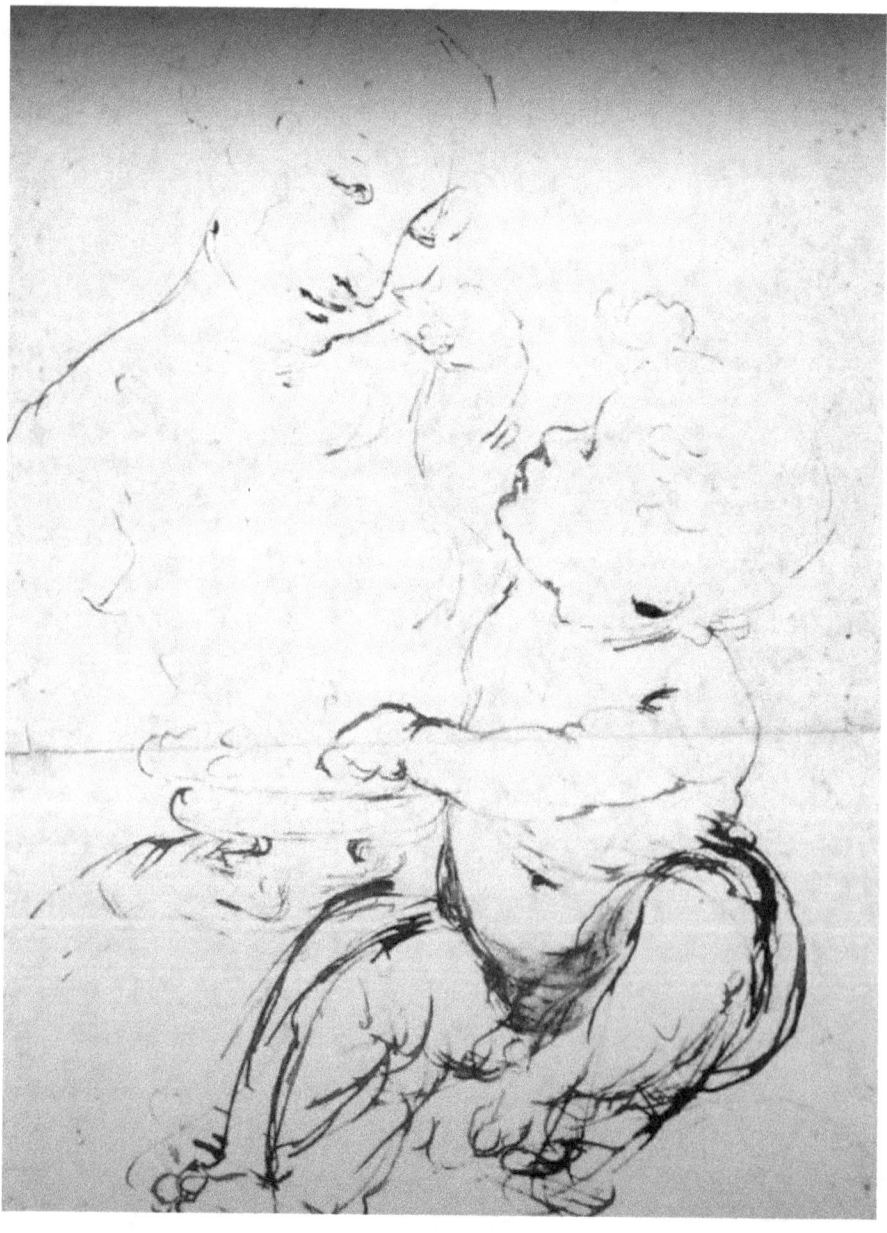

17

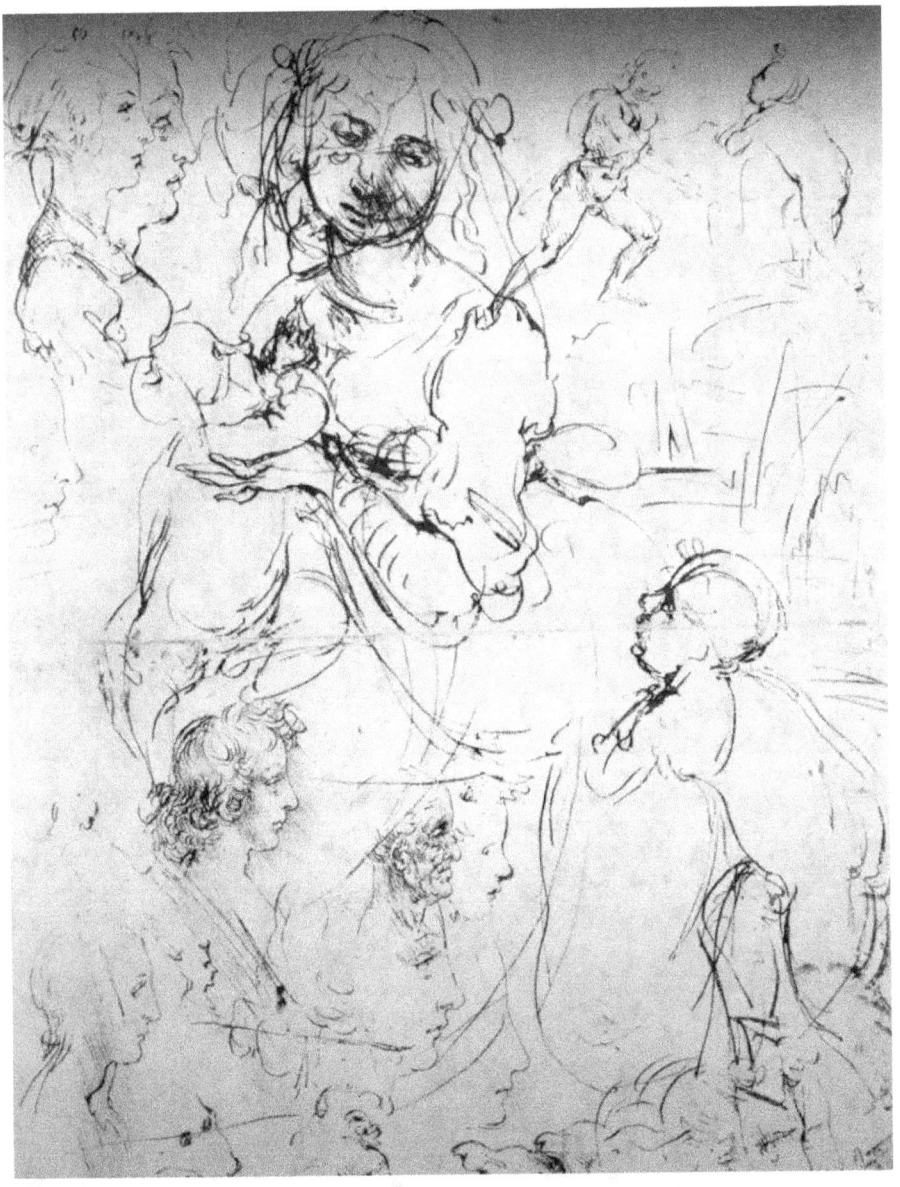

18

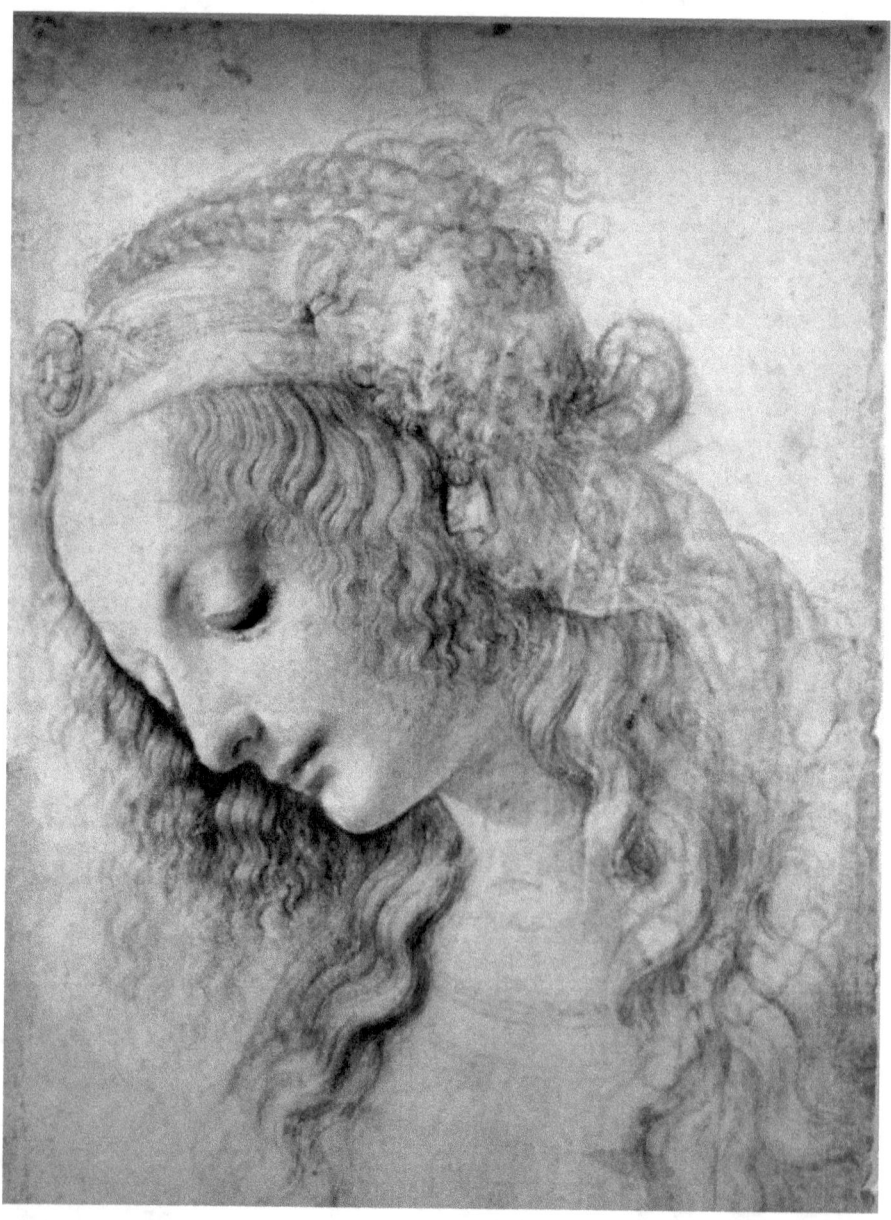

19

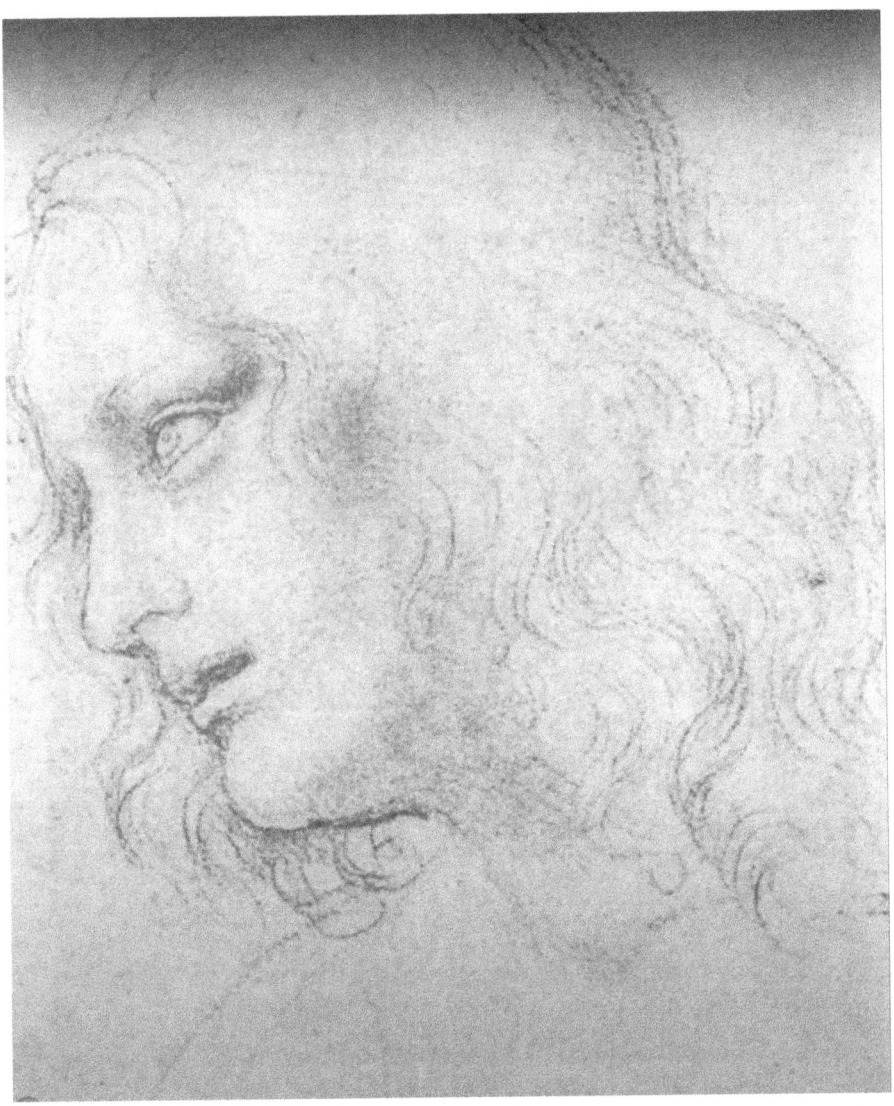

20

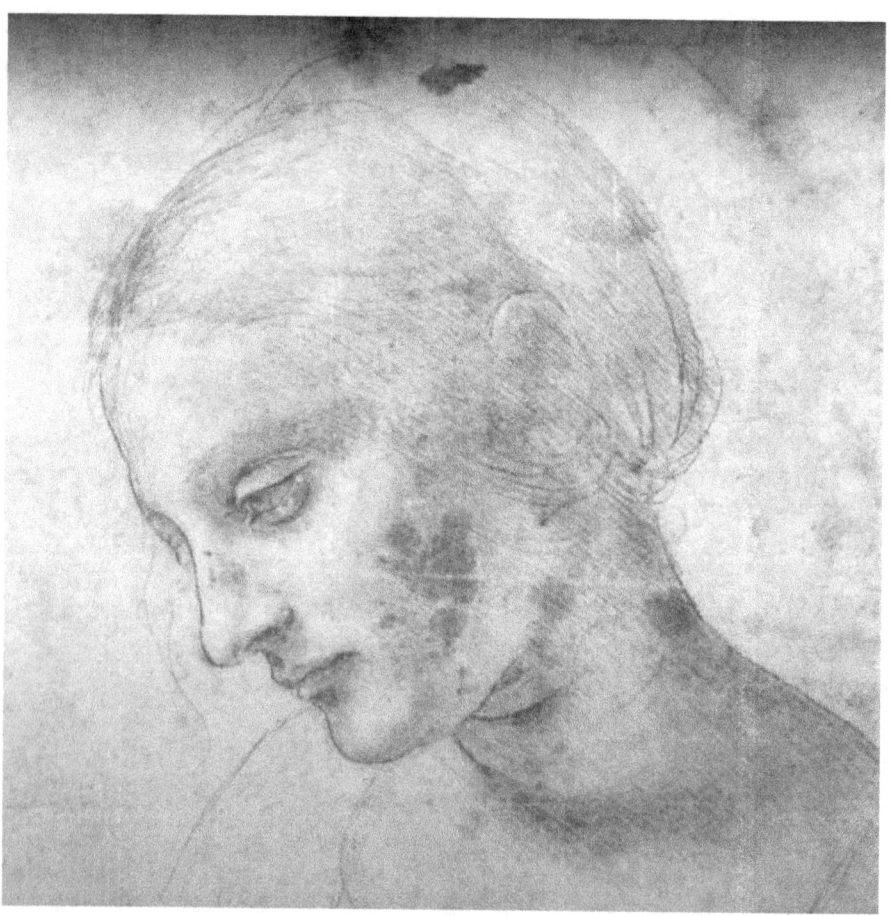

21

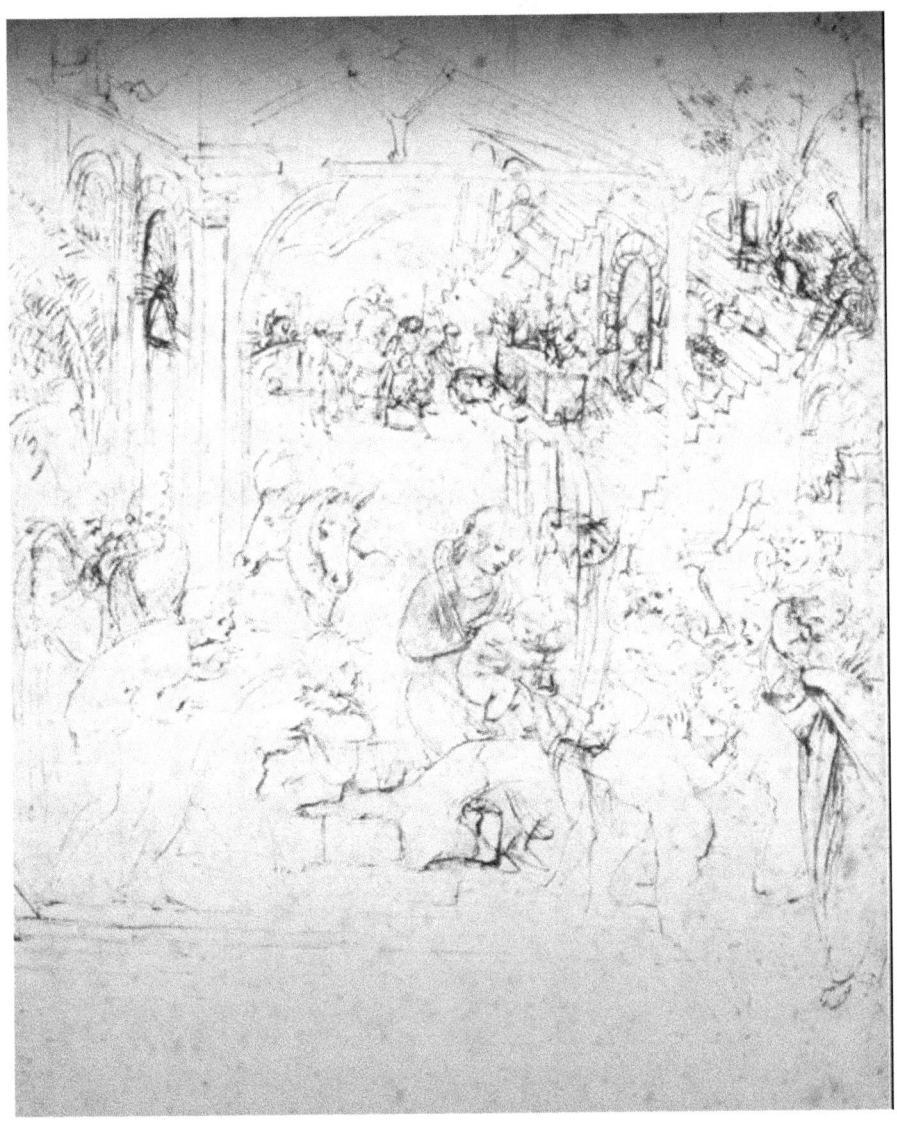

22

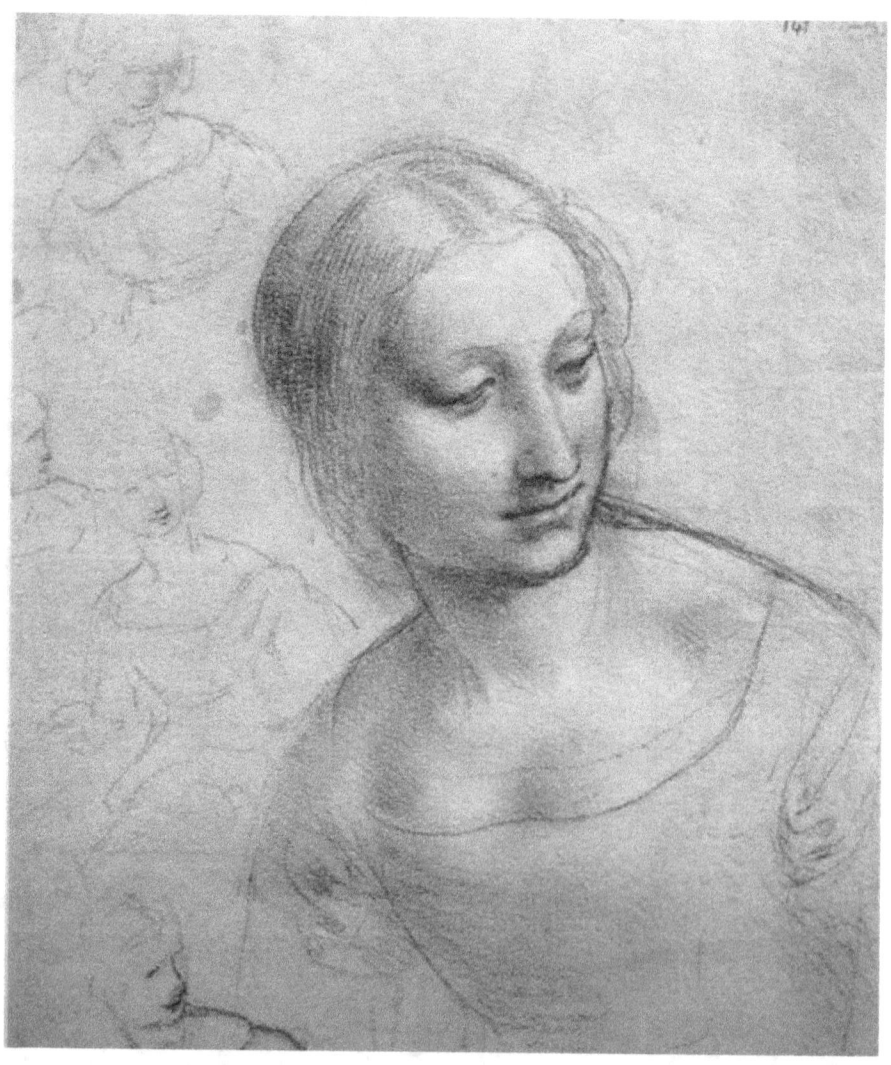

23

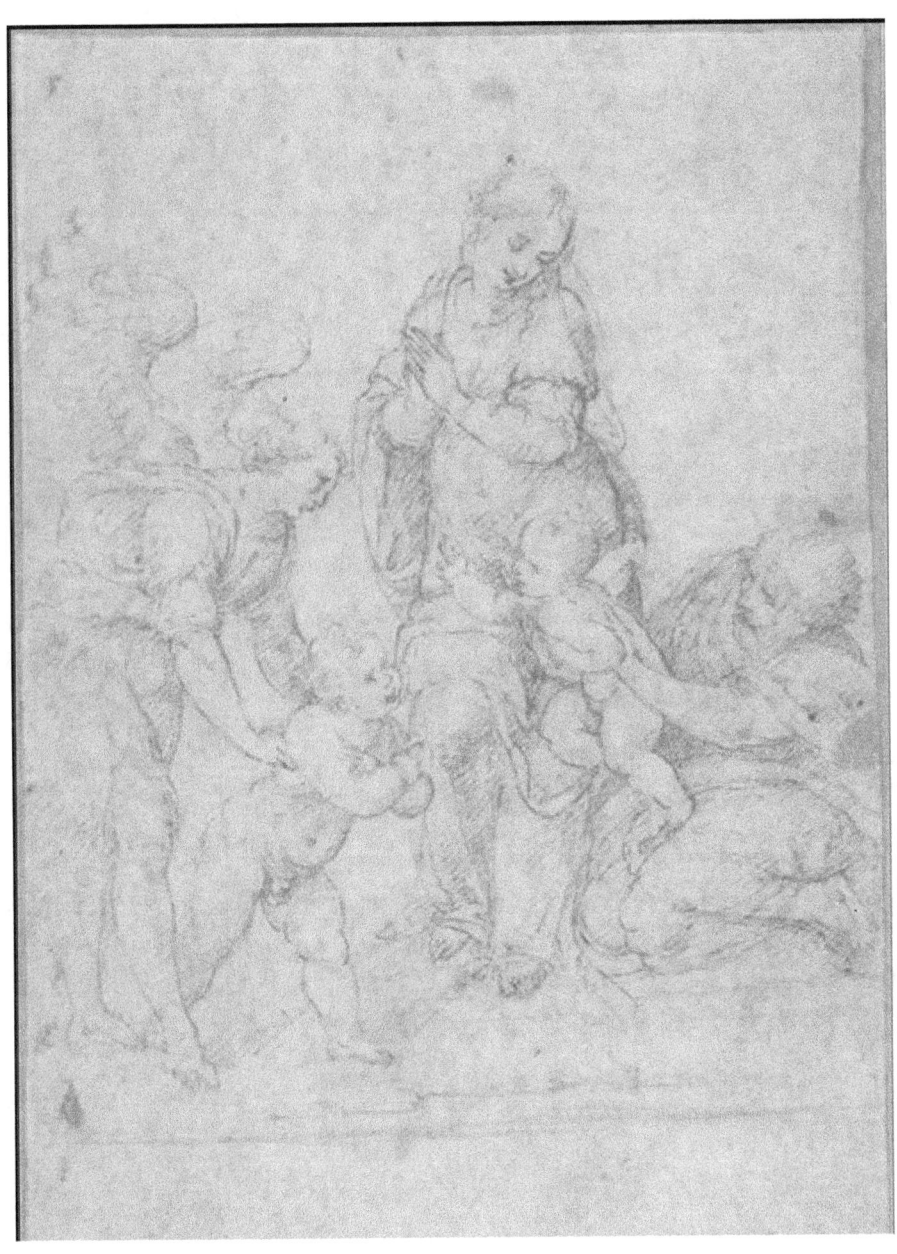

24

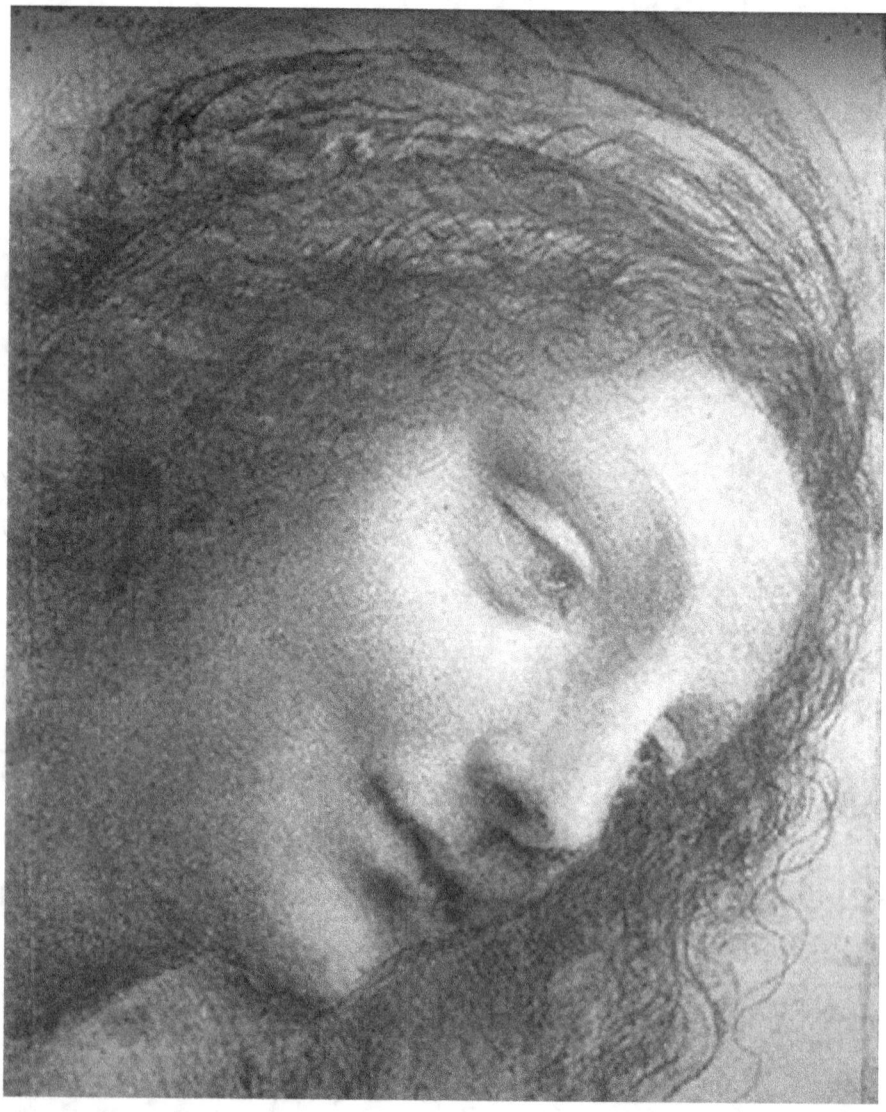

25

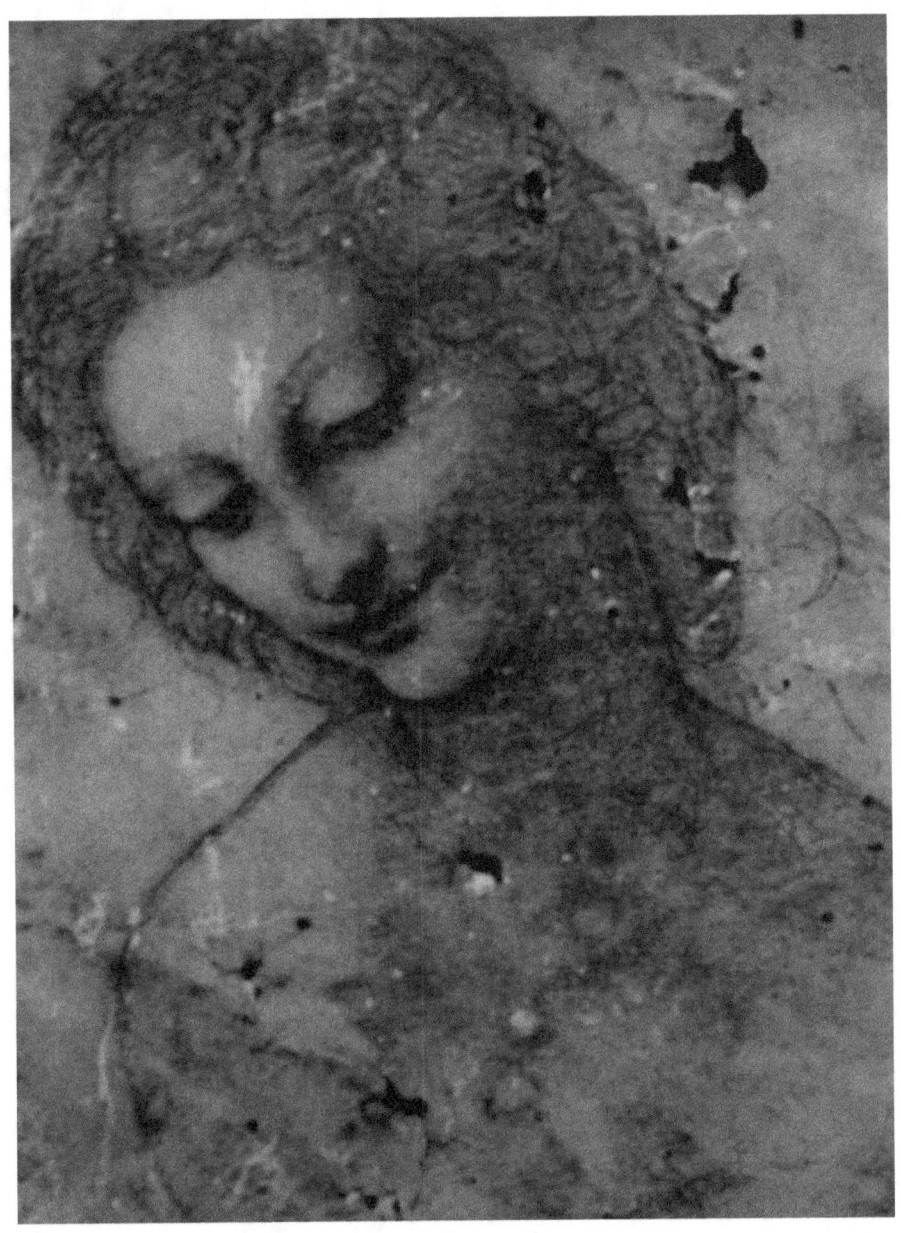

26

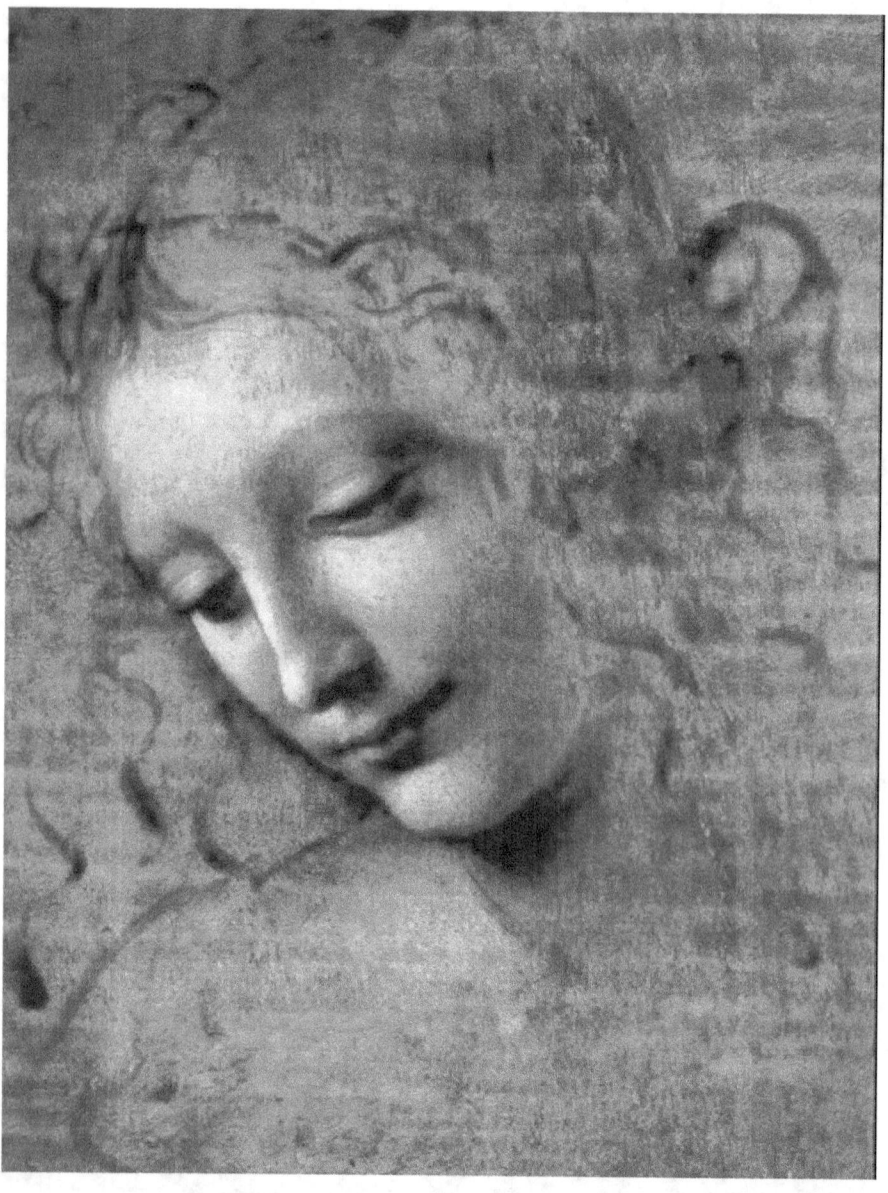

27

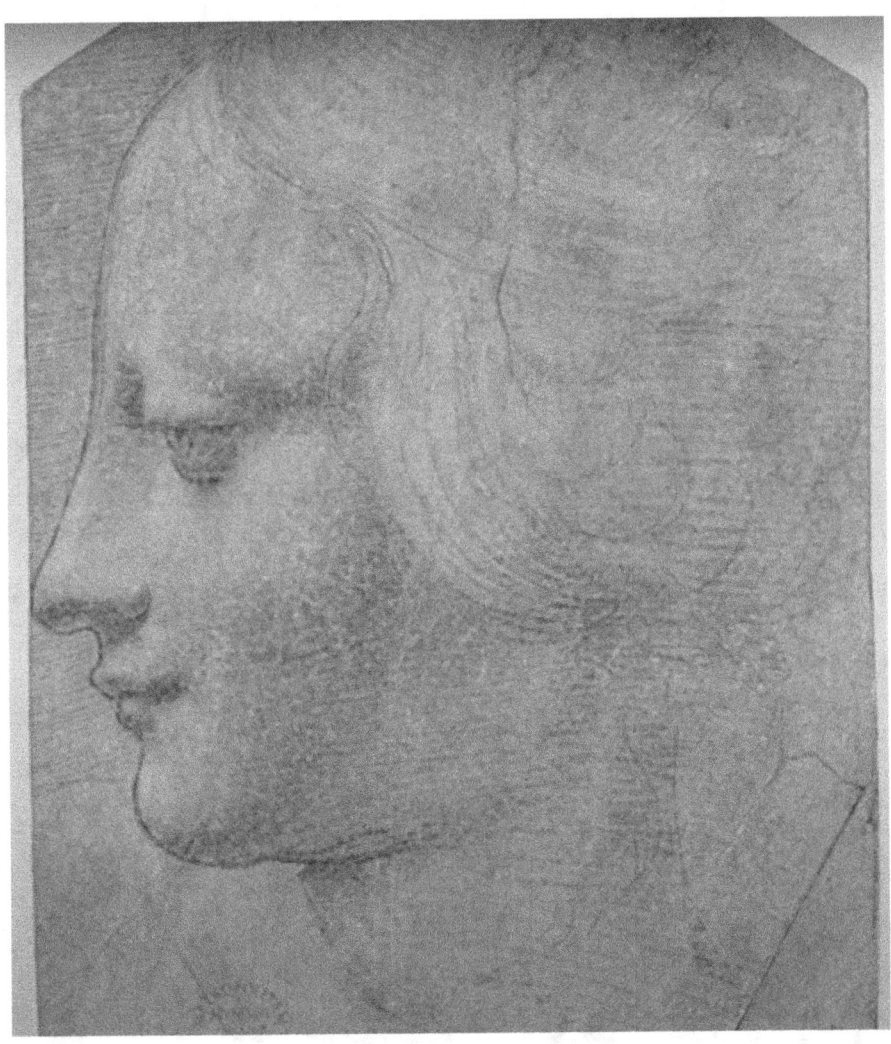

28

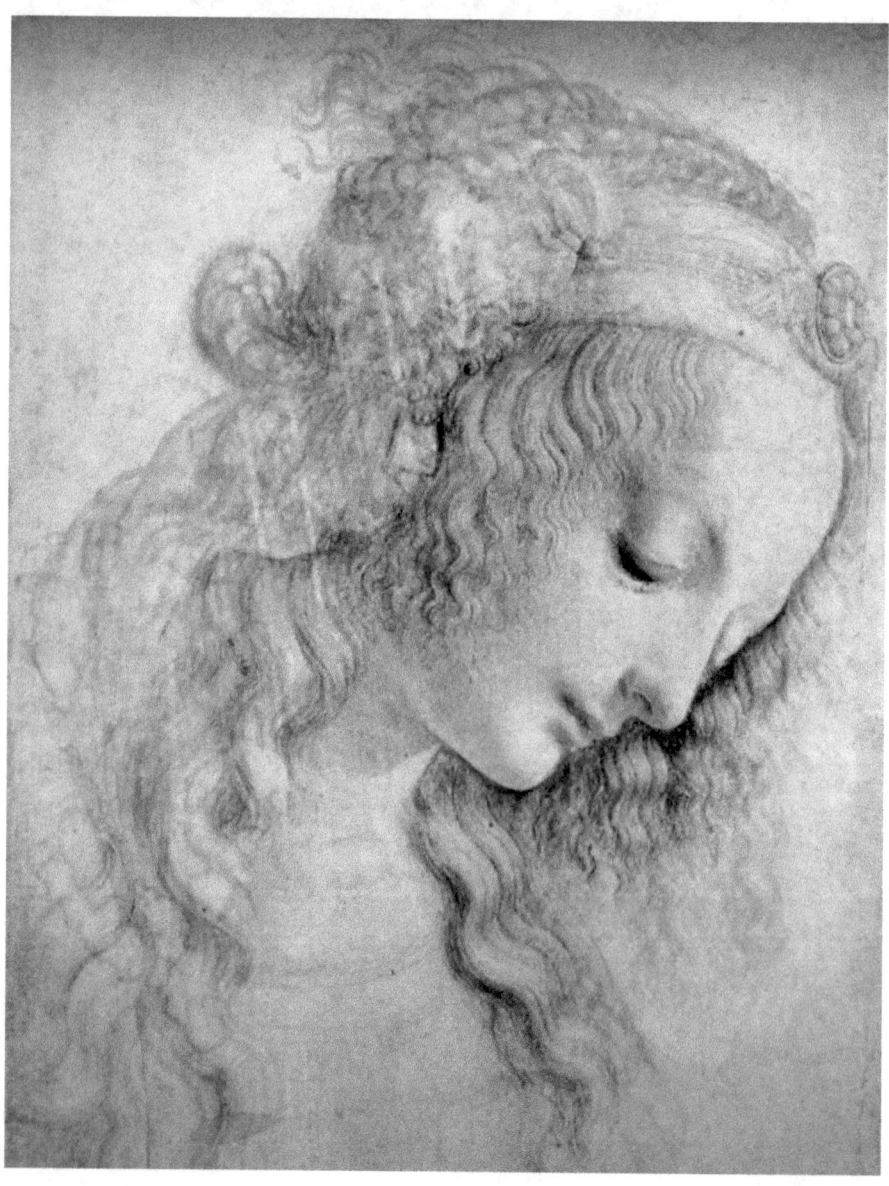

29

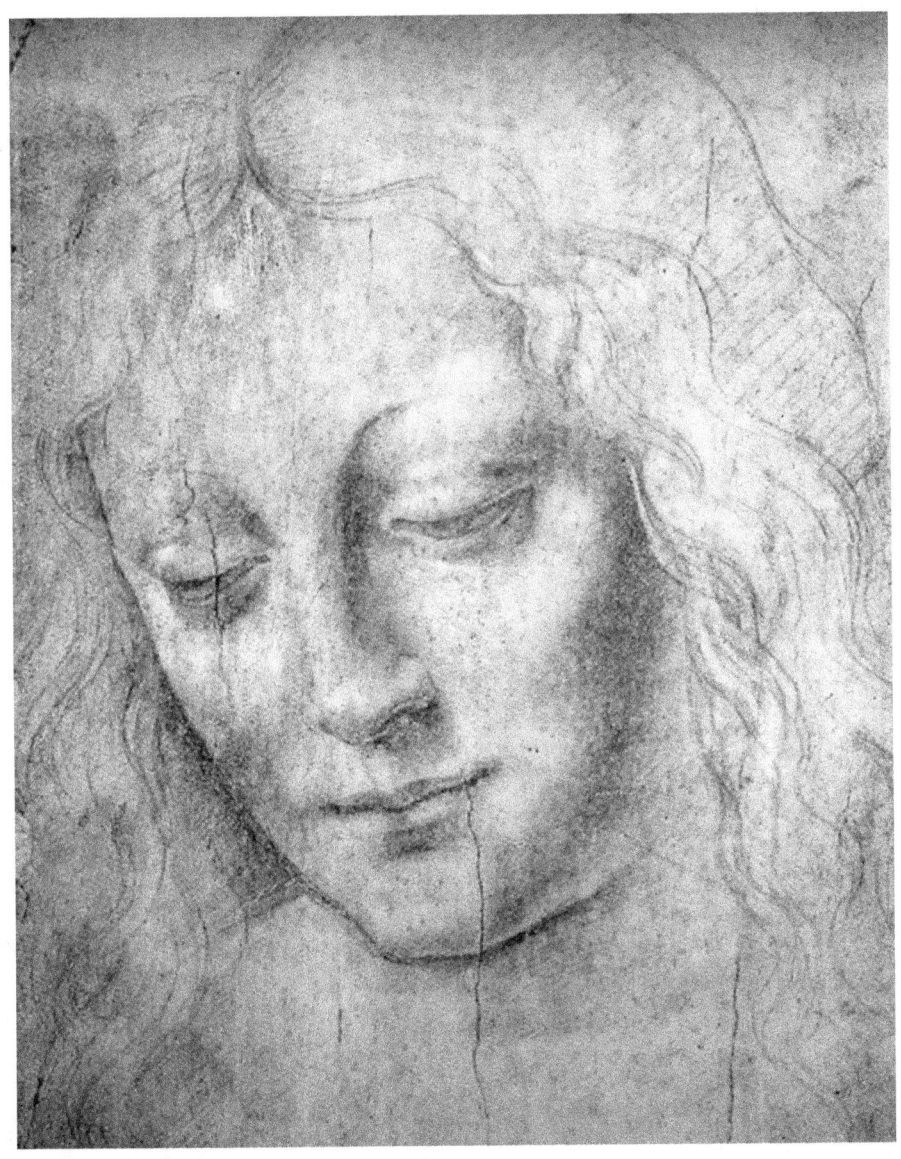

30

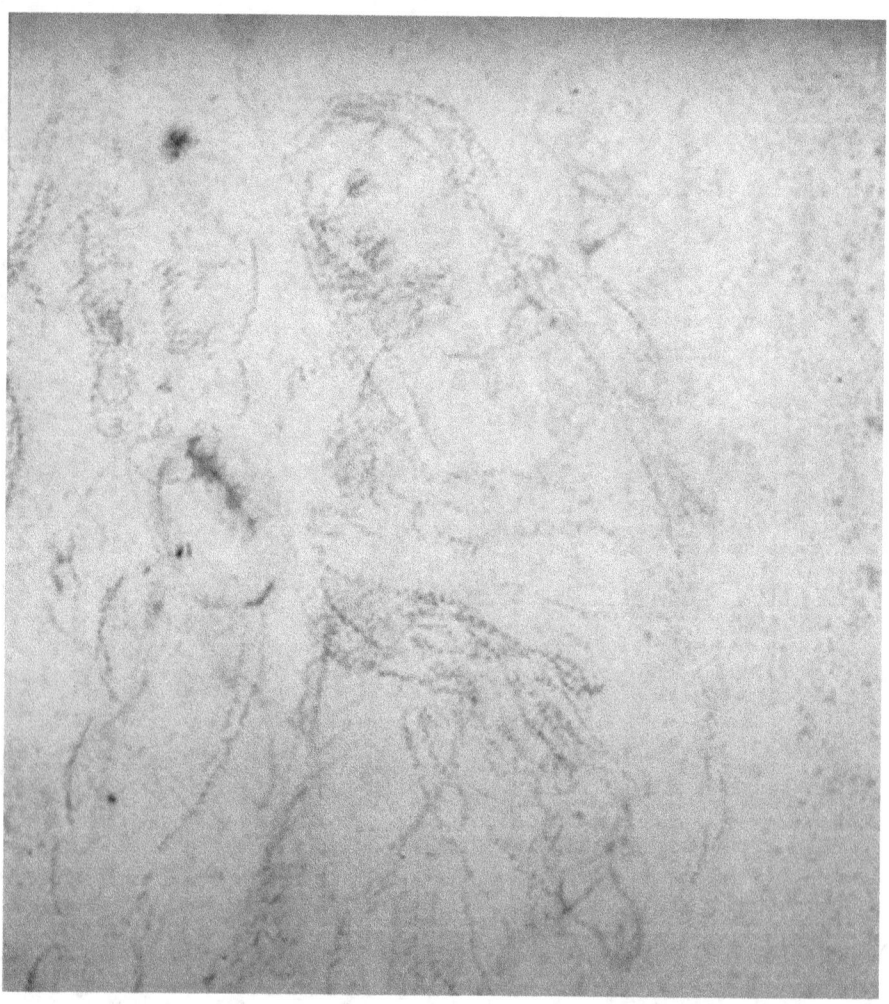

31

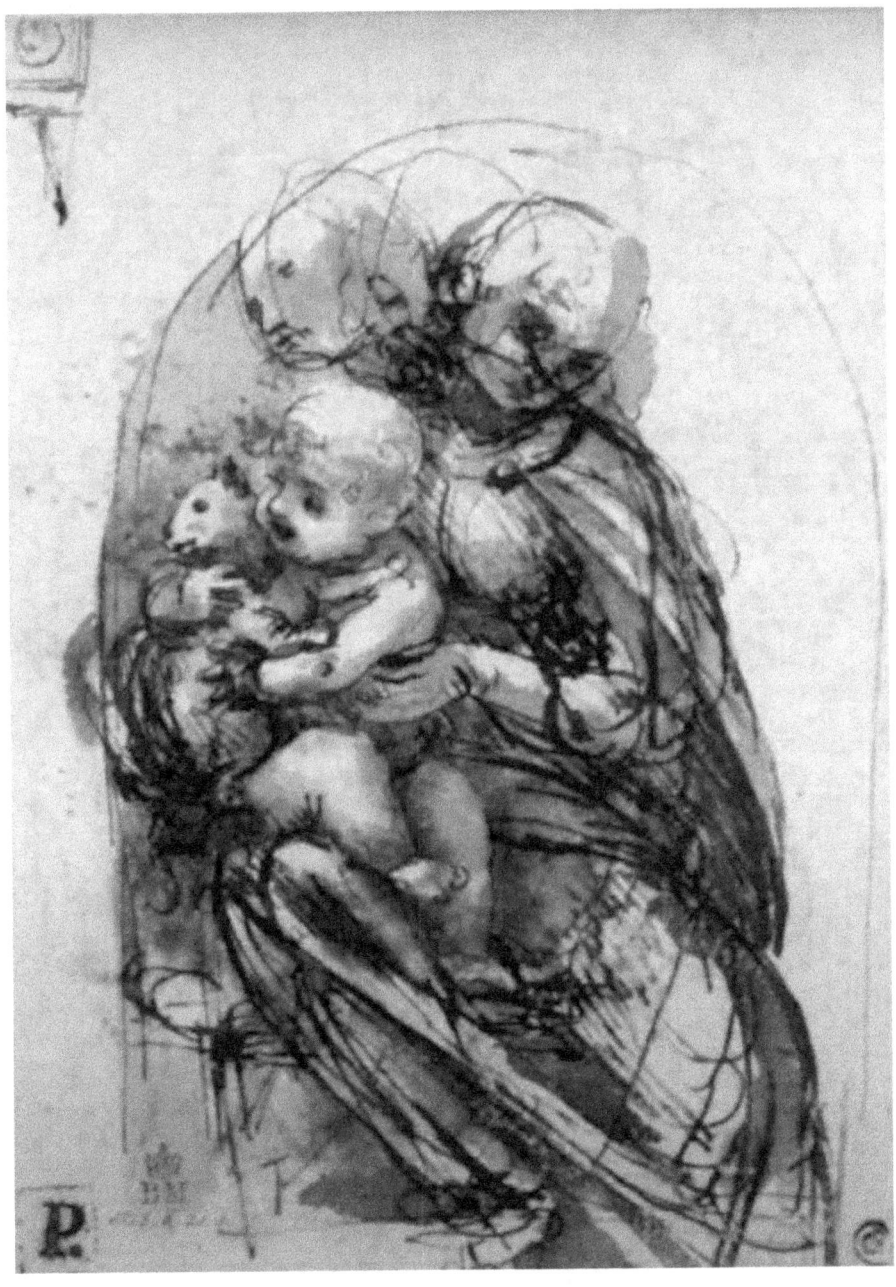

32

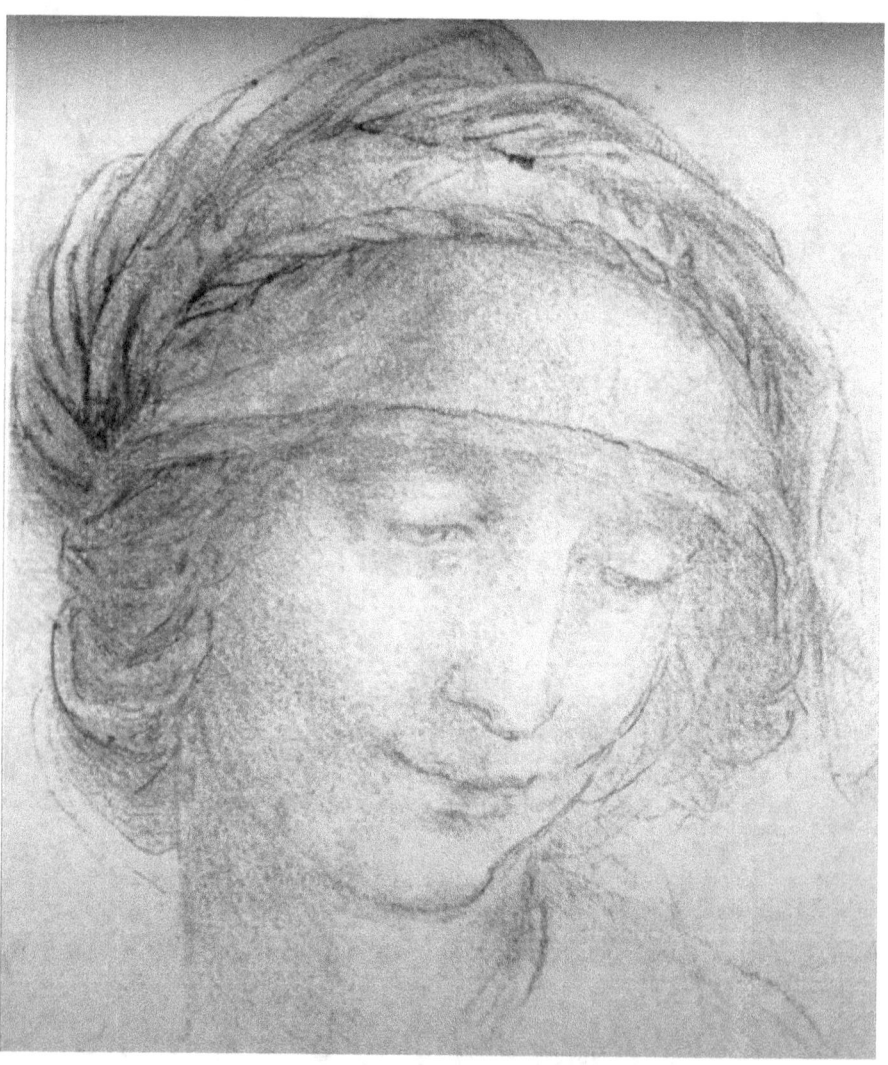

33

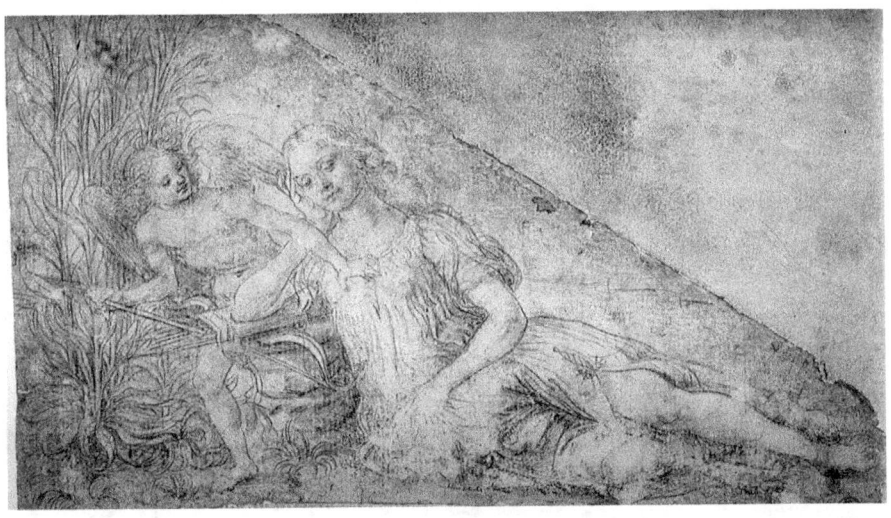

34

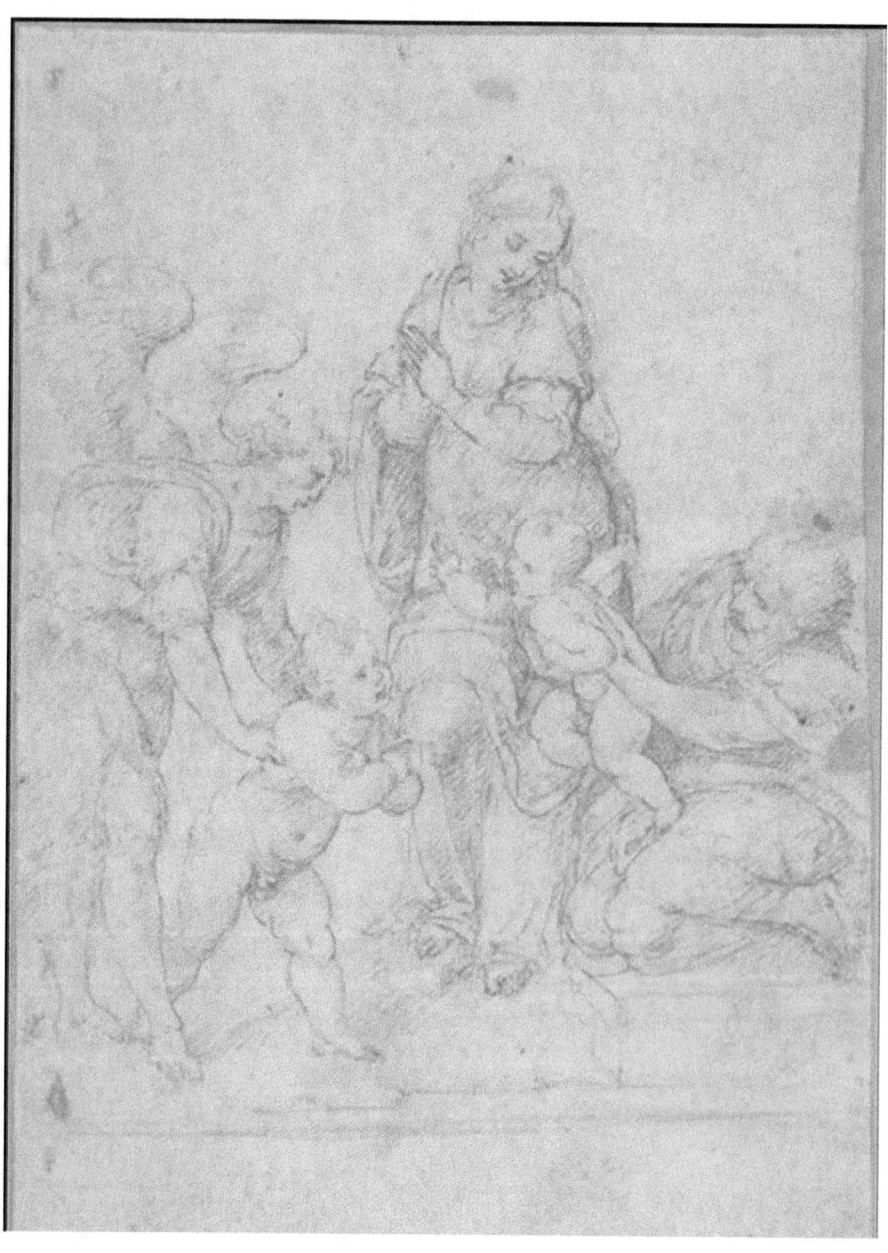

35

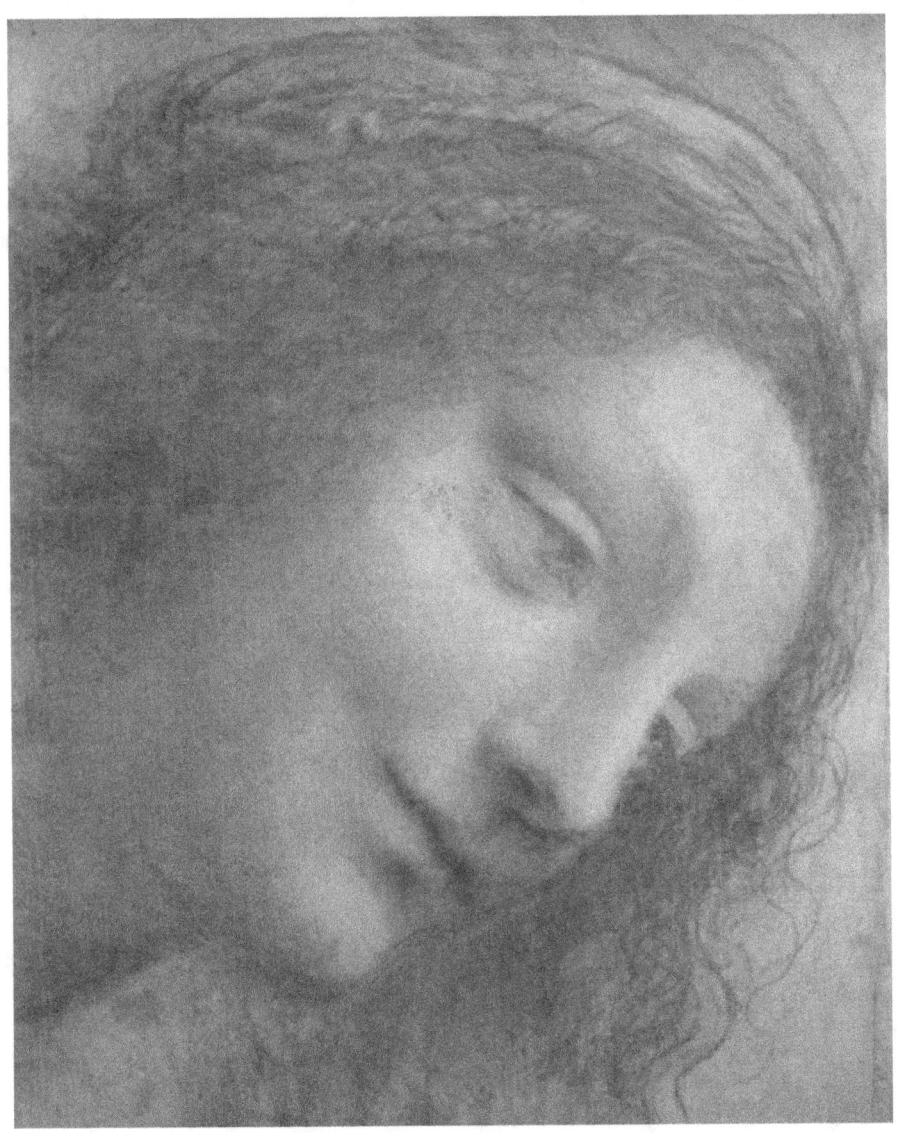

36

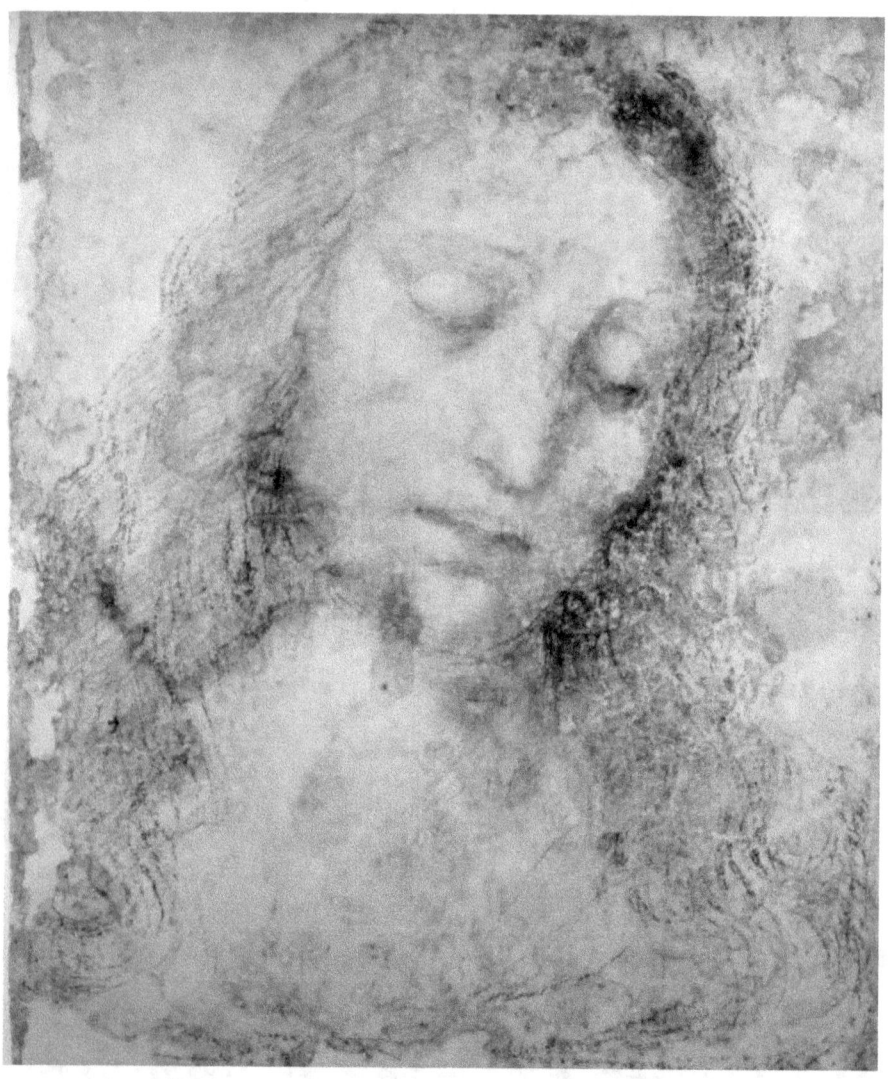

37

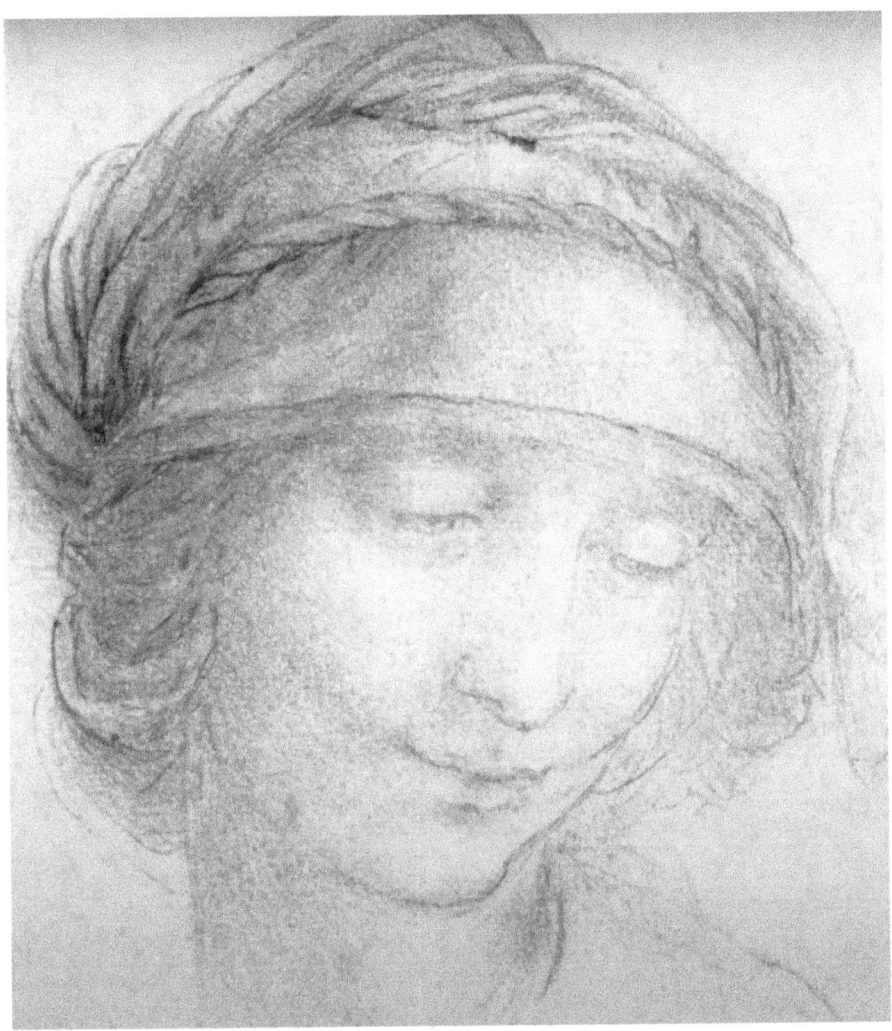

38

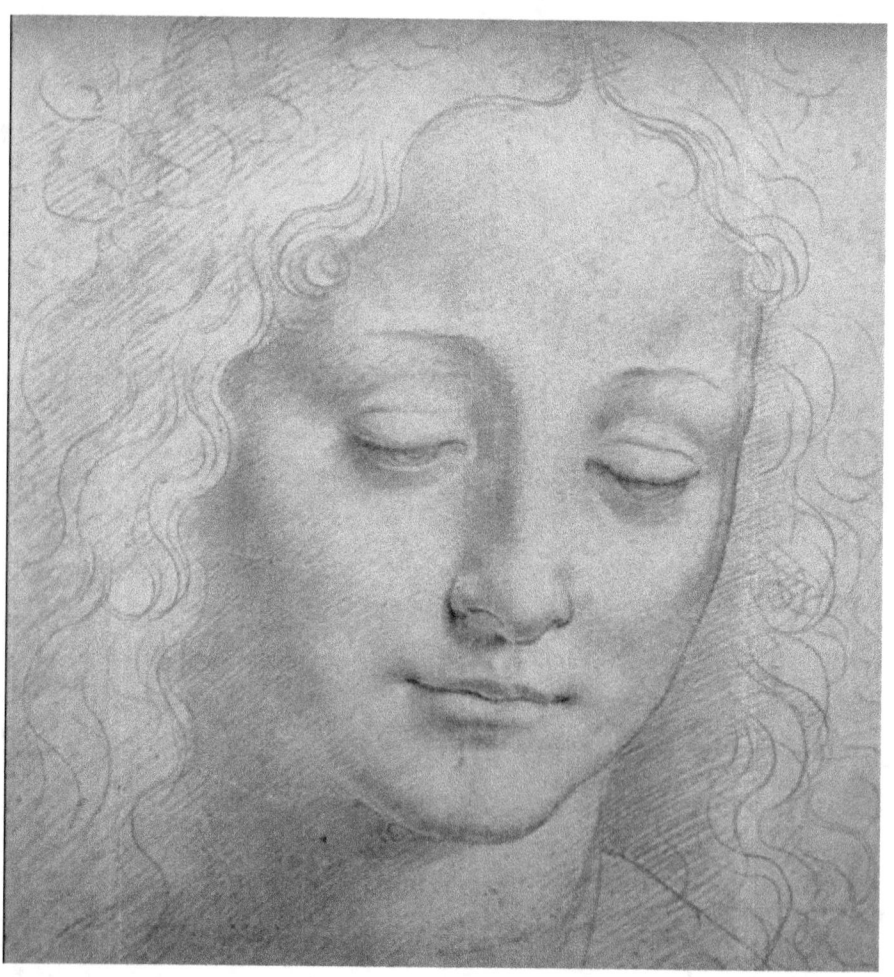

39

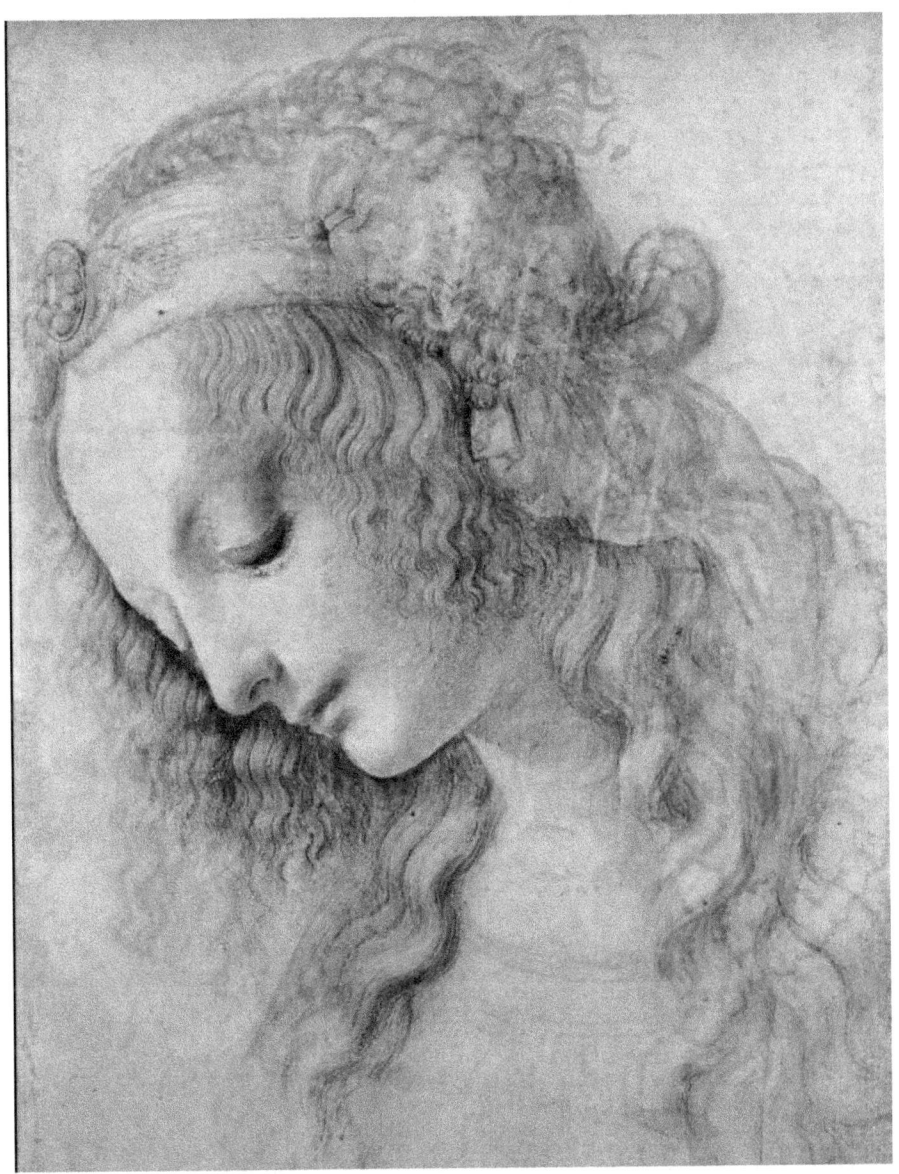

40

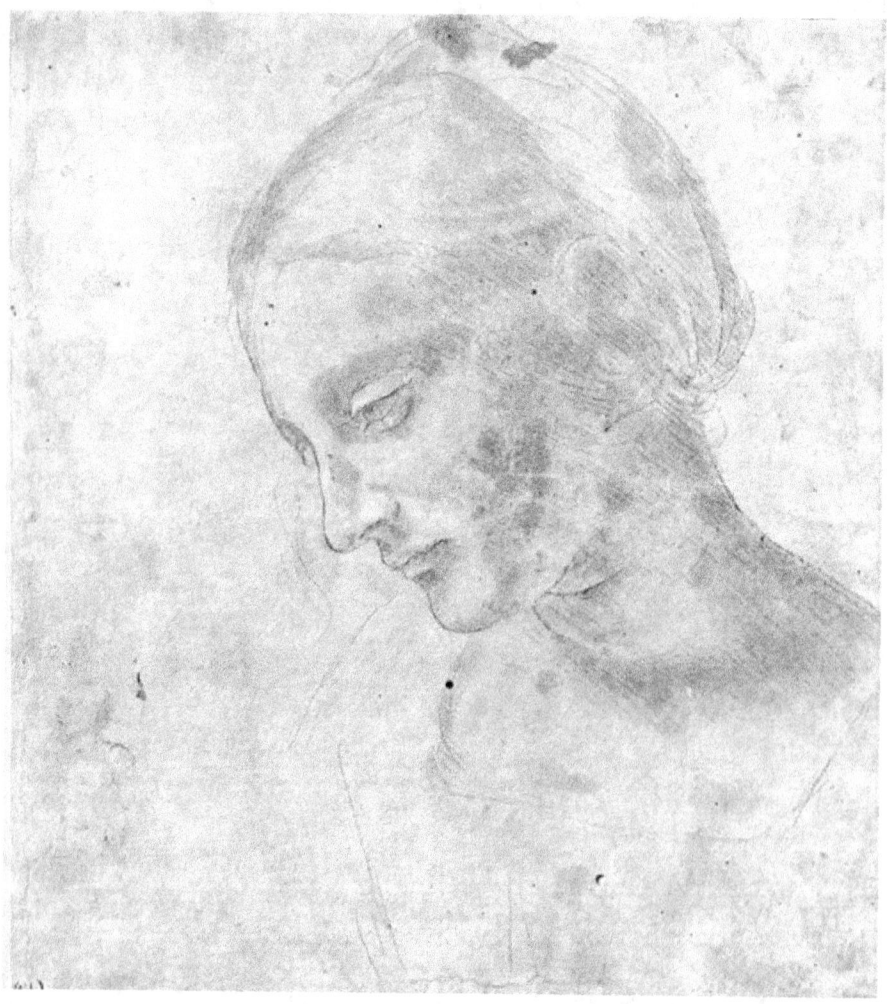

41

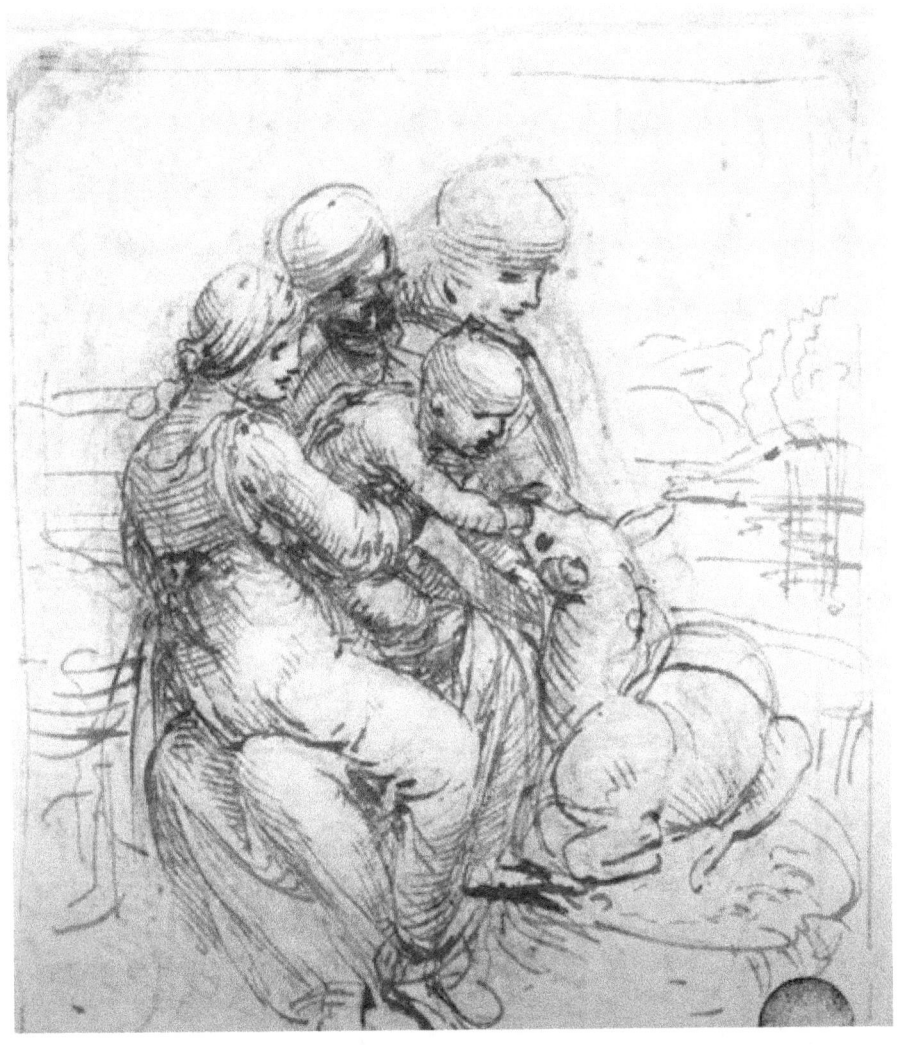

42

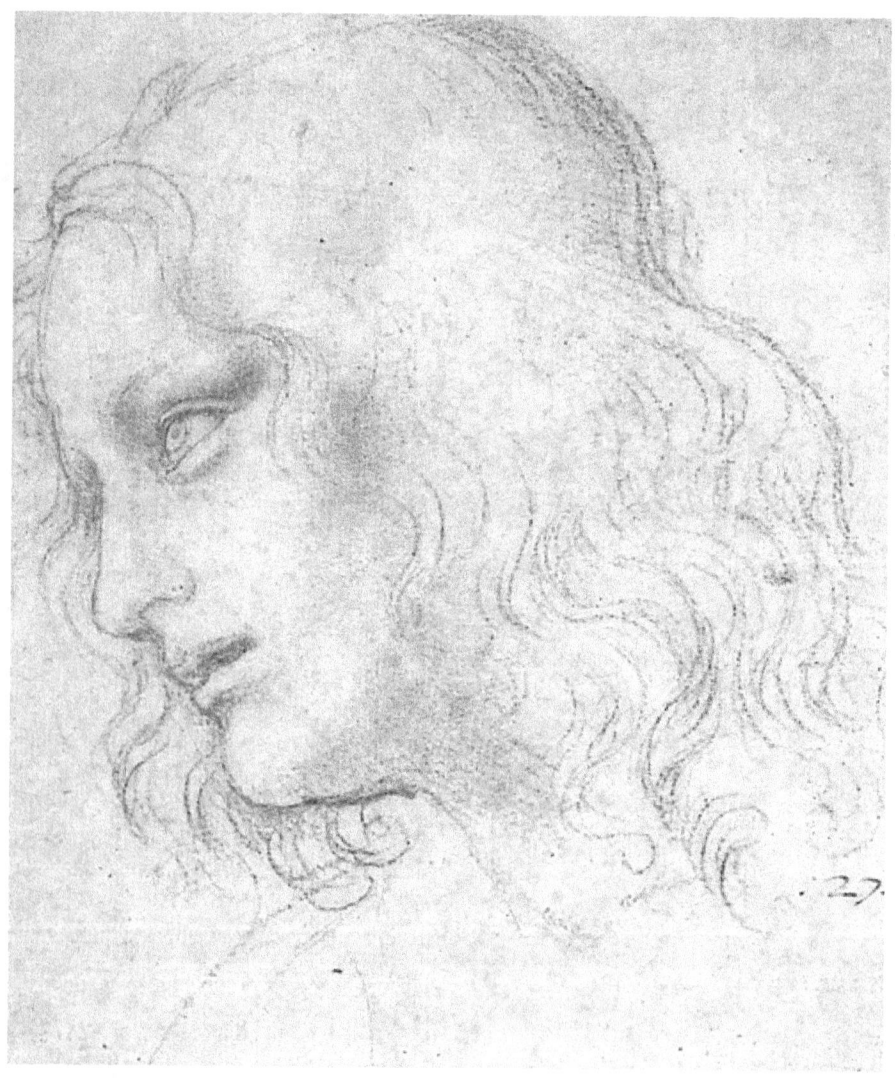

43

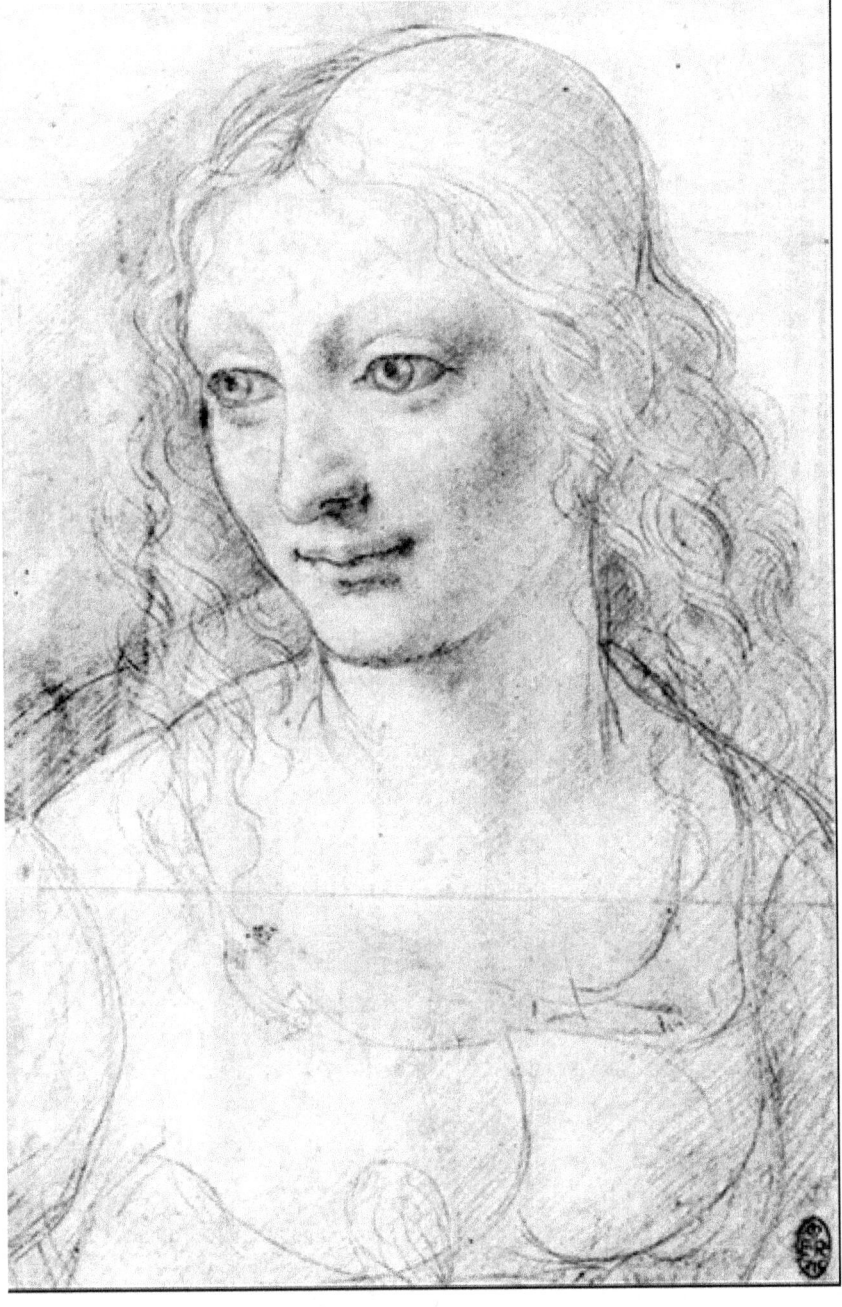

44

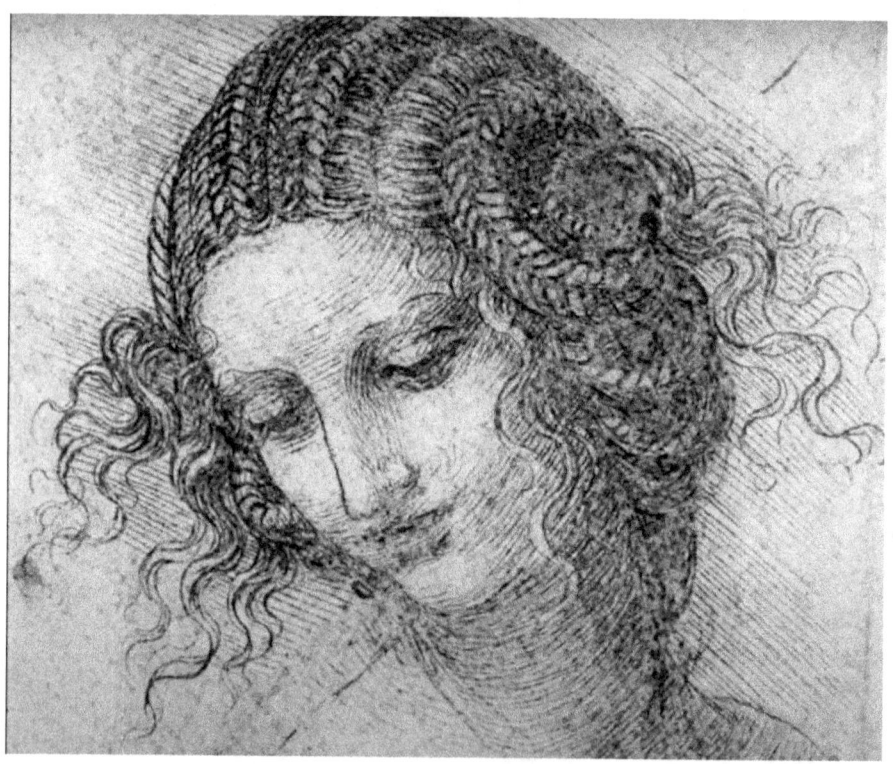

NATURALEZA
Y CIENCIA

45

Hombre de Vitruvio

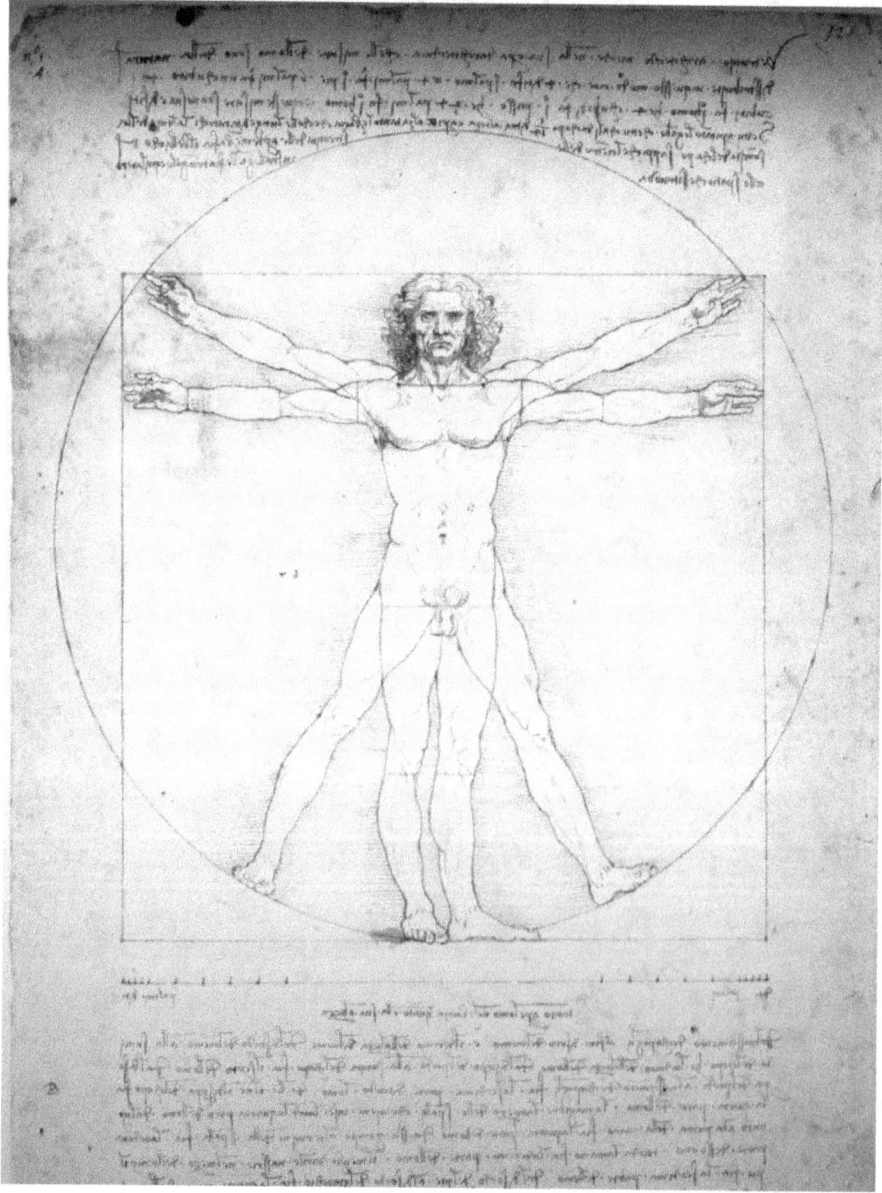

46

Estudio para la adoración de los reyes magos

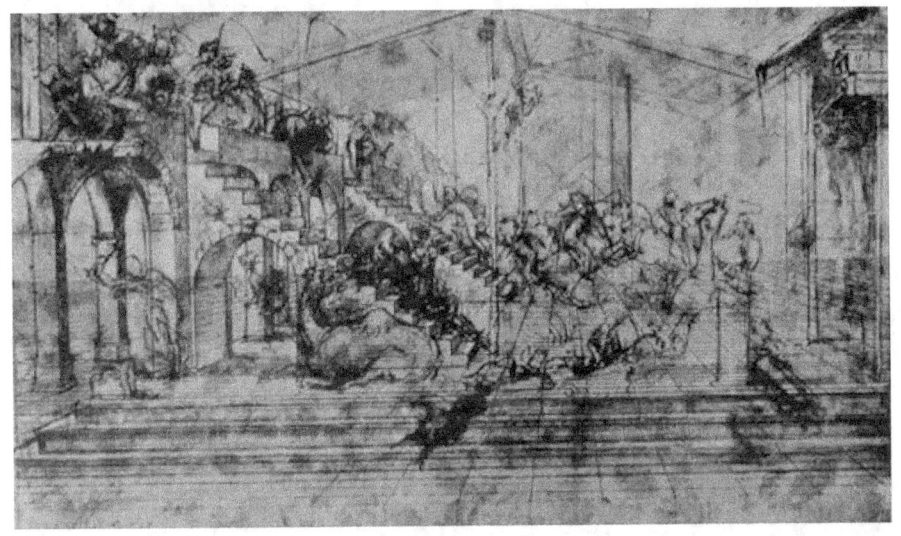

47

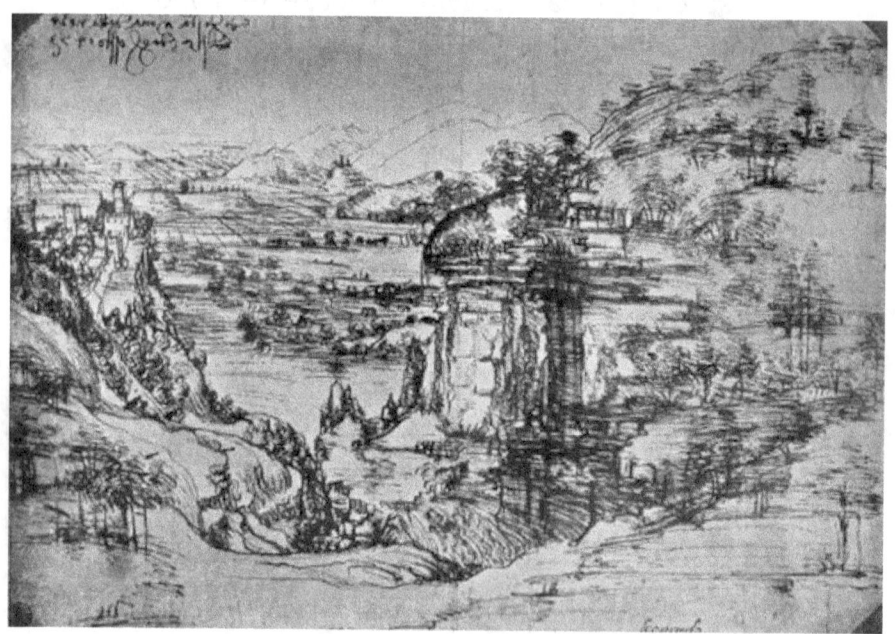

48

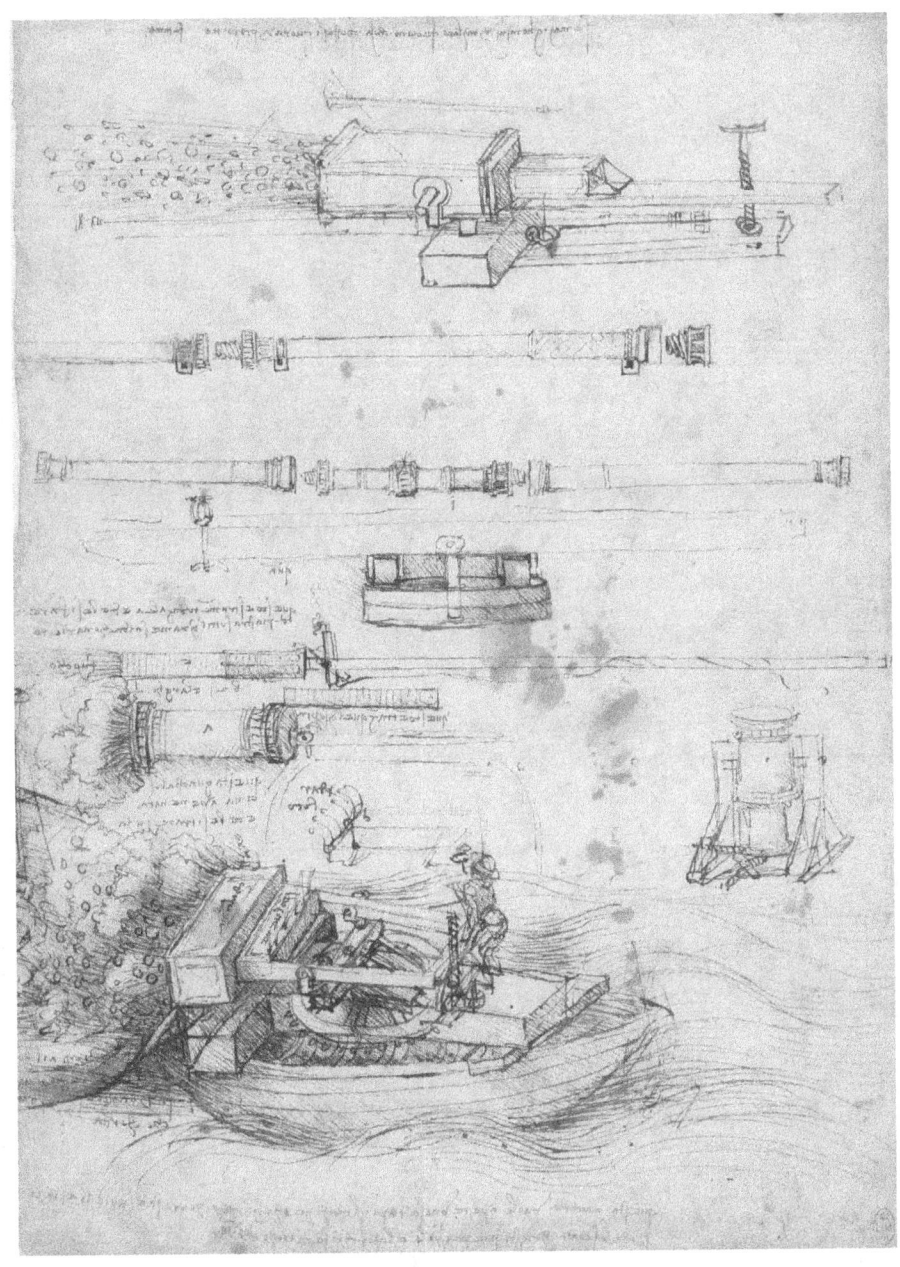

49

Estudio sobre las turbulencias.

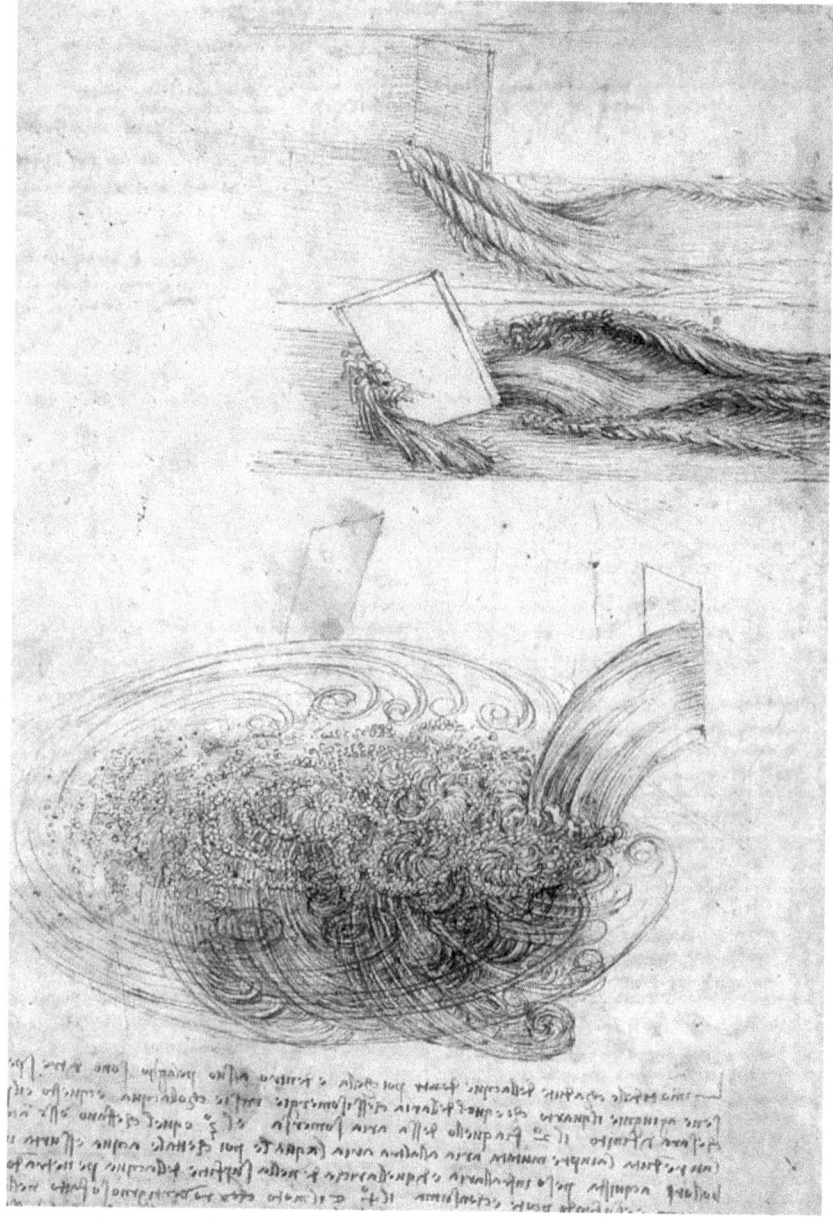

50

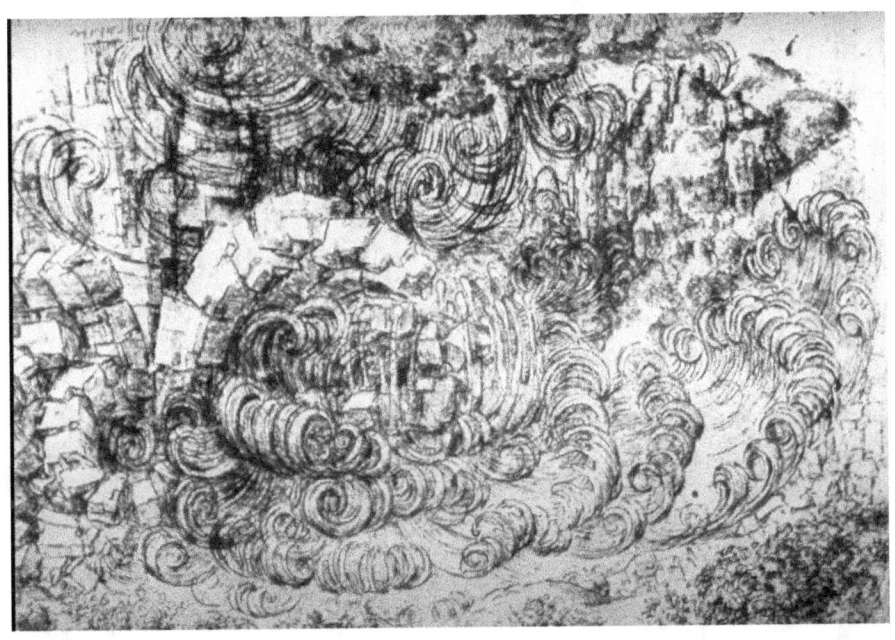

51

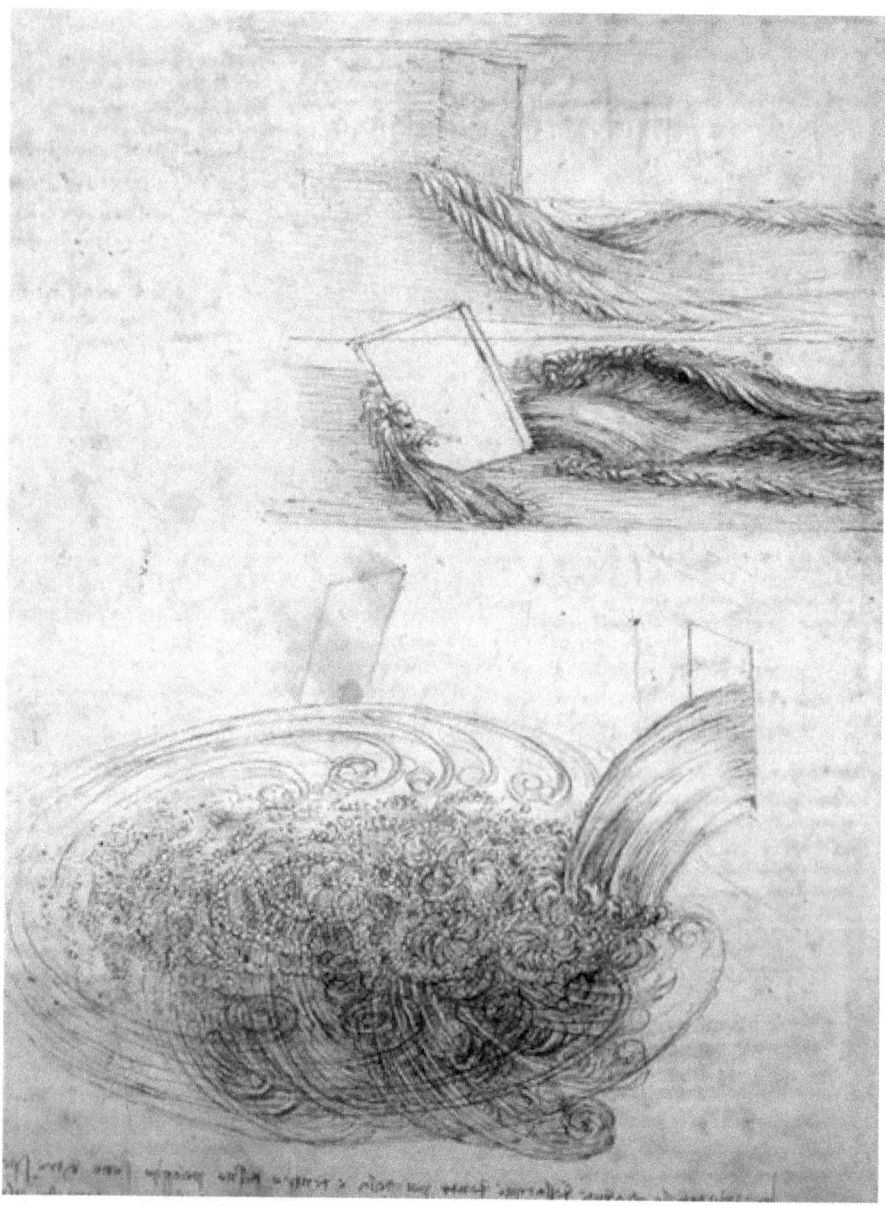

52

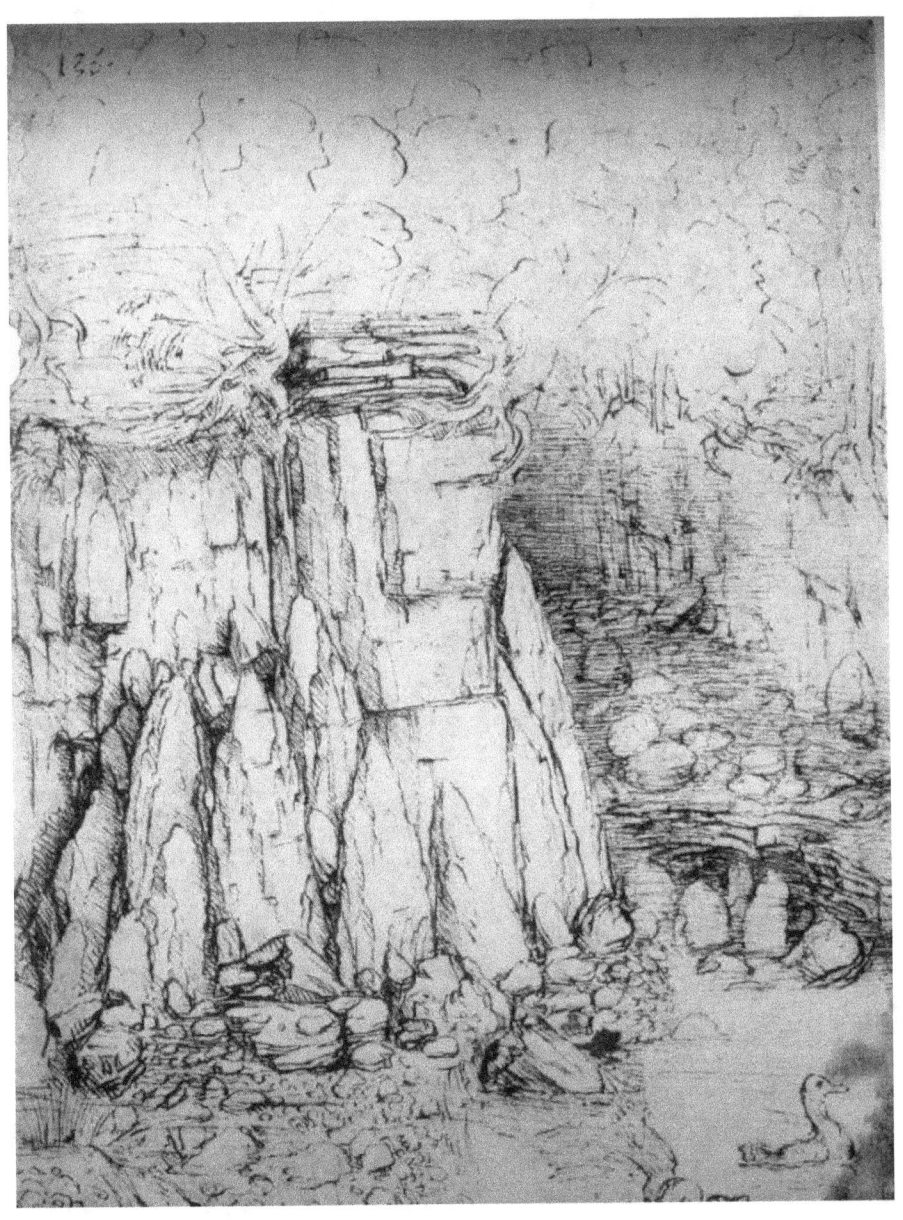

53

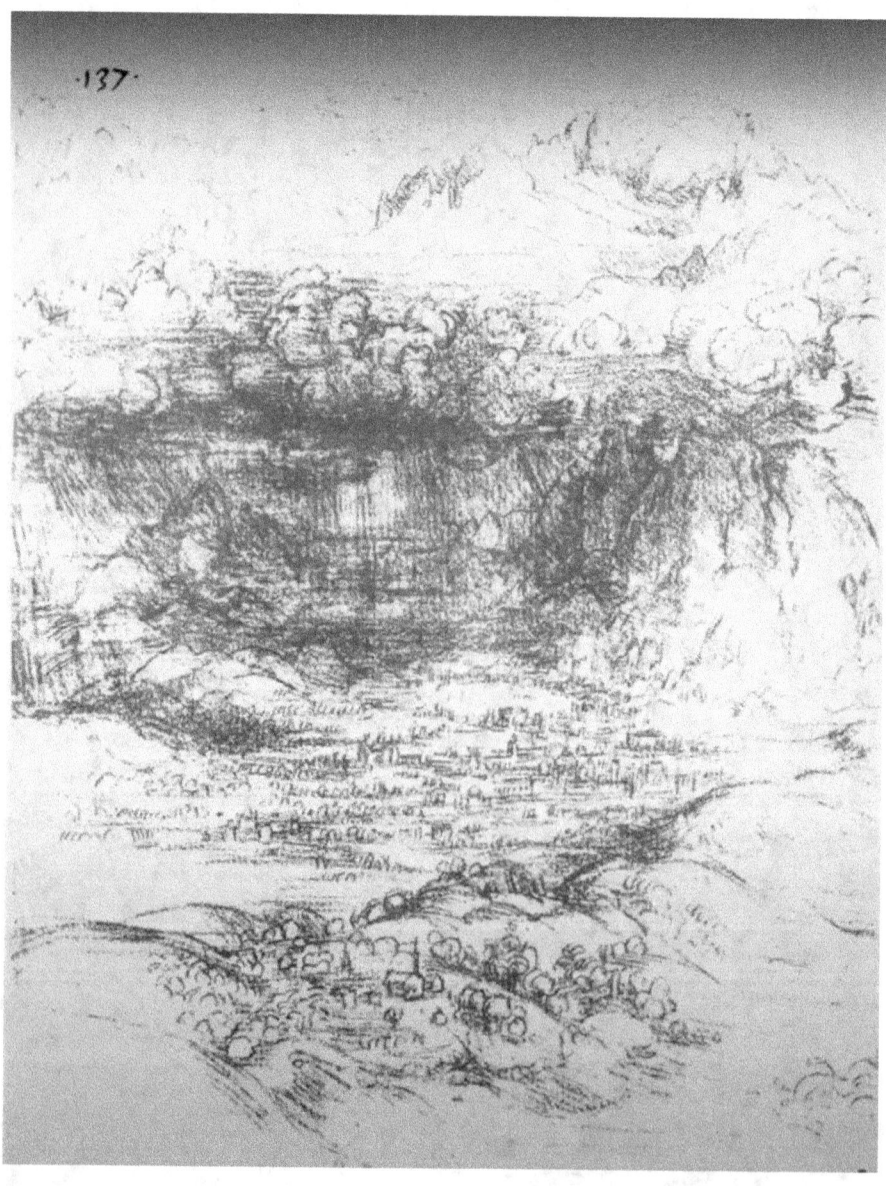

54

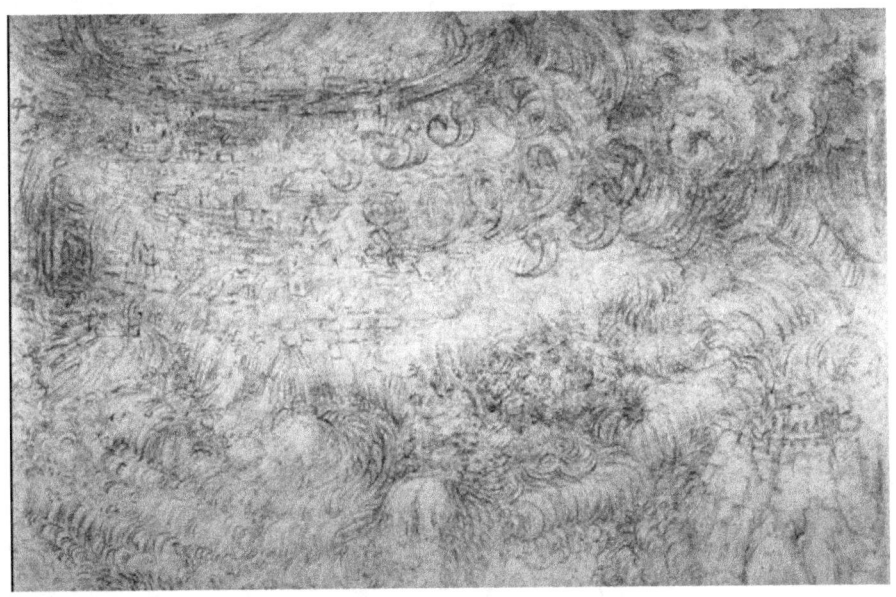

55

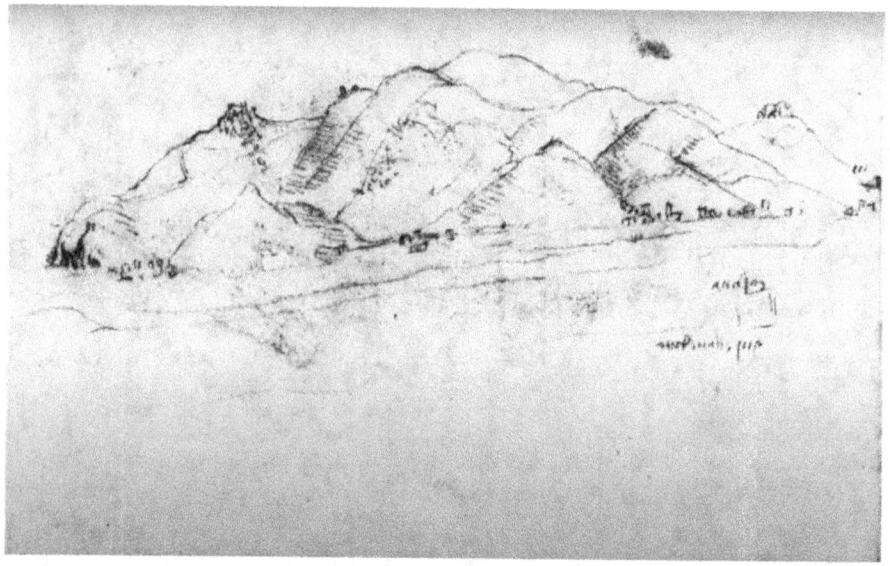

56

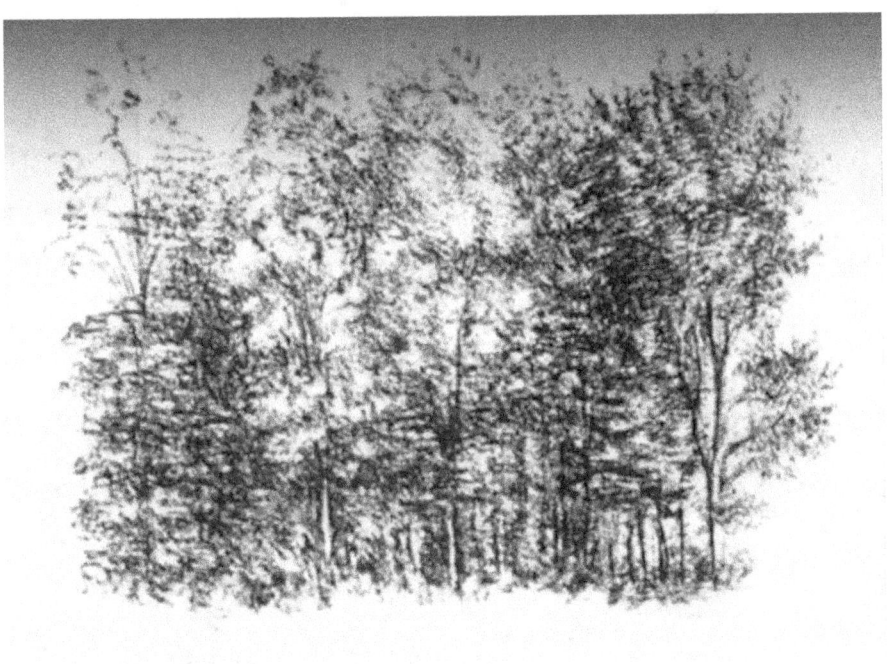

57

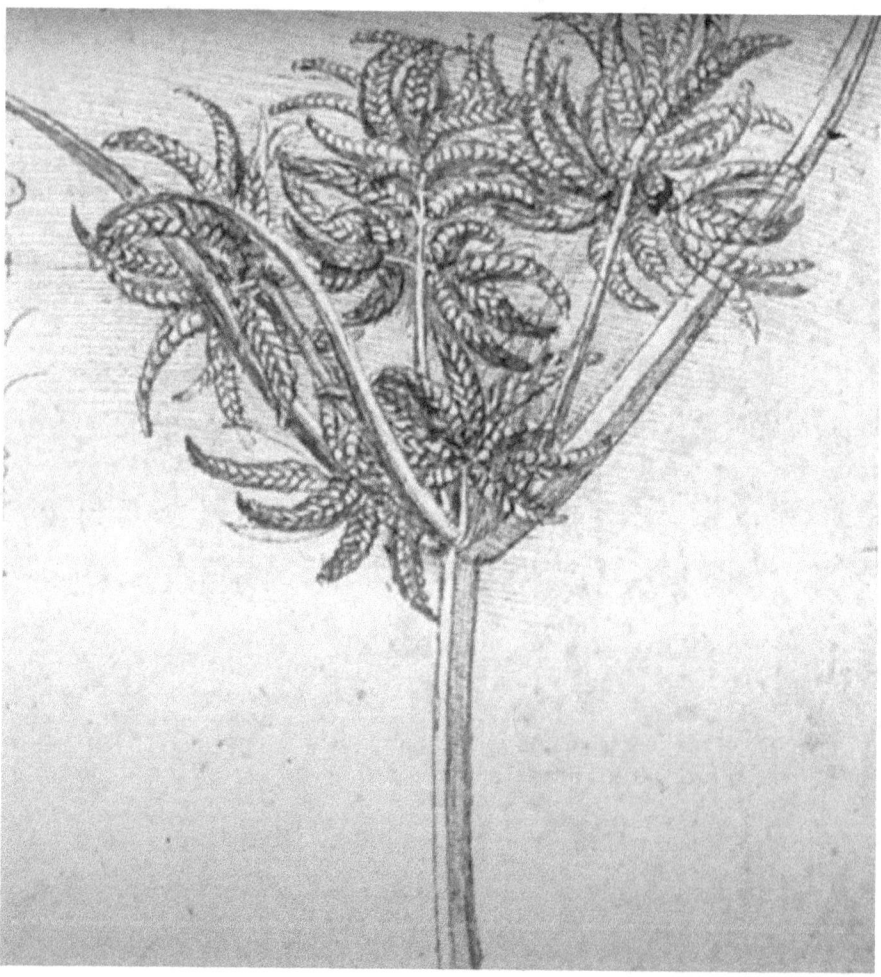

58

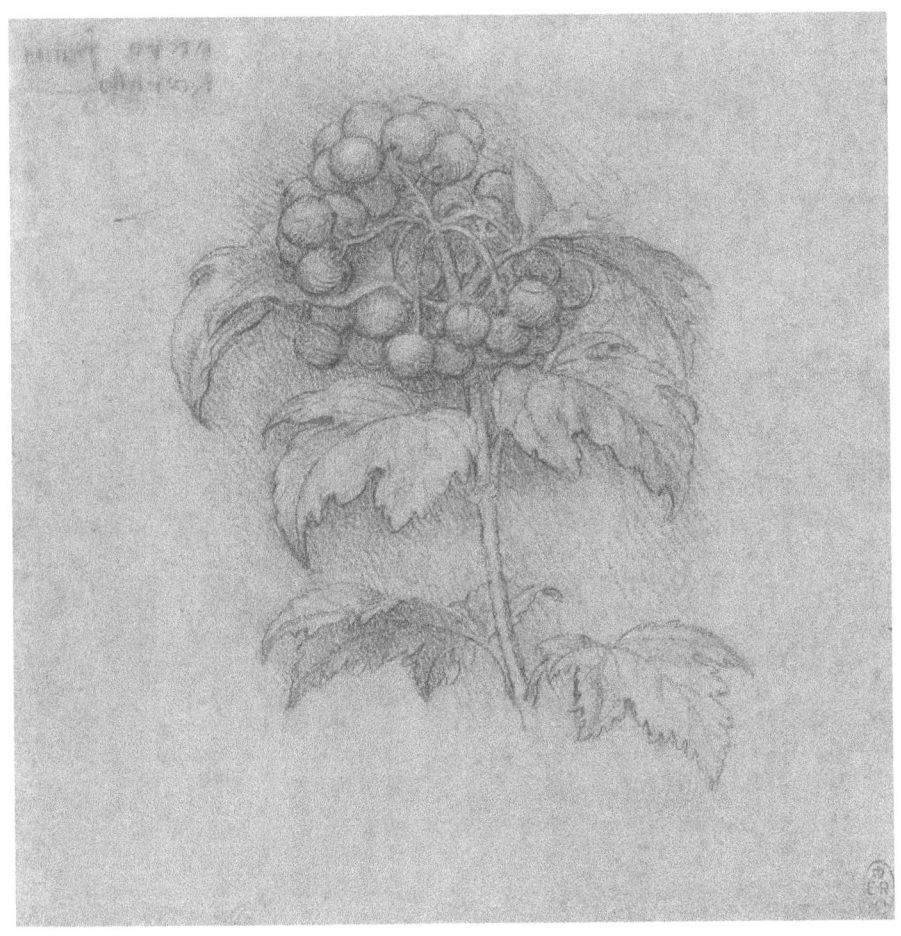

59

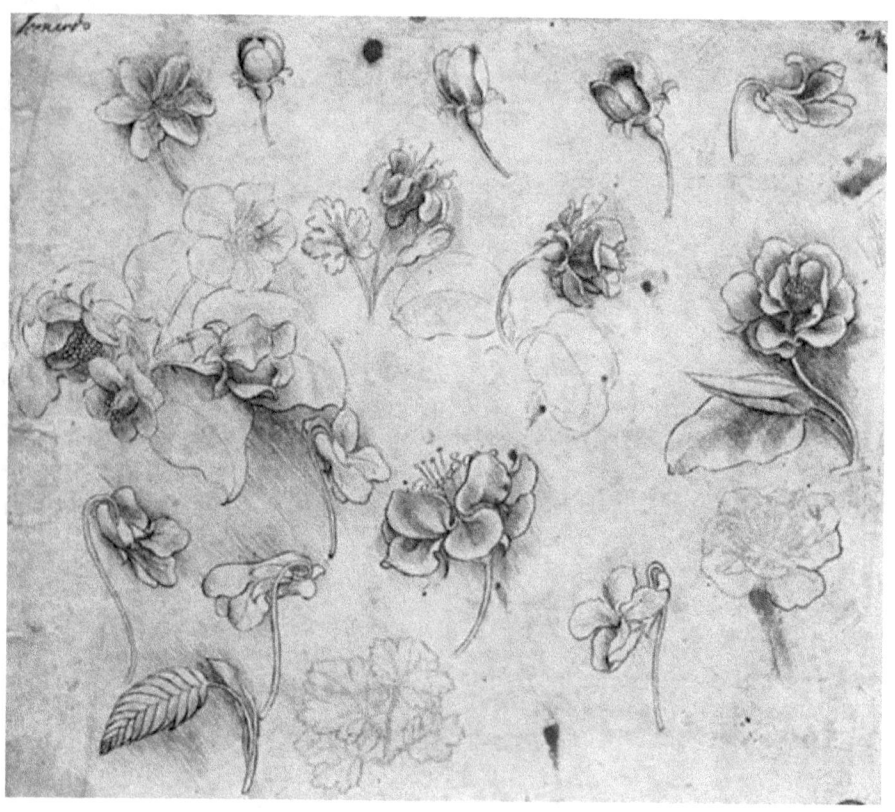

60

Estudio del embrión humano hecho entre 1510-1513.

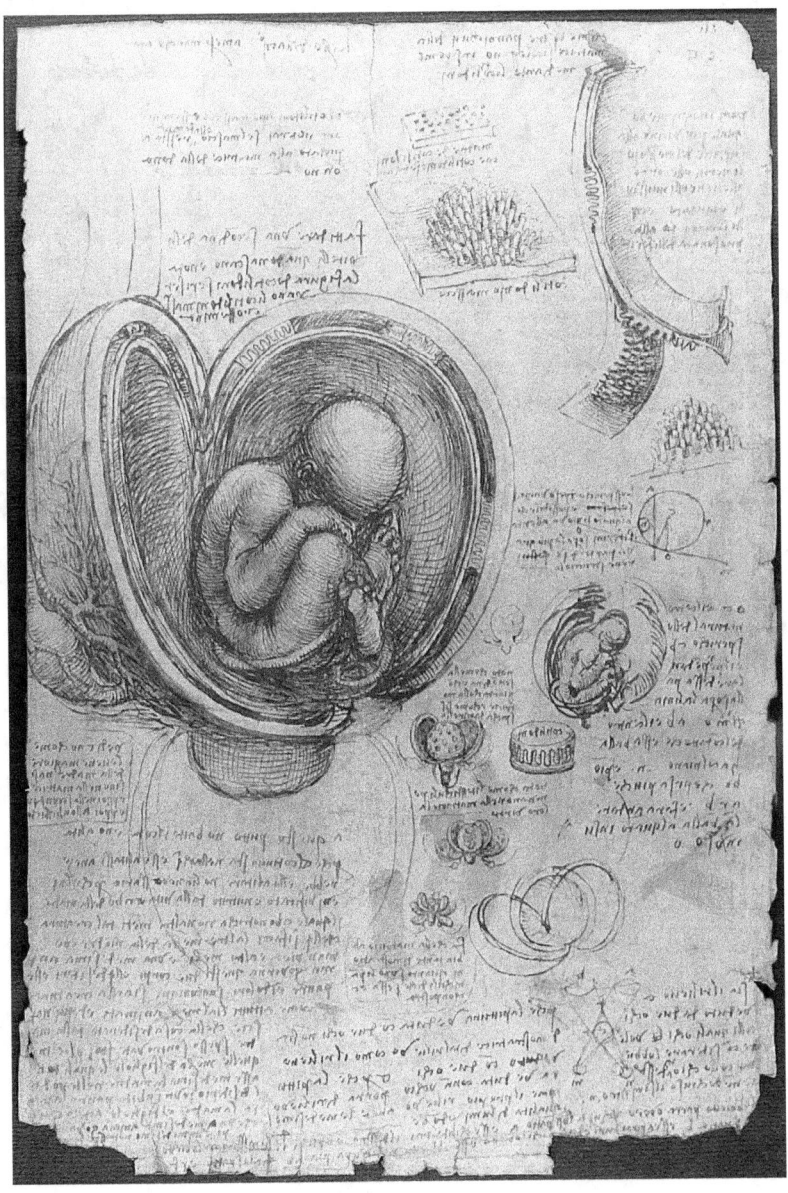

61

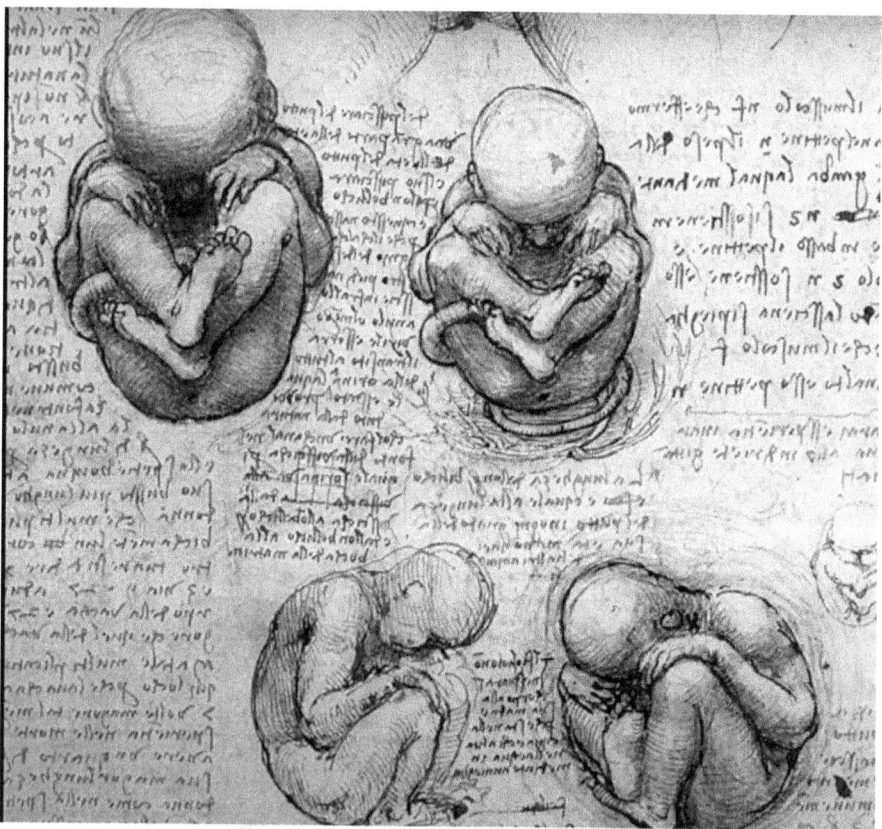

62

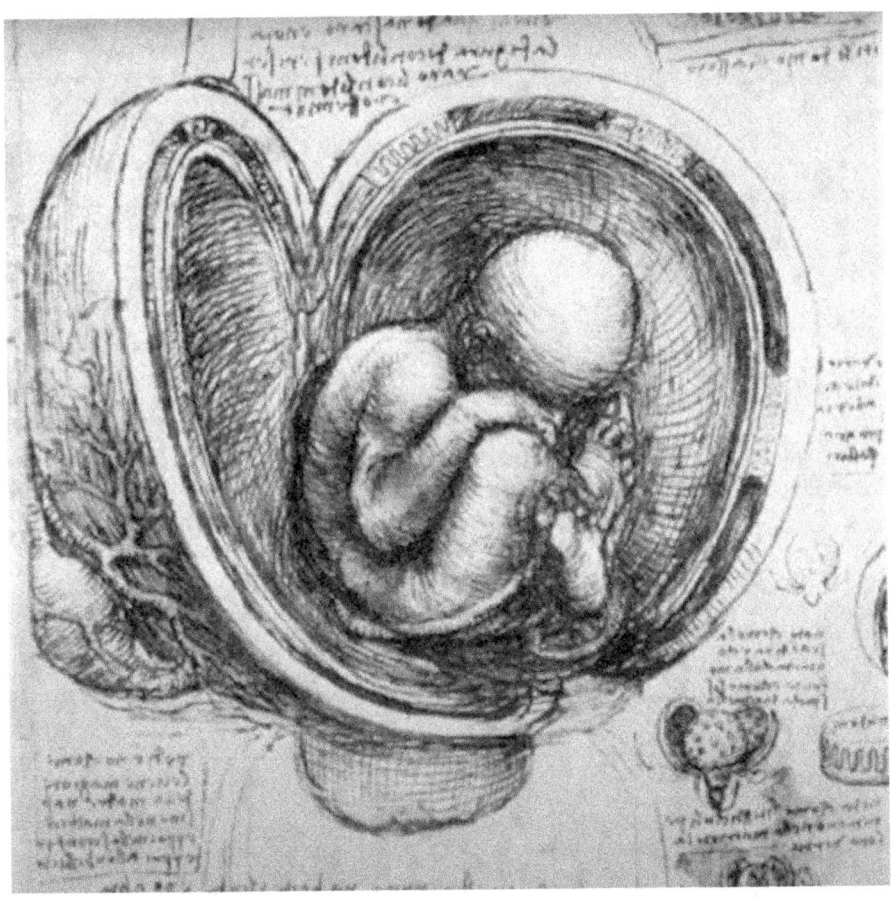

63

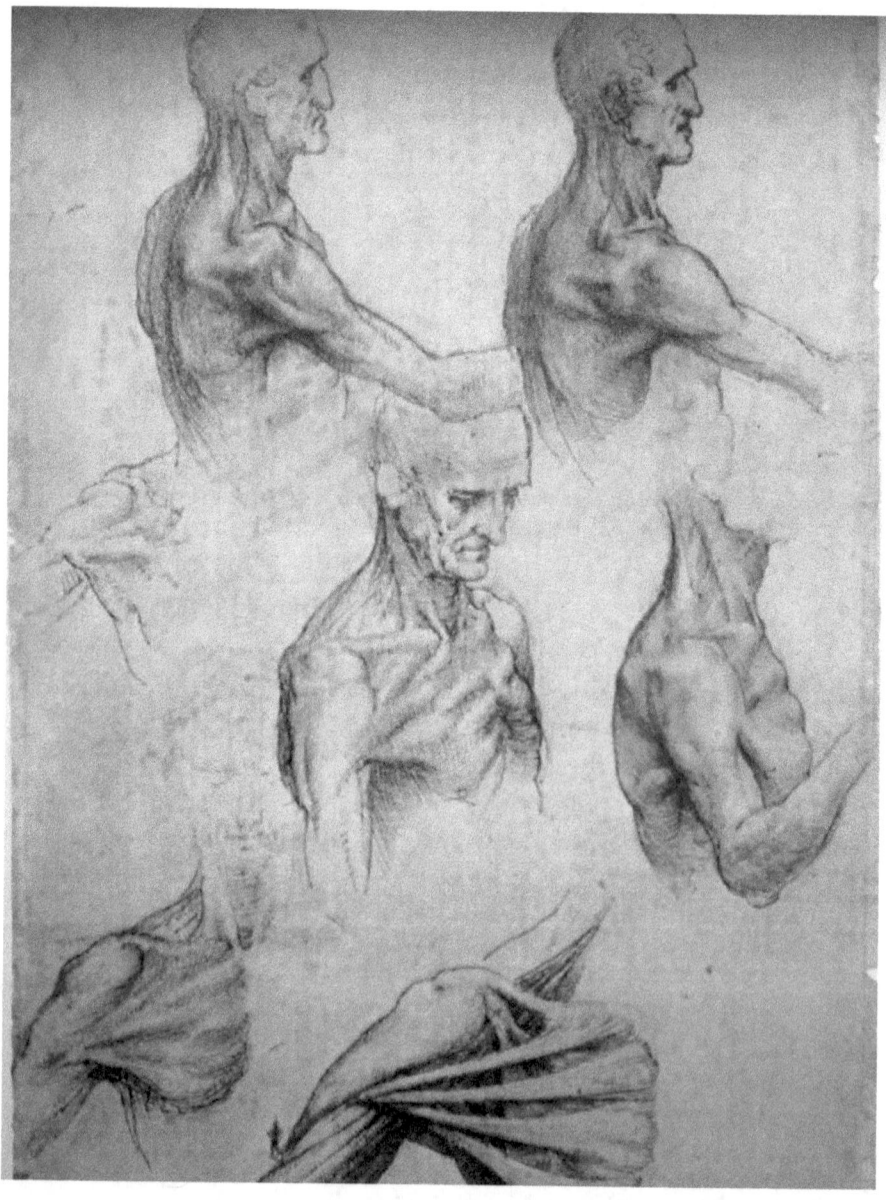

64

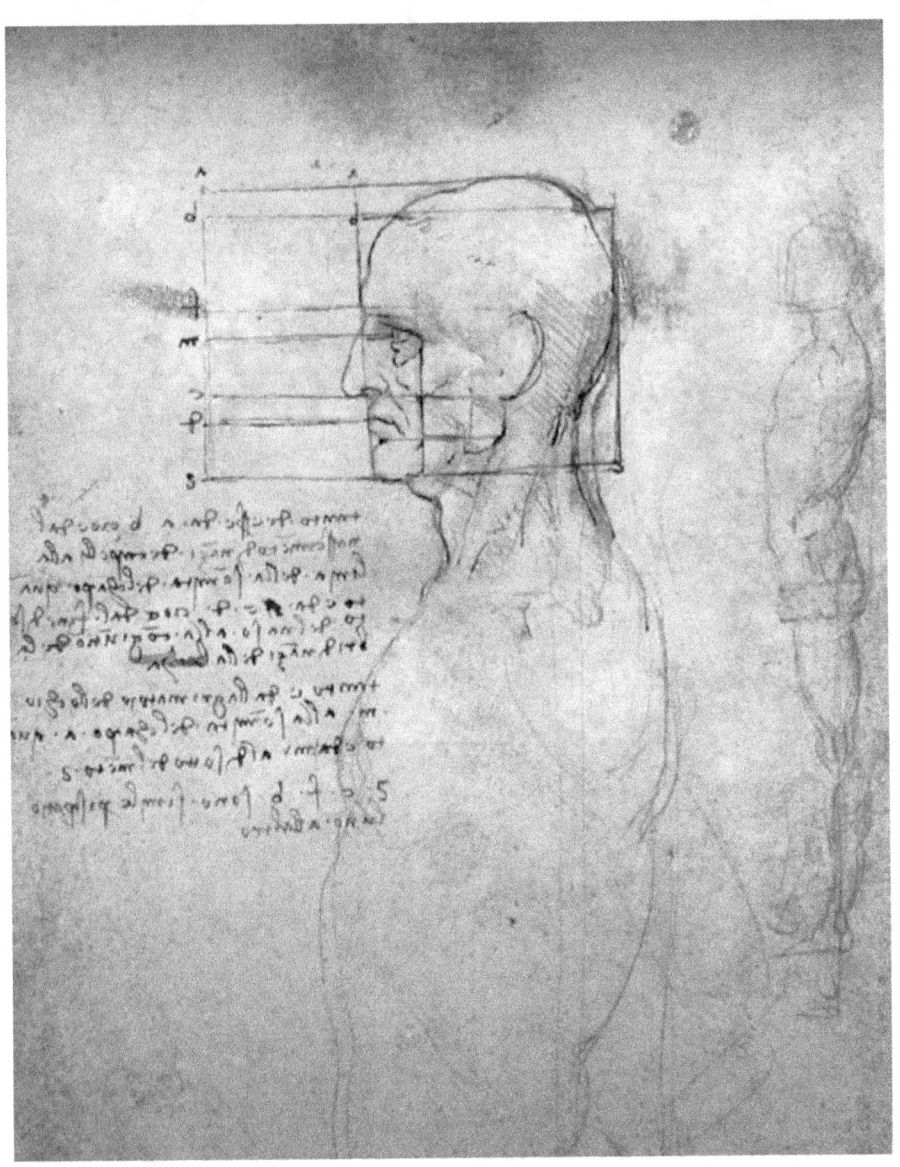

65

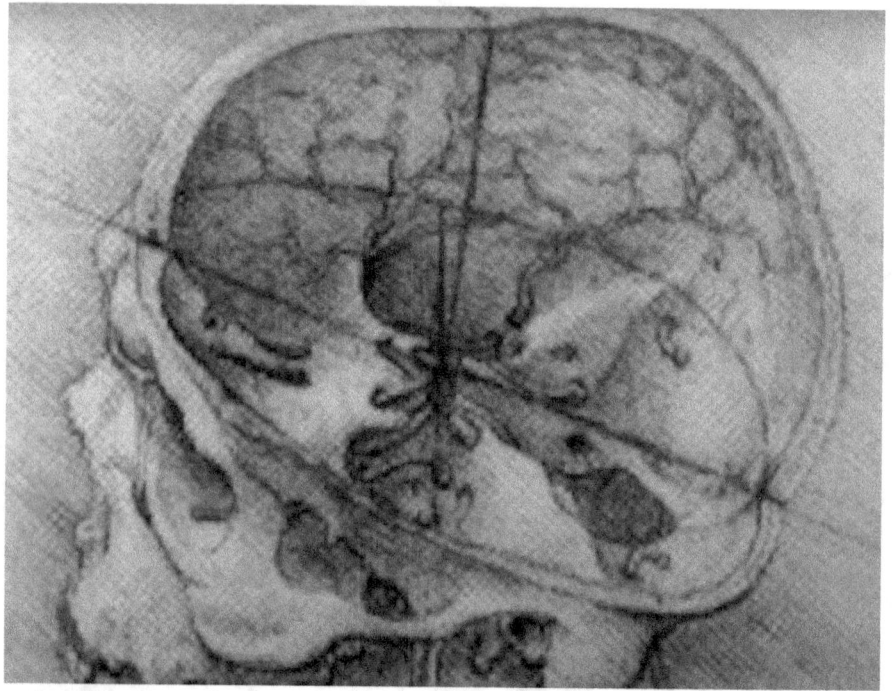

66

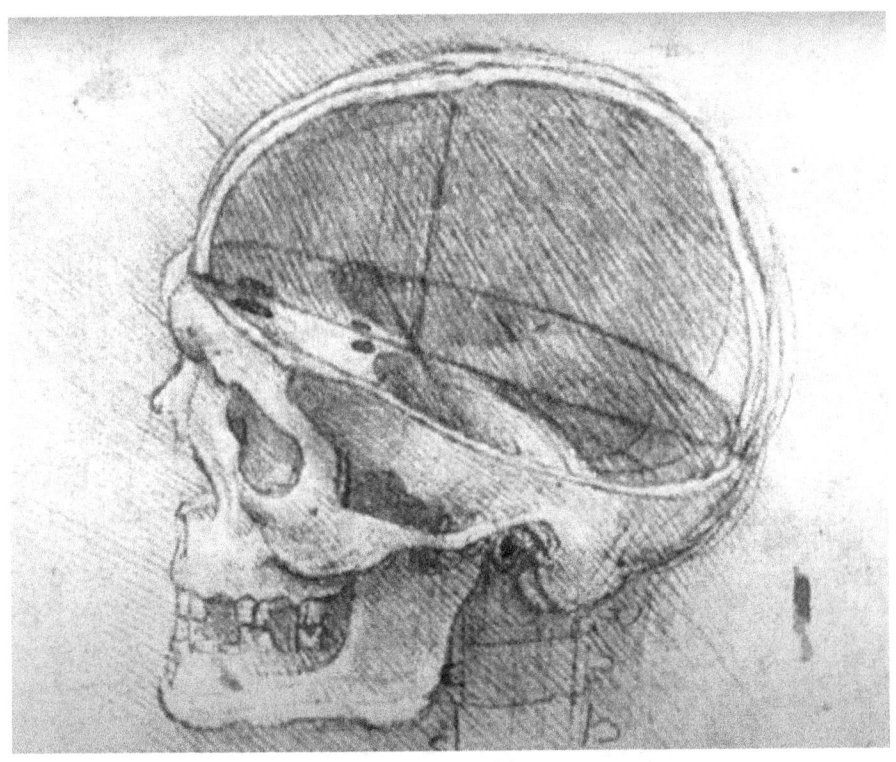

67

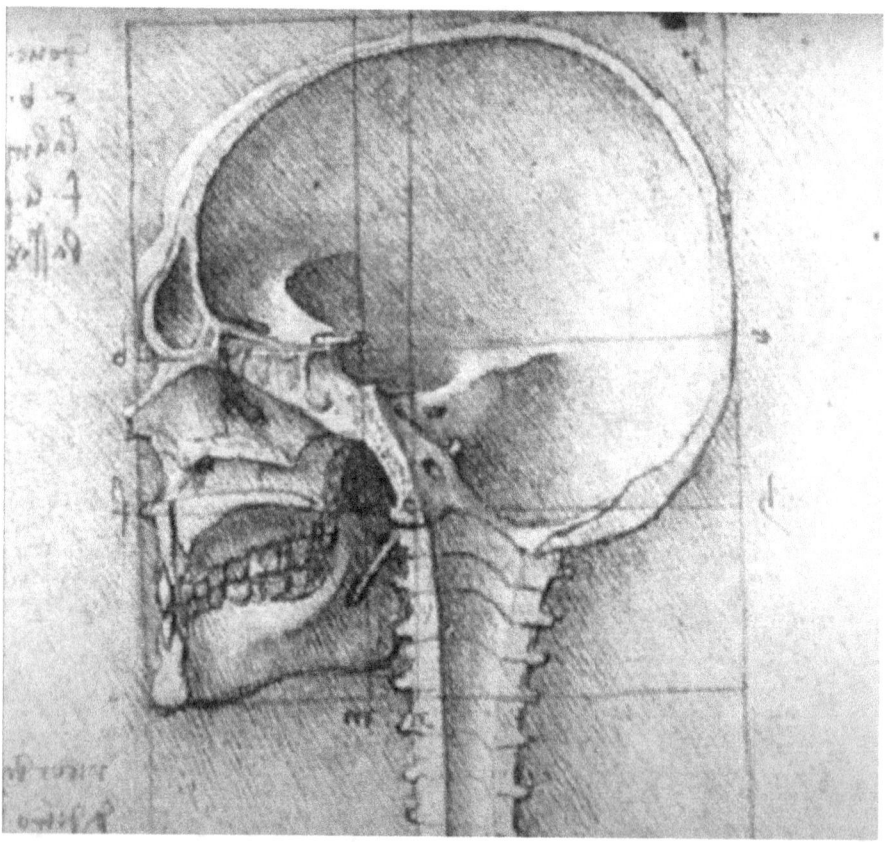

68

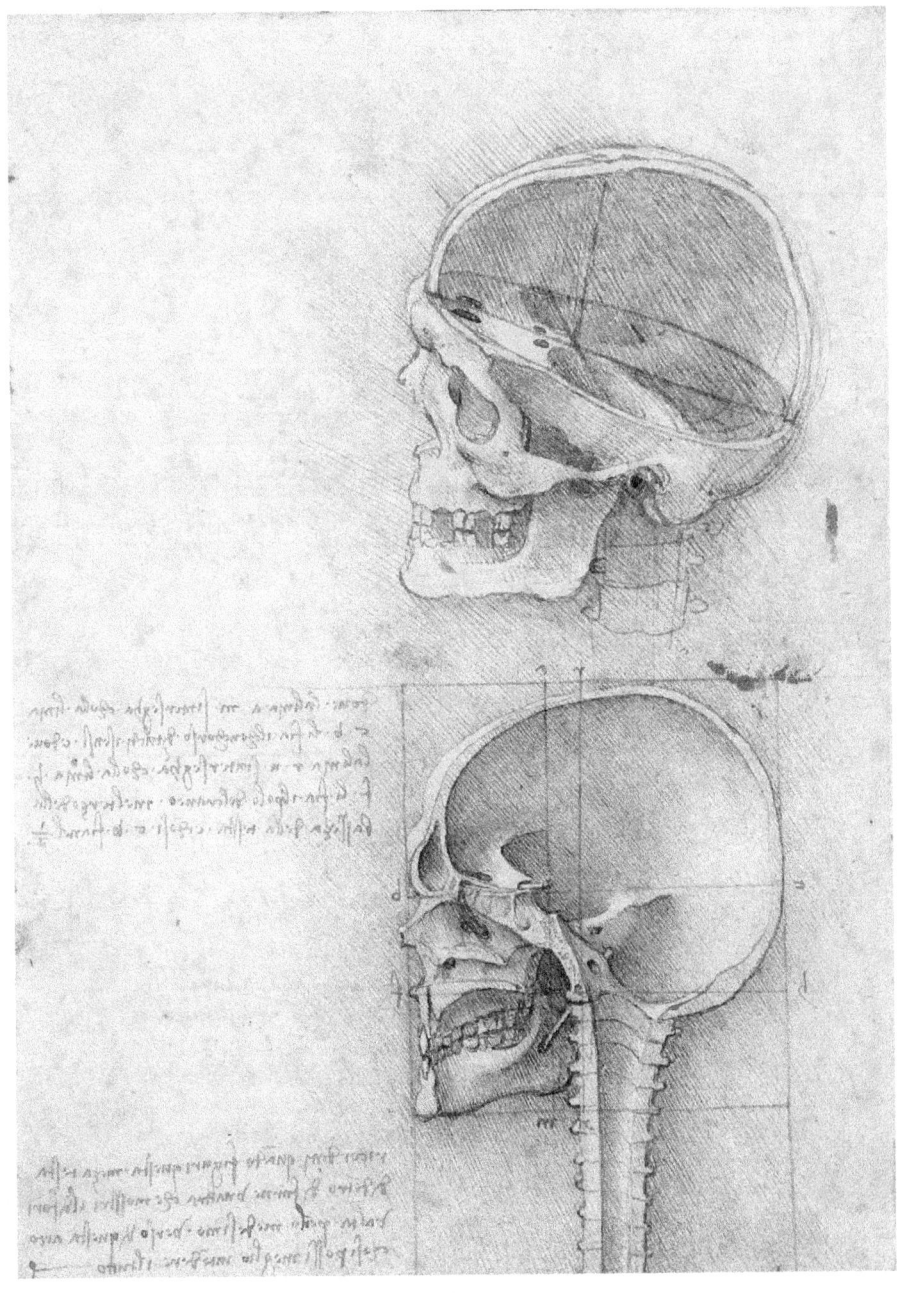

69

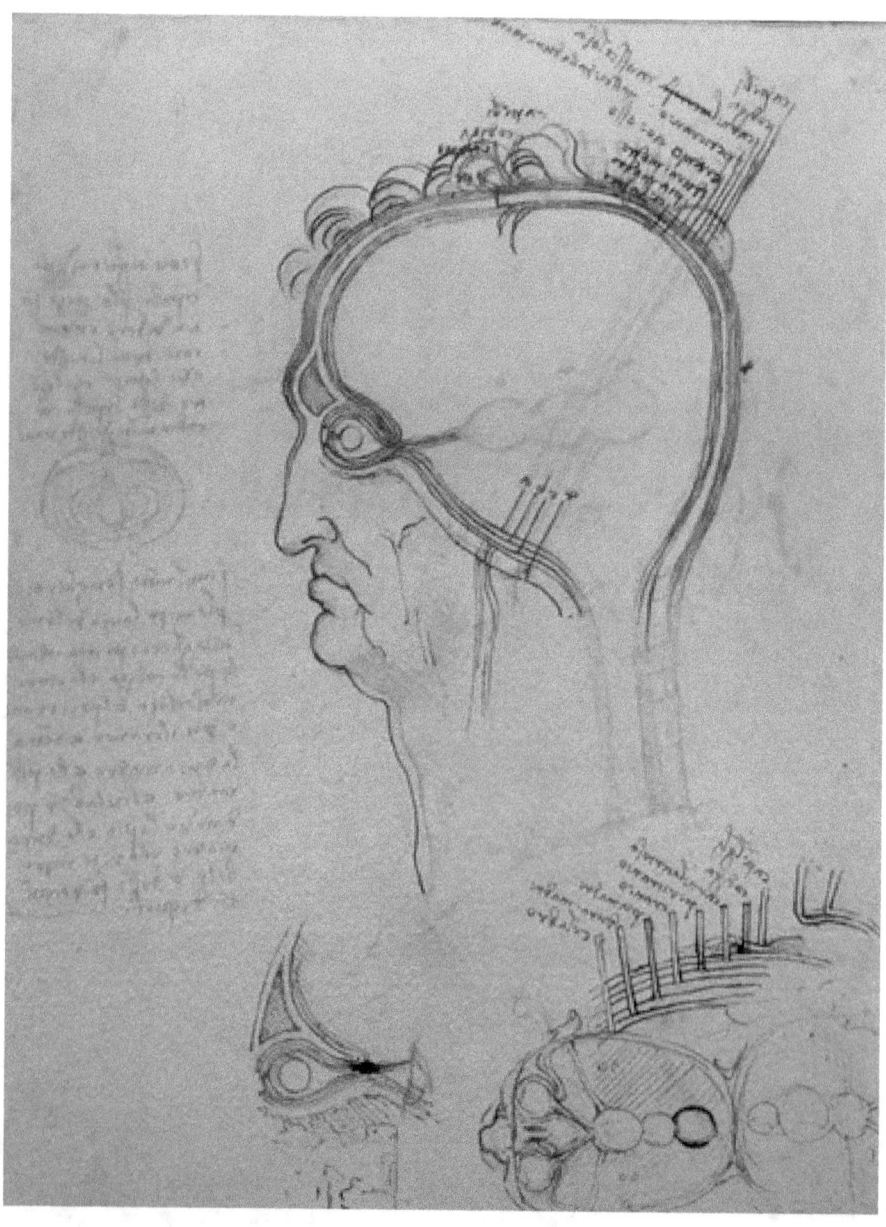

70

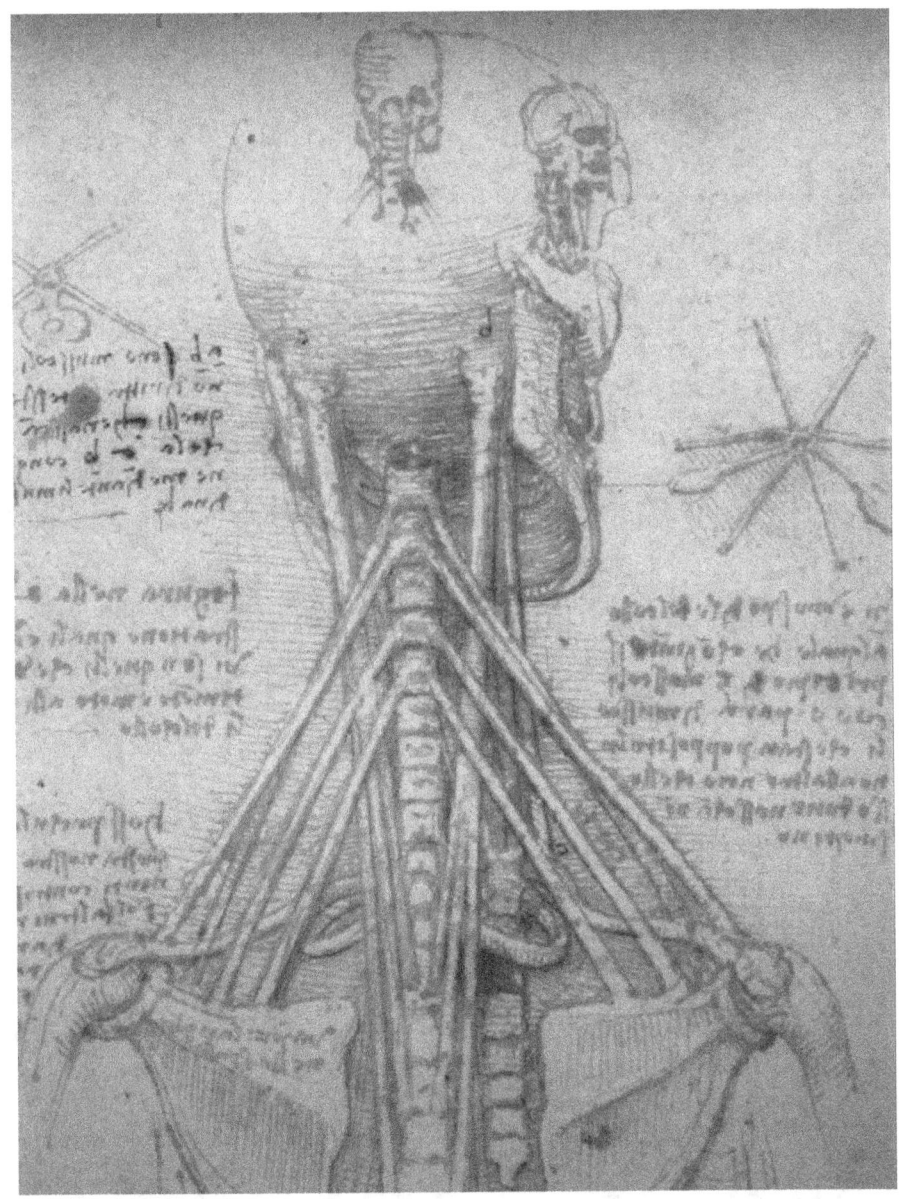

71

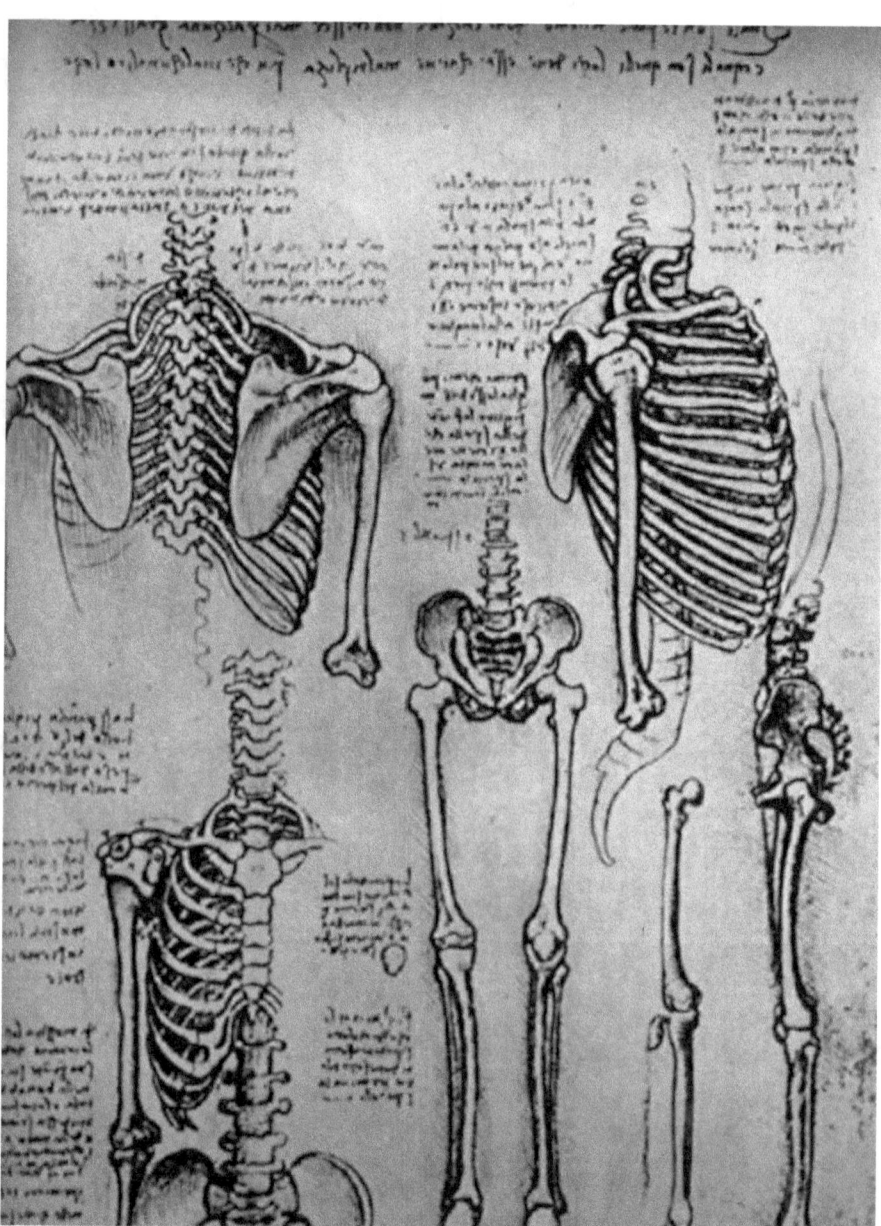

72

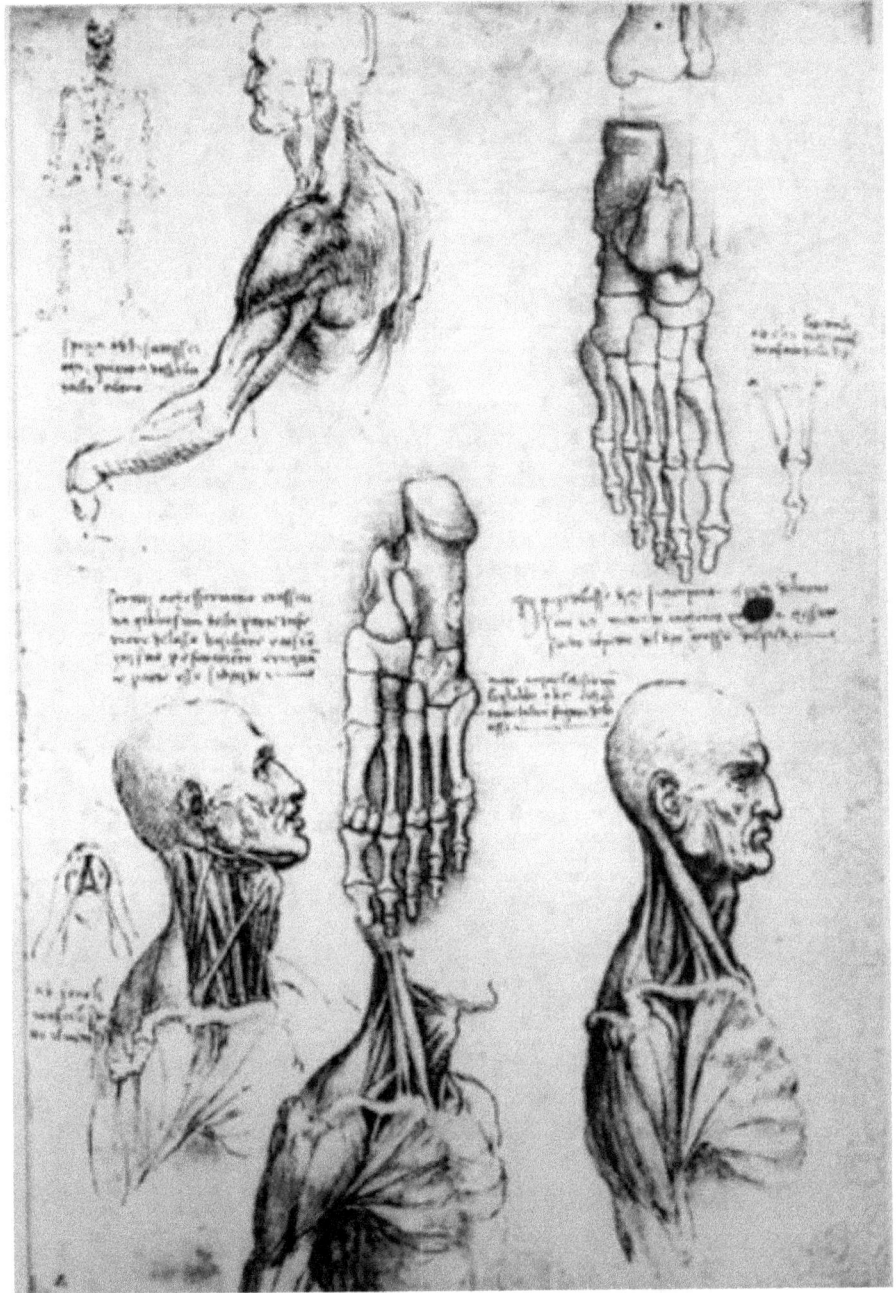

73

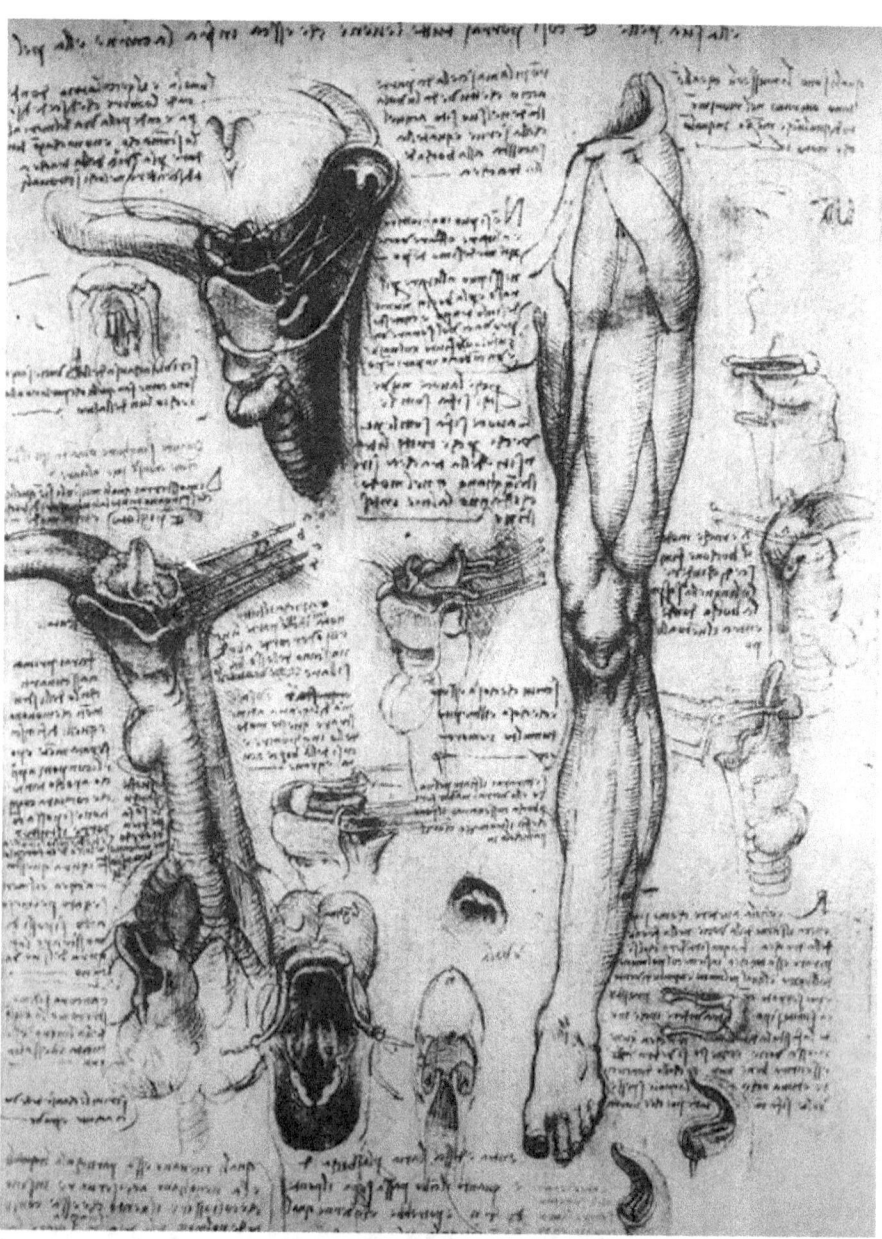

74

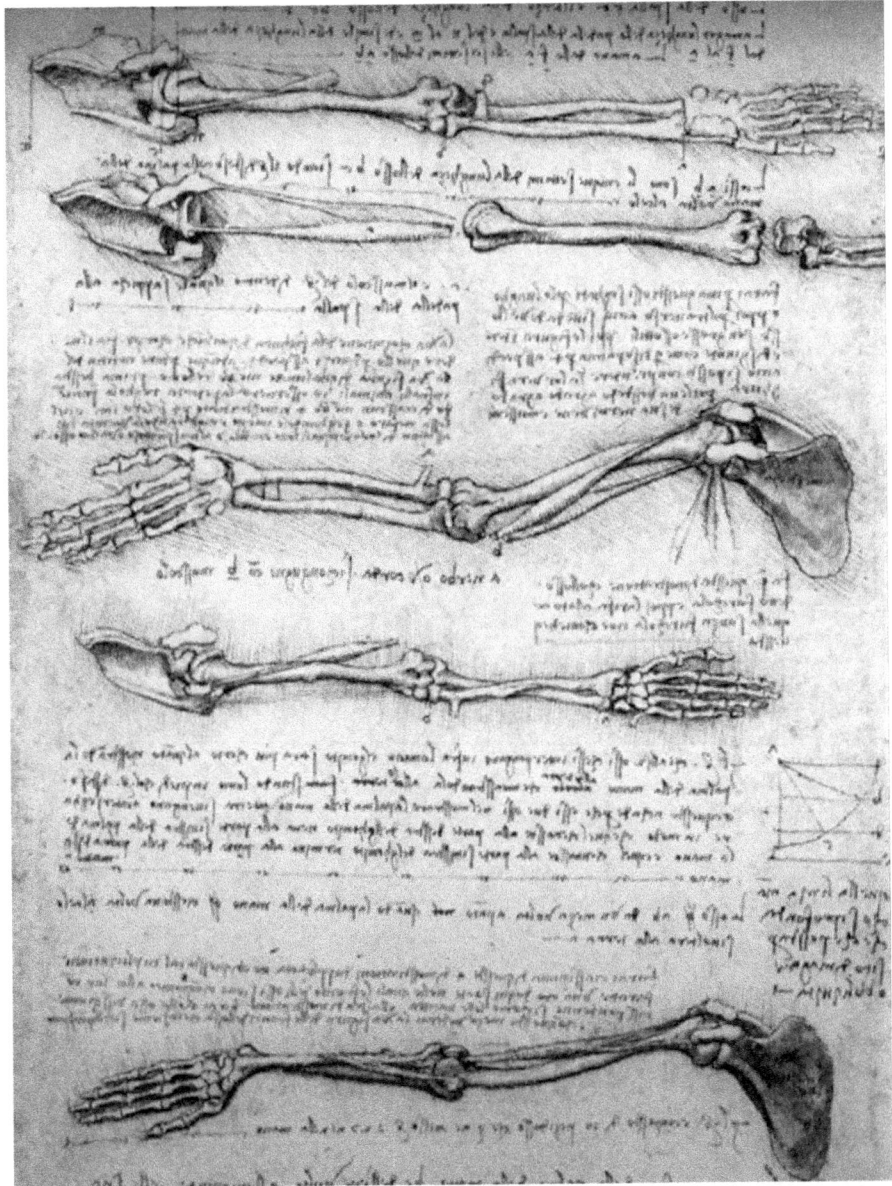

75

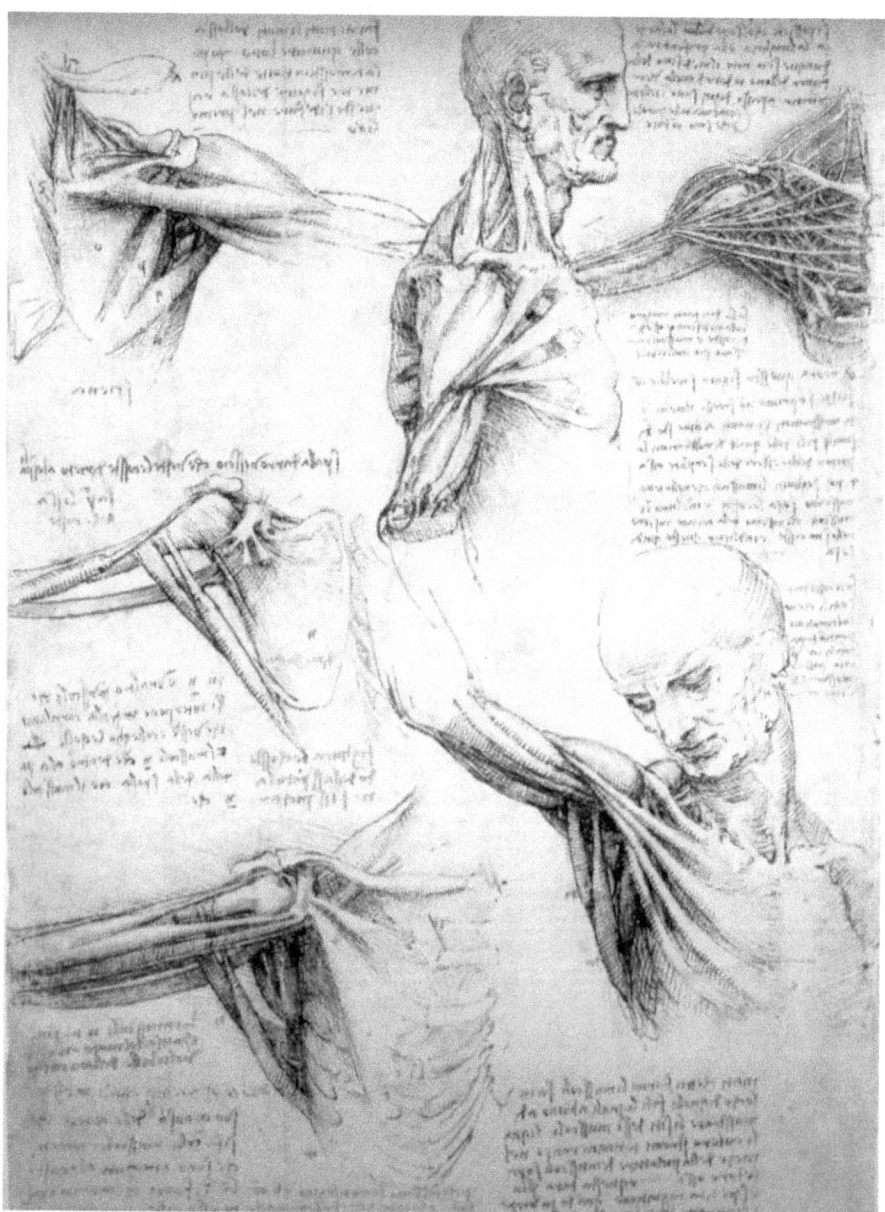

76

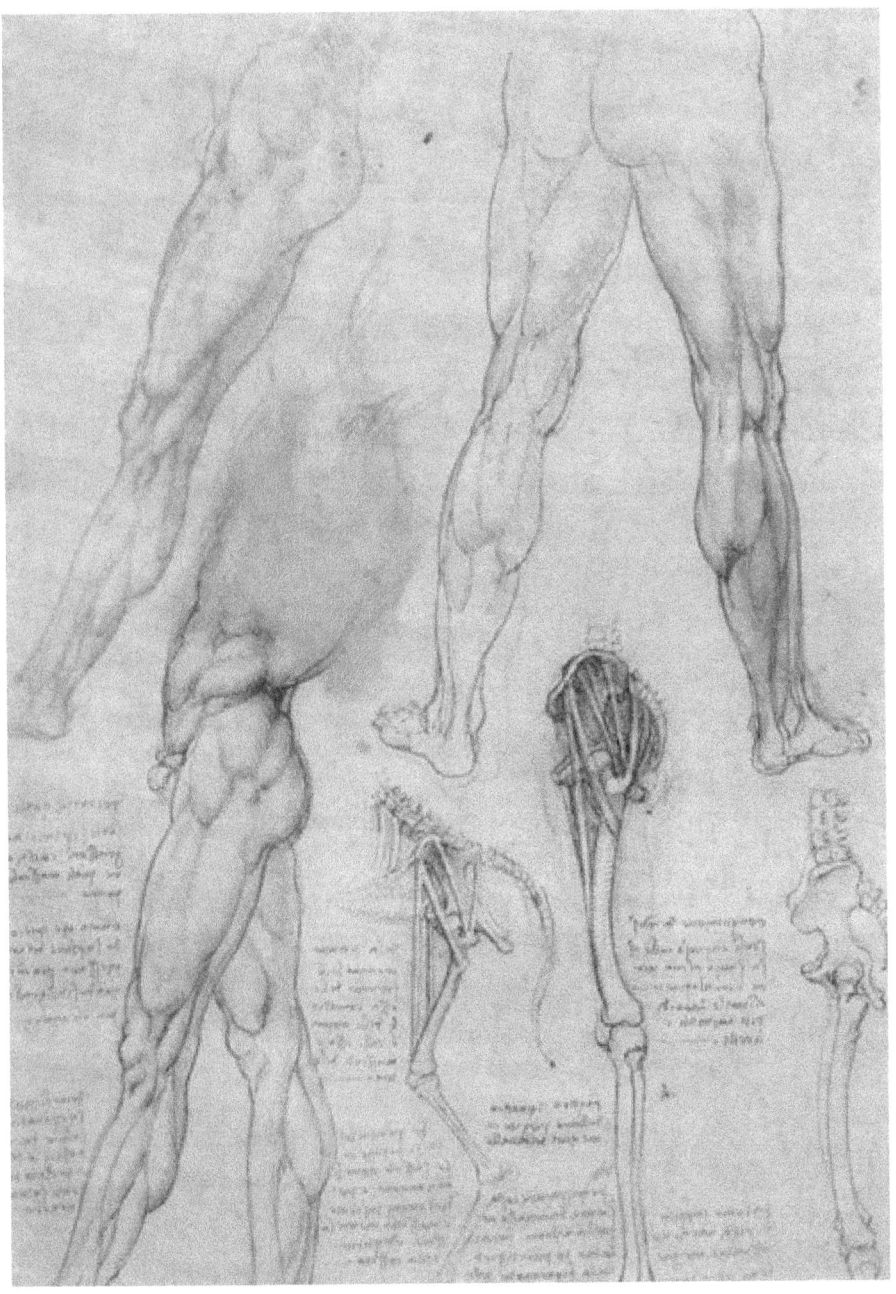

77

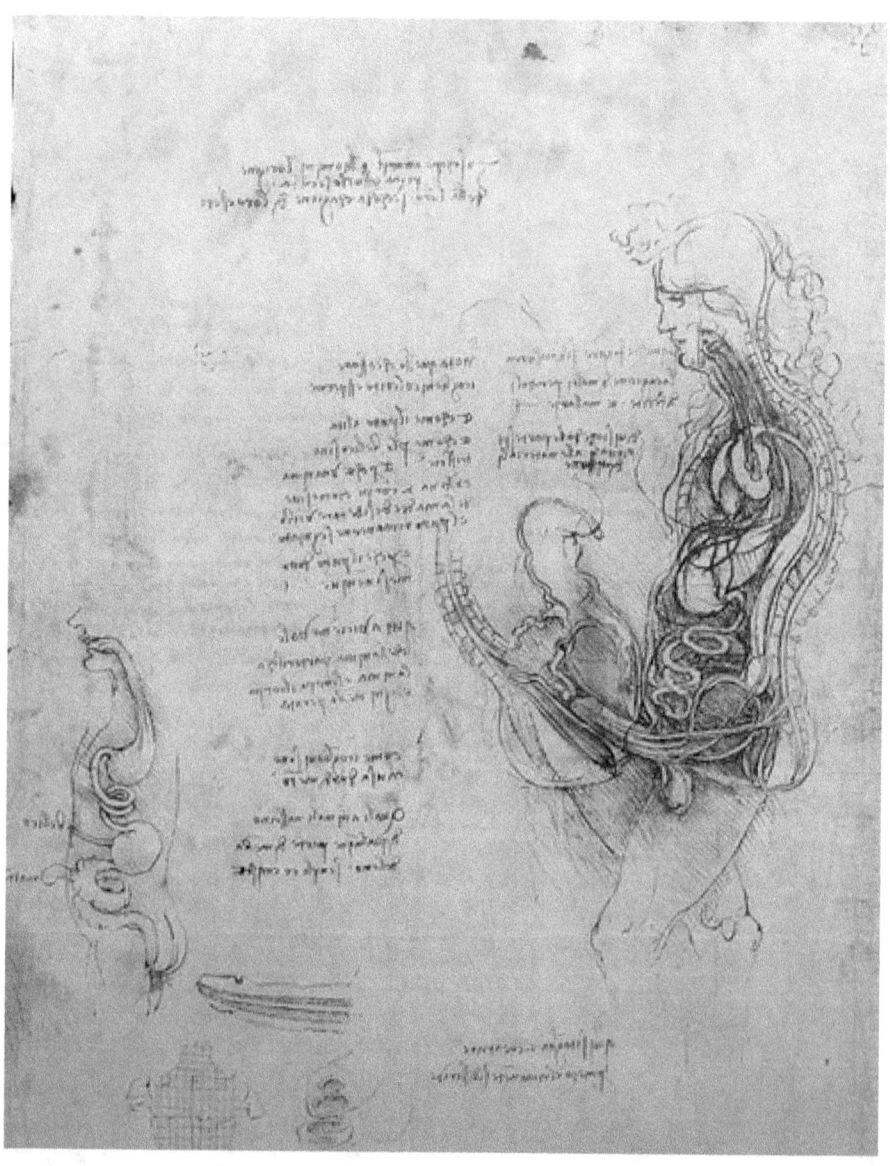

78

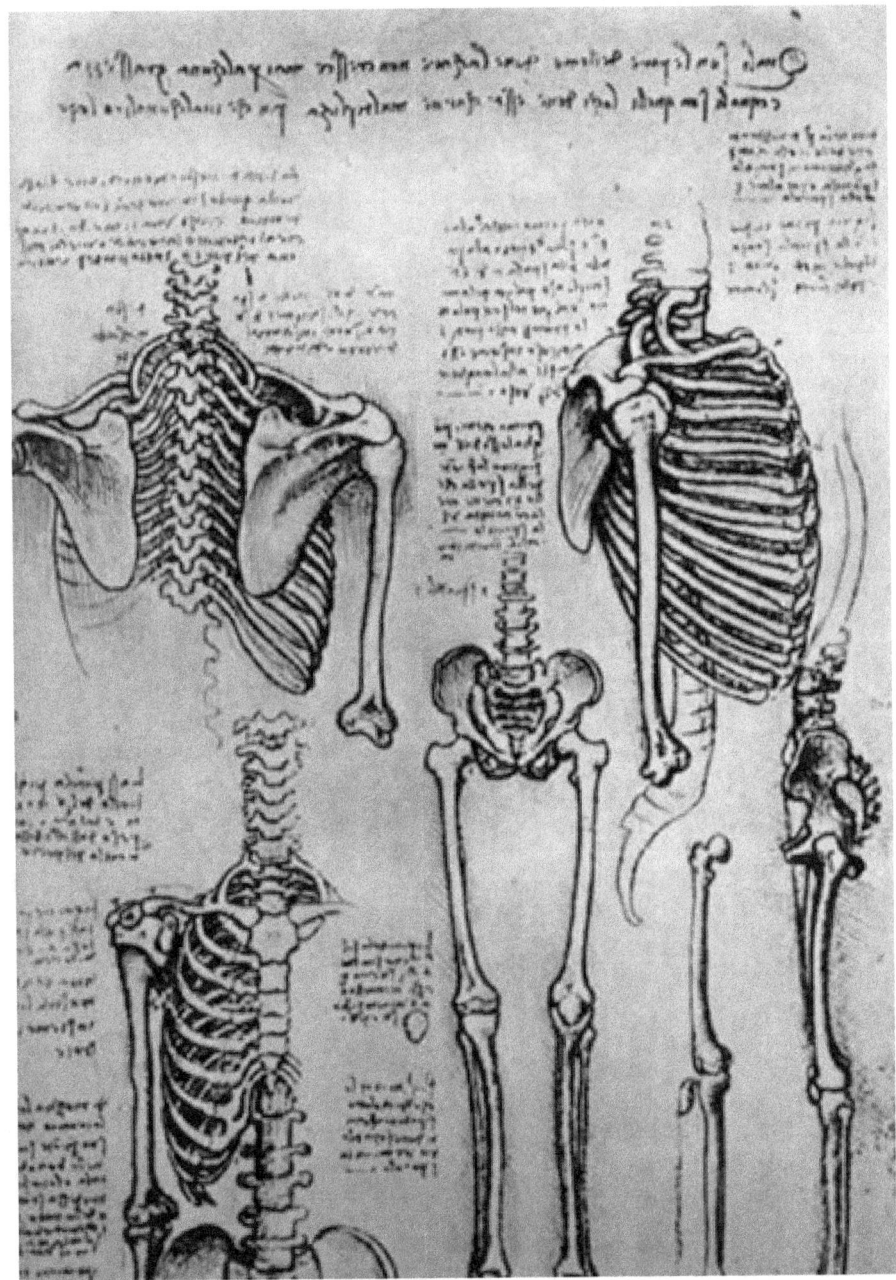

79

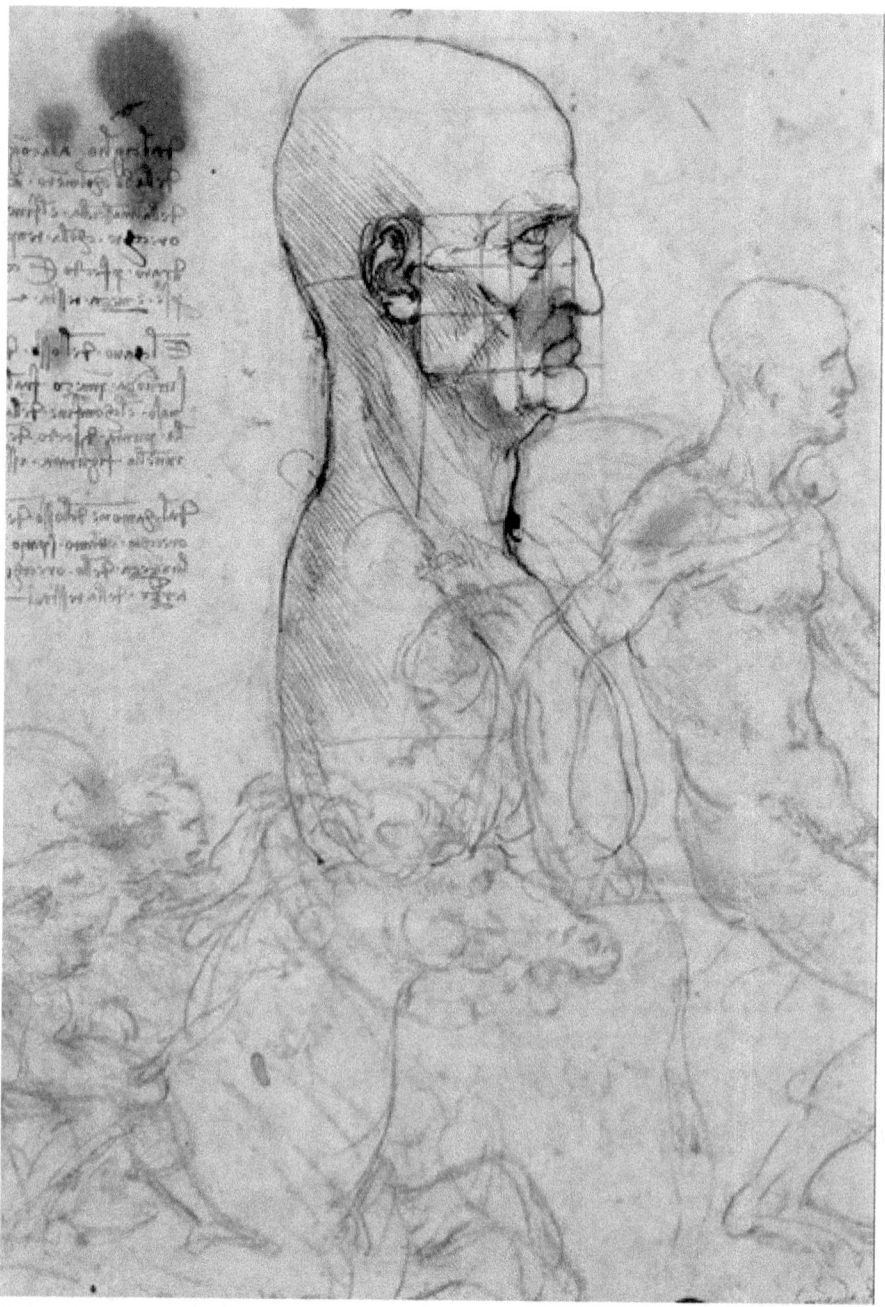

80

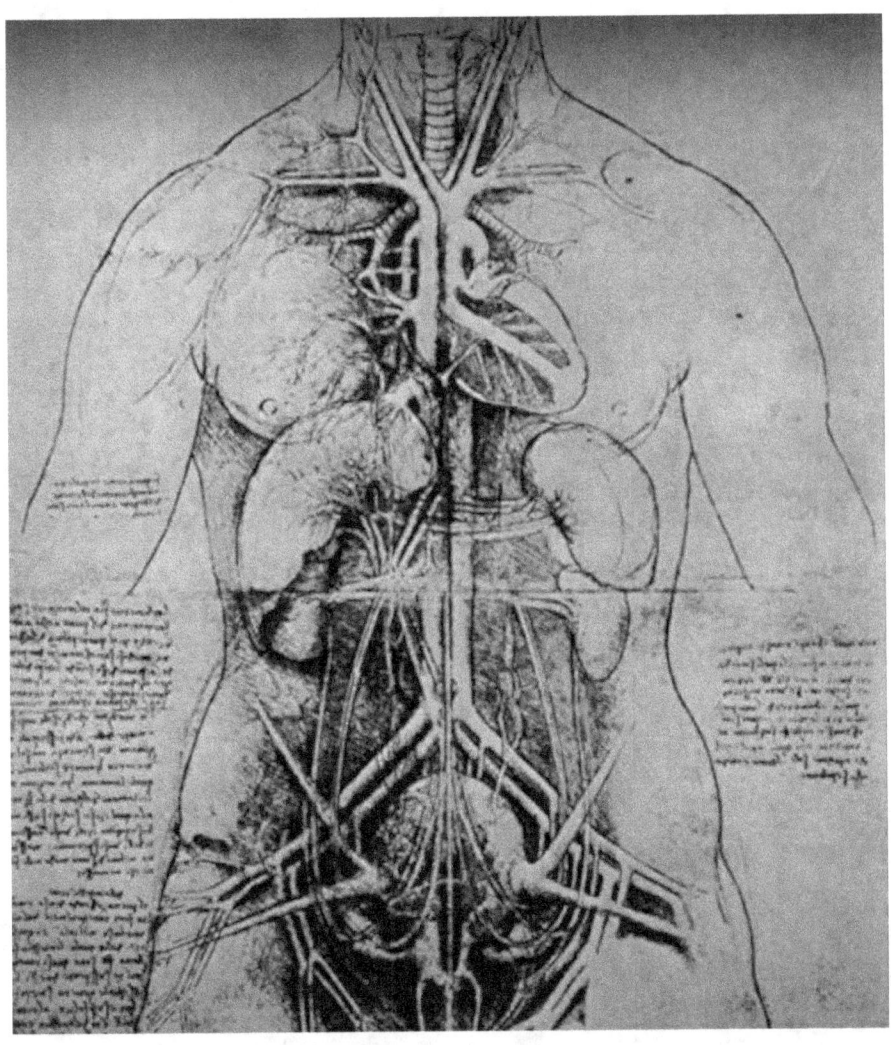

81

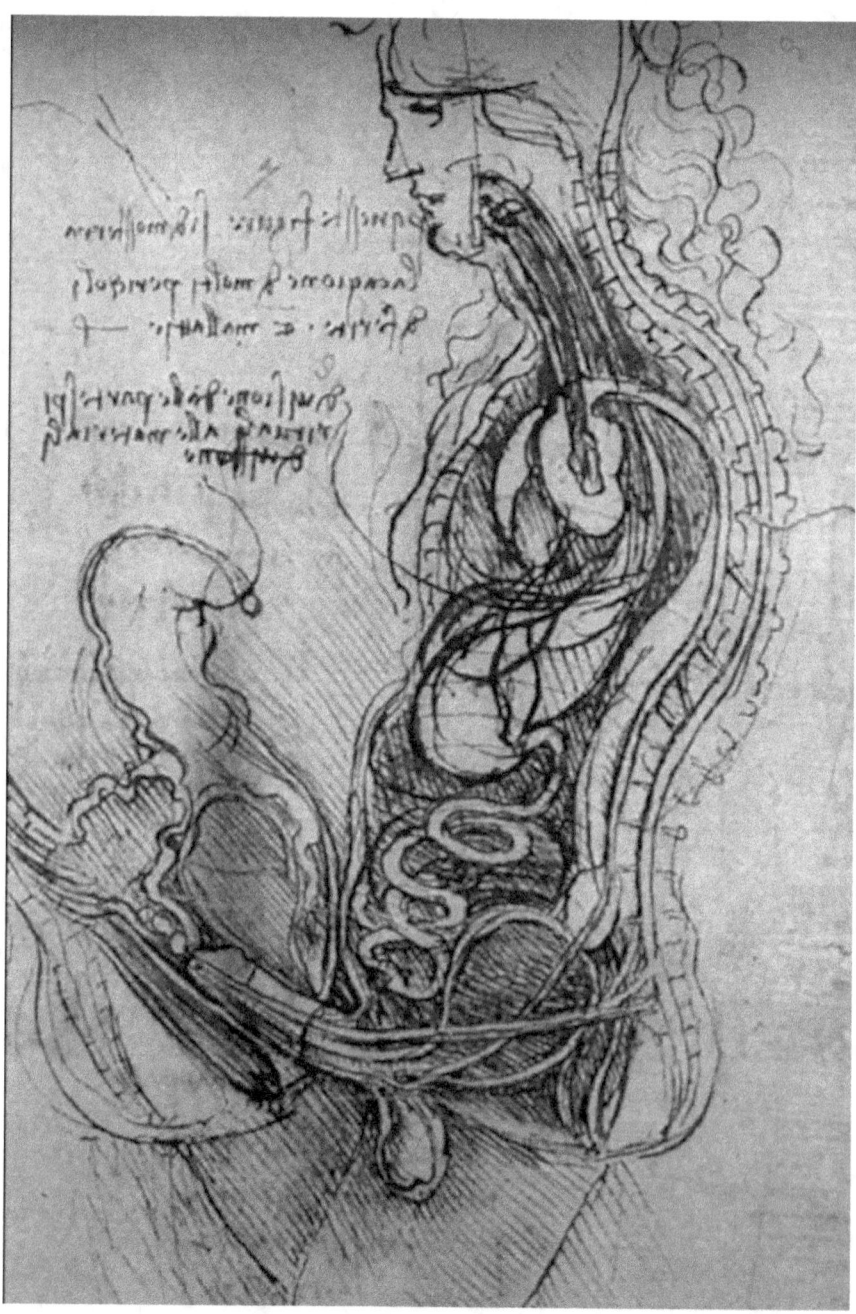

82

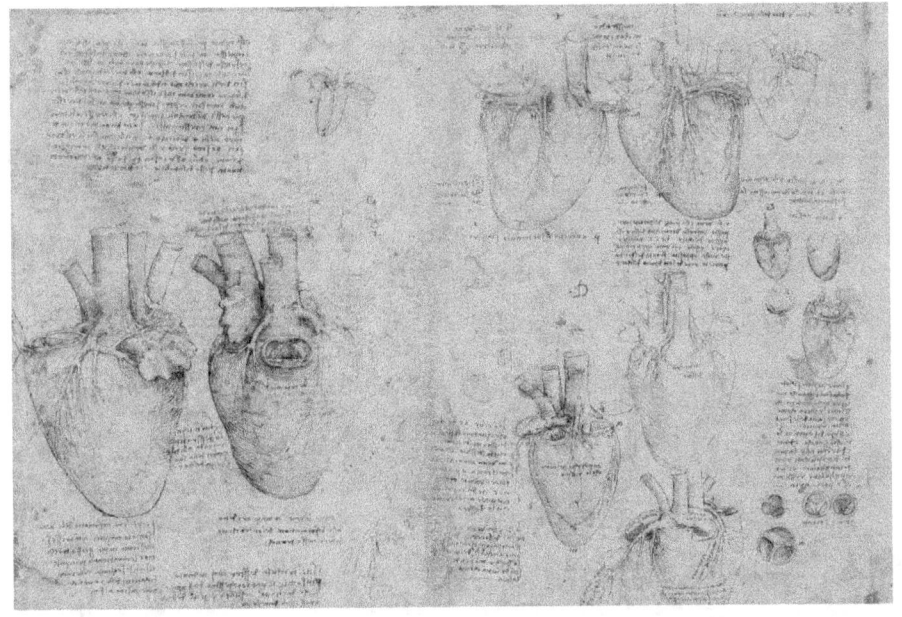

83

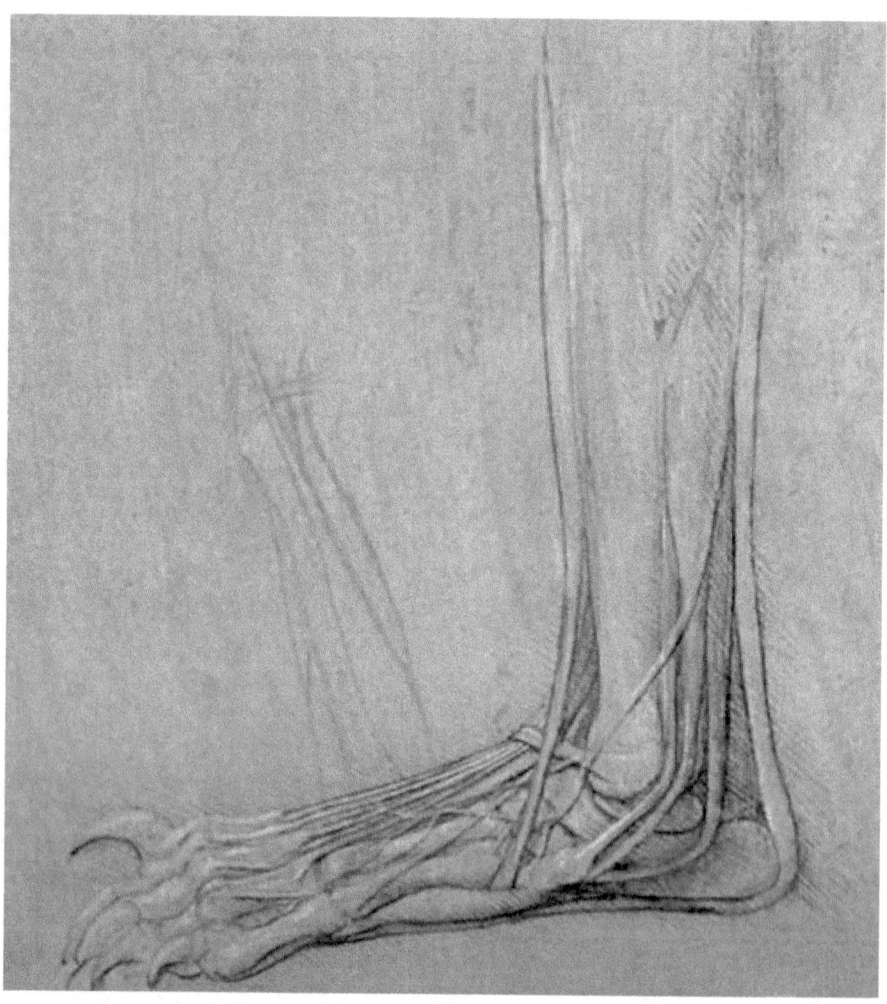

84
Planos para una máquina voladora

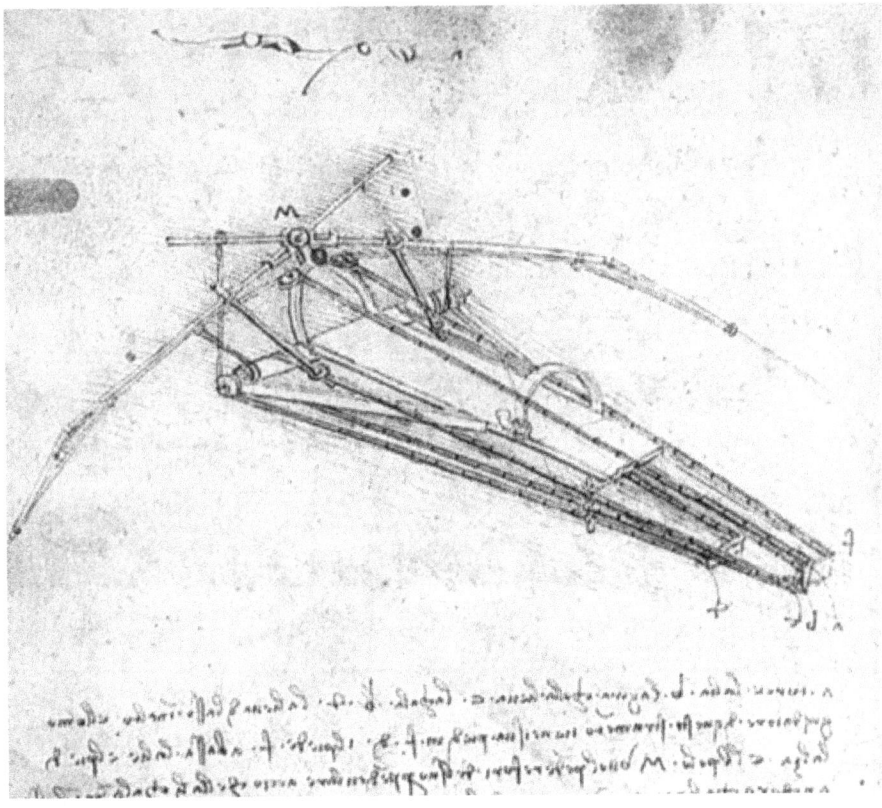

85

El tornillo aéreo, 1486,

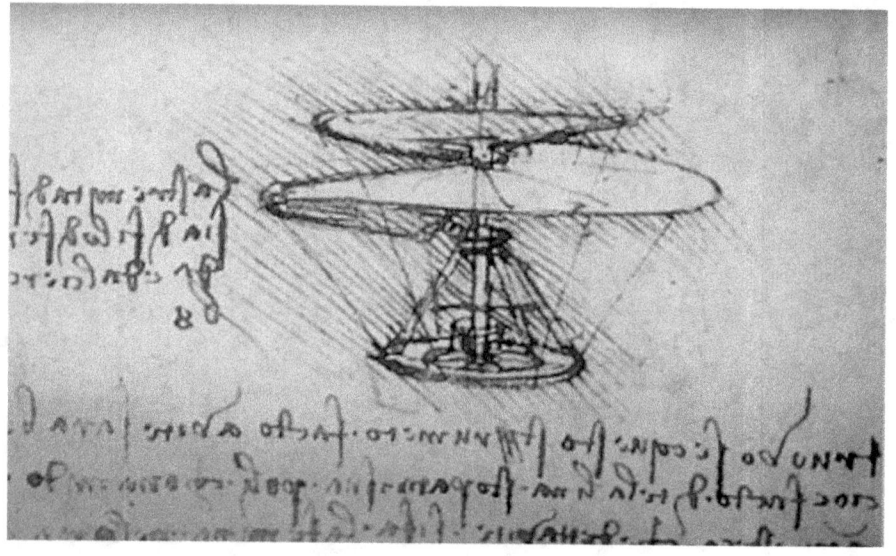

86

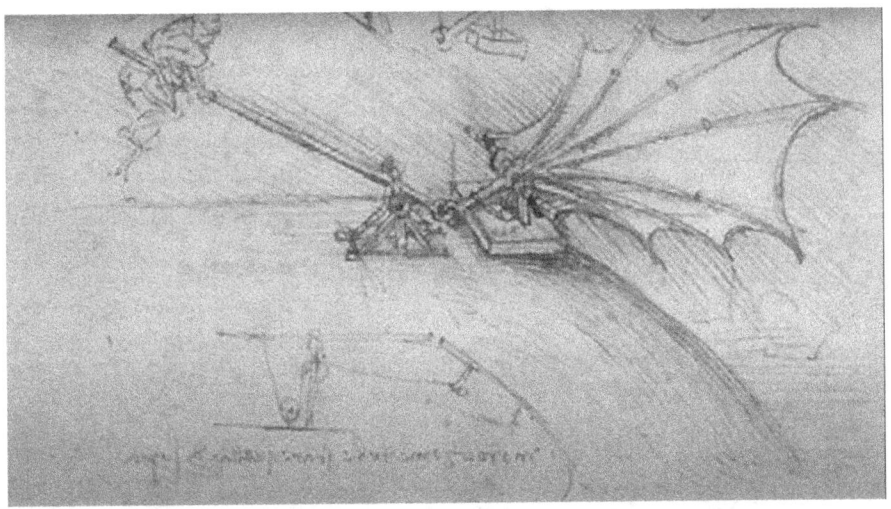

87

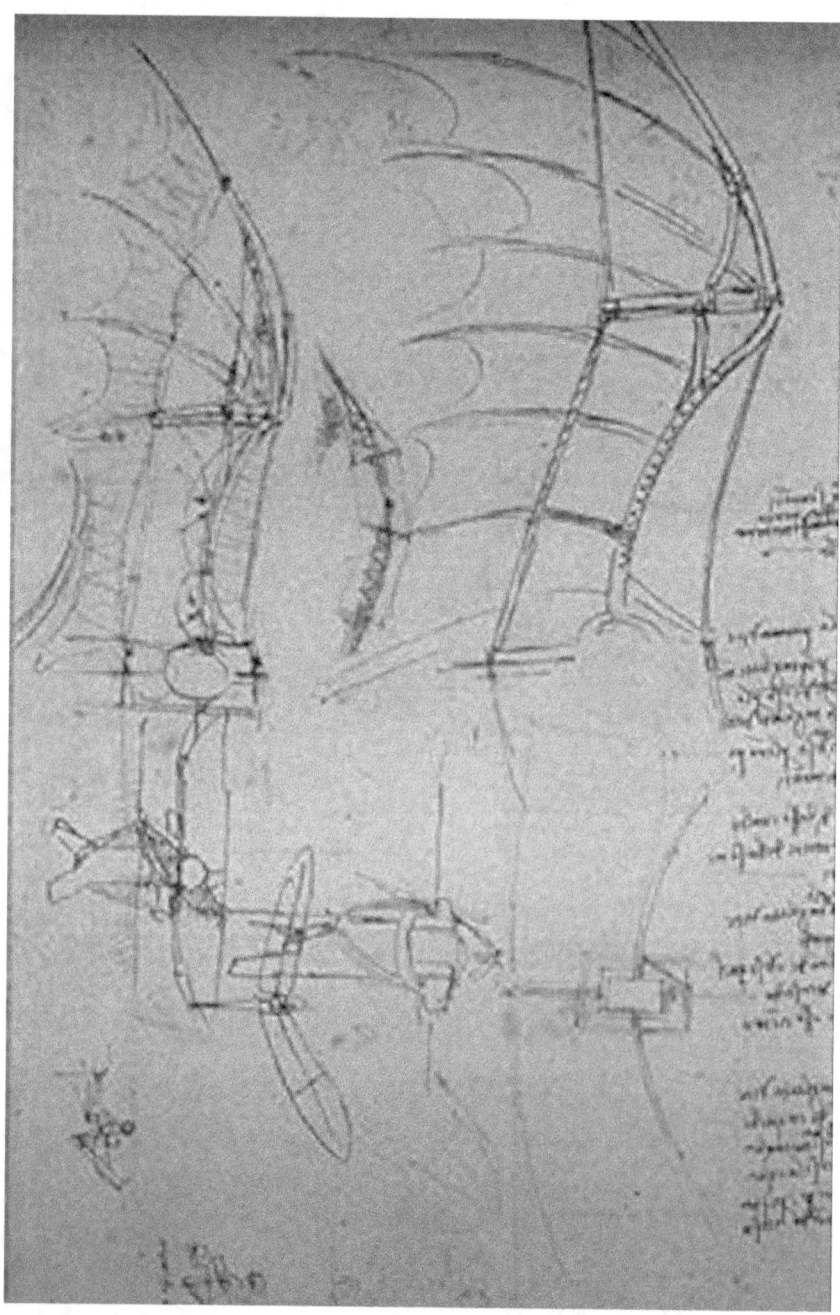

88

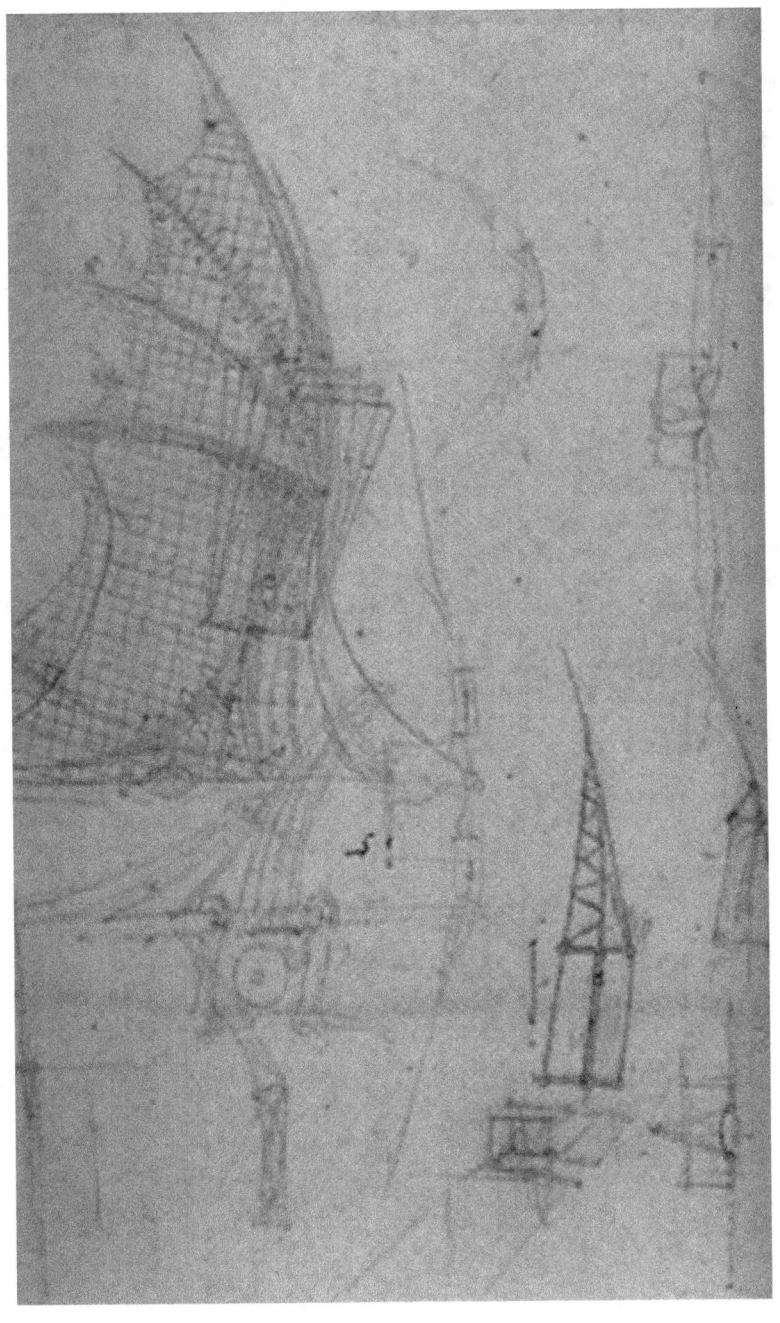

89

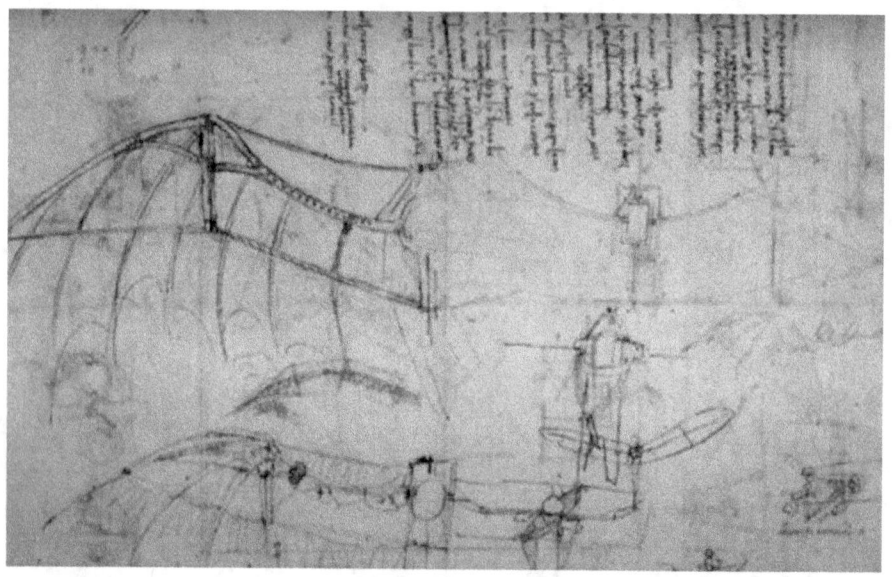

90

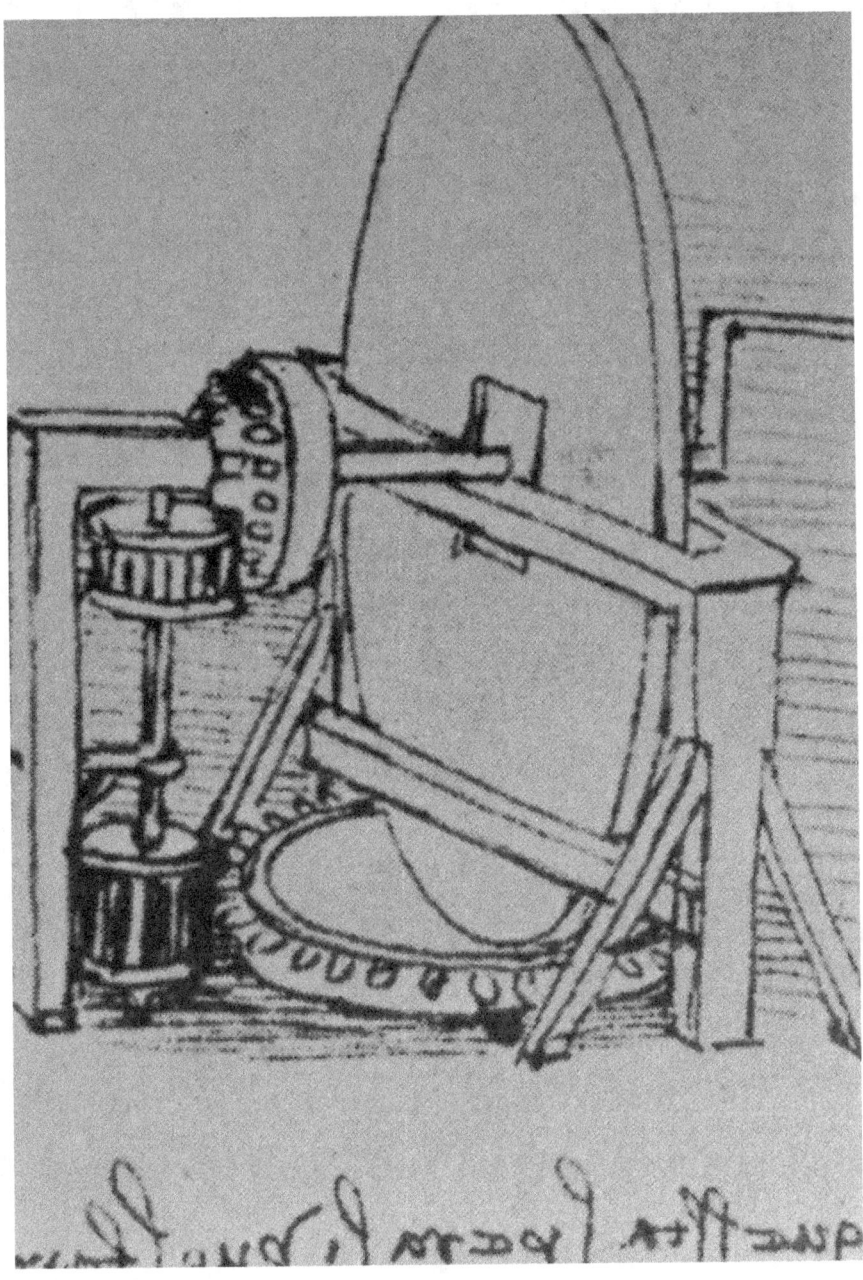

91

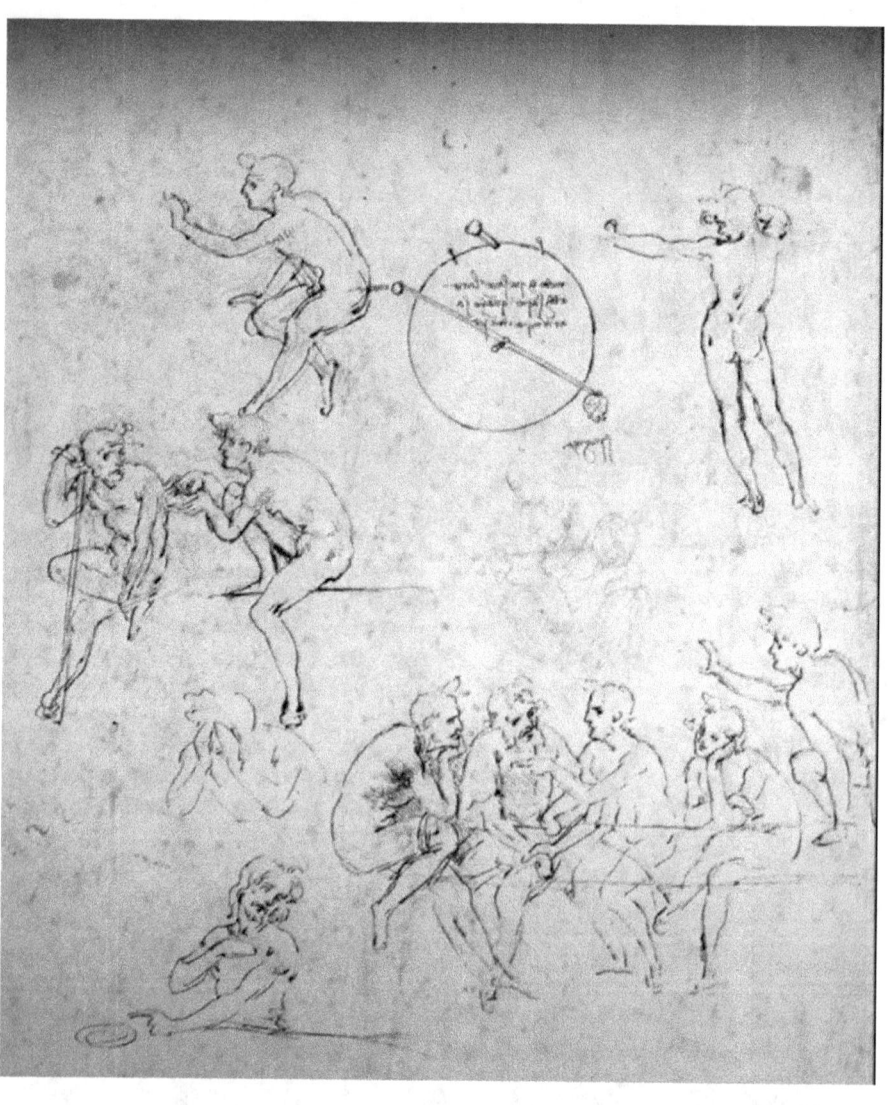

92

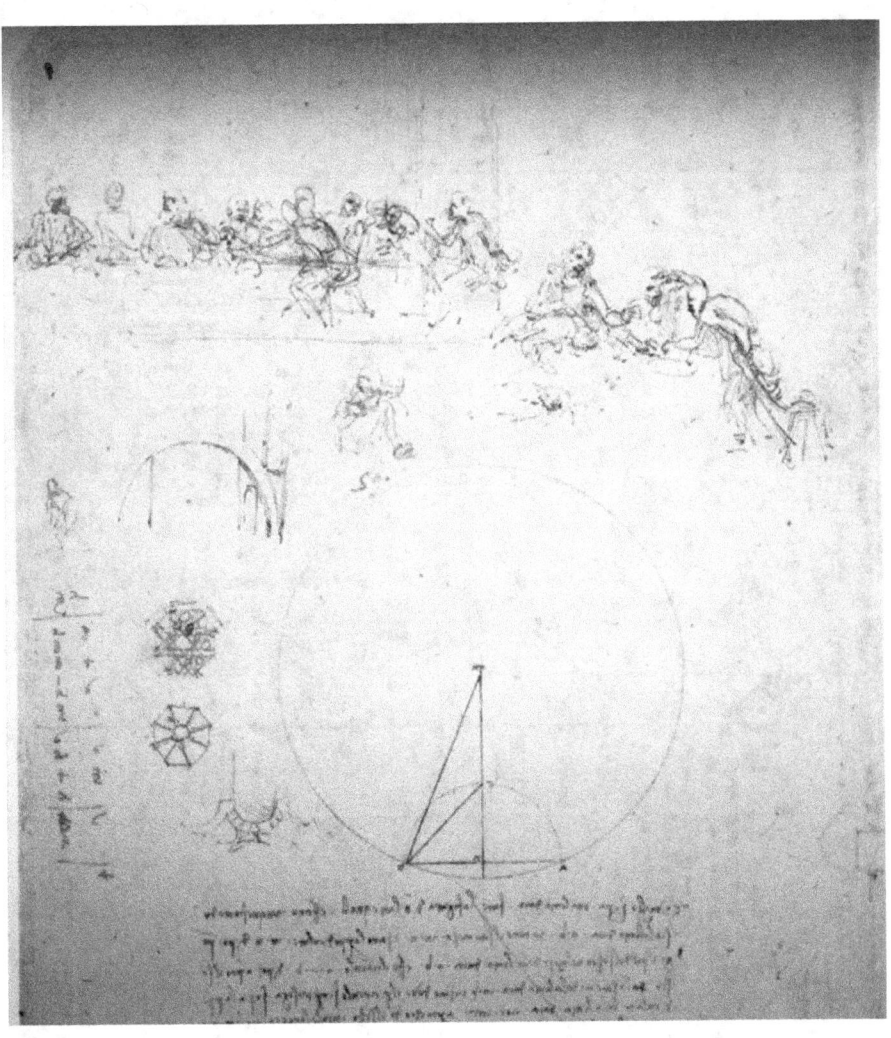

93

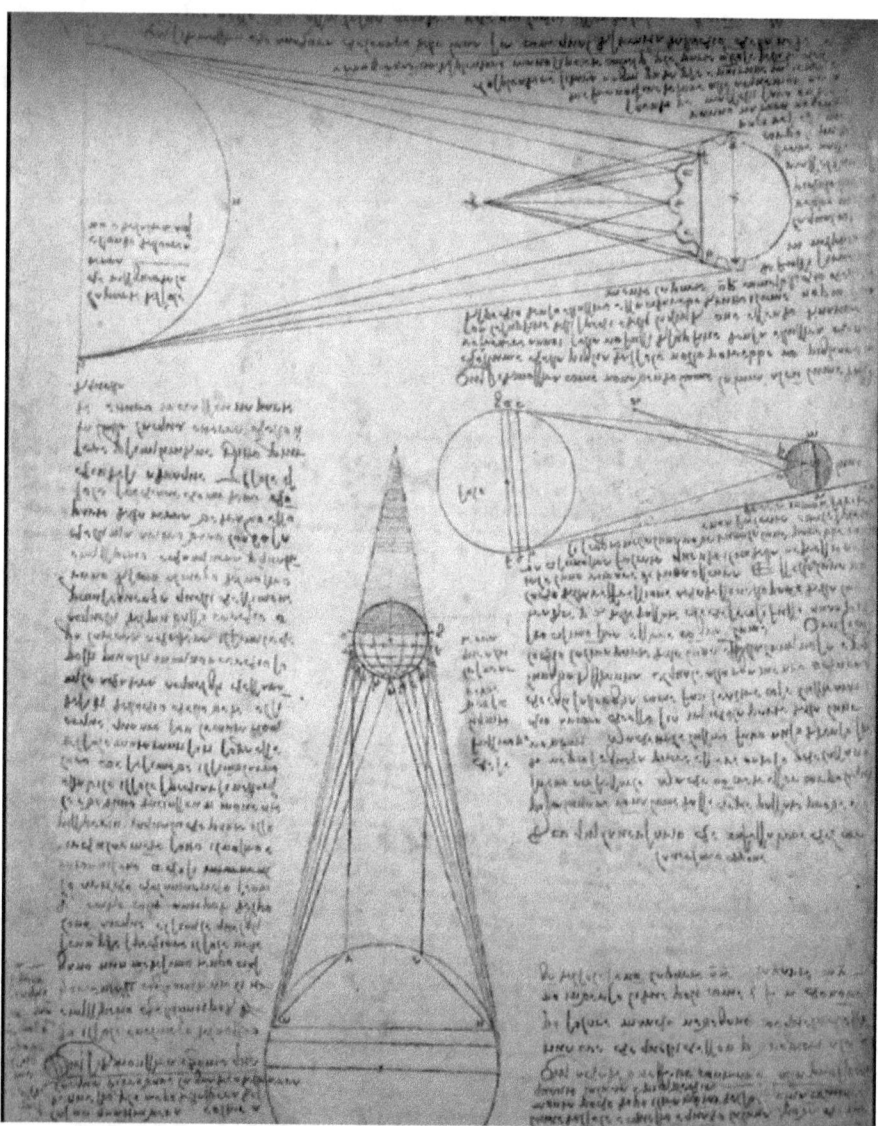

94

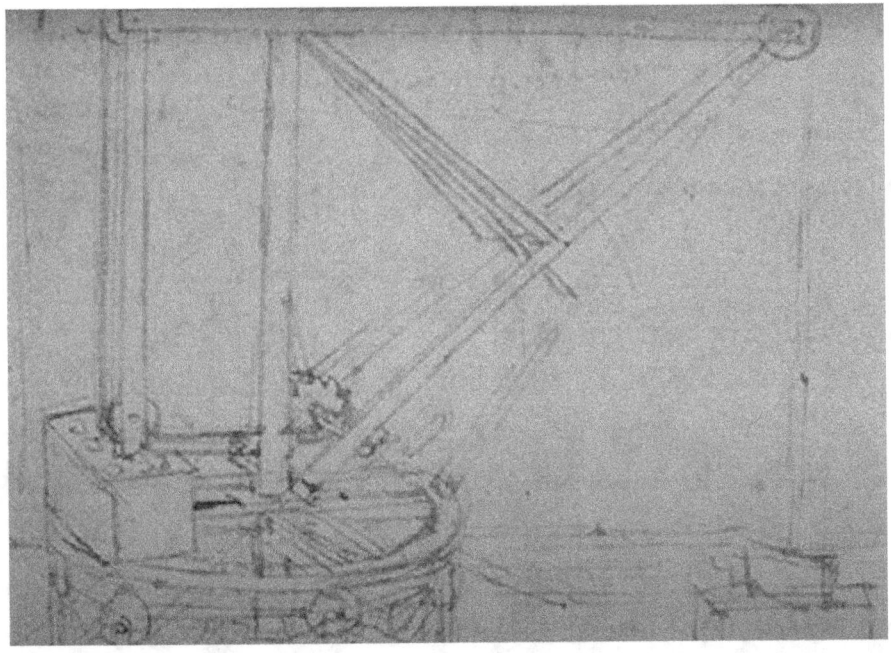

95

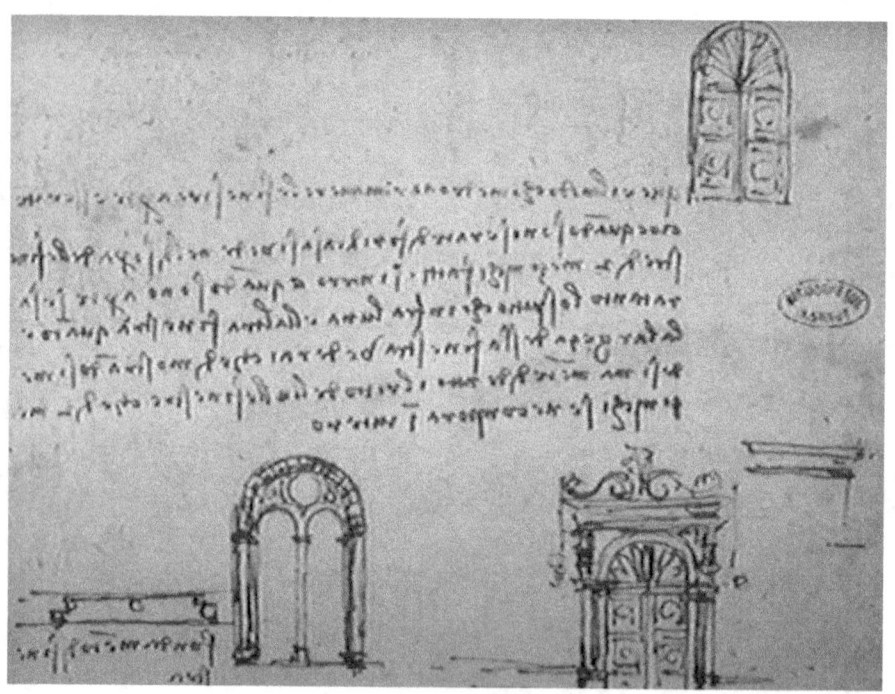

96

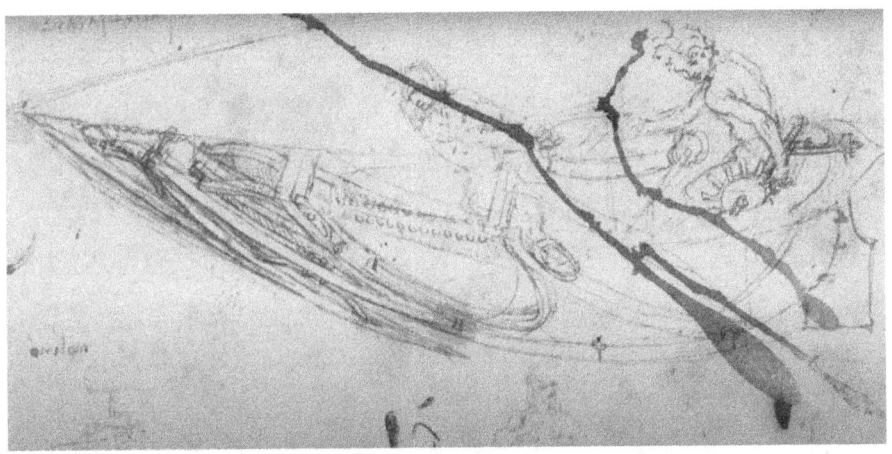

97

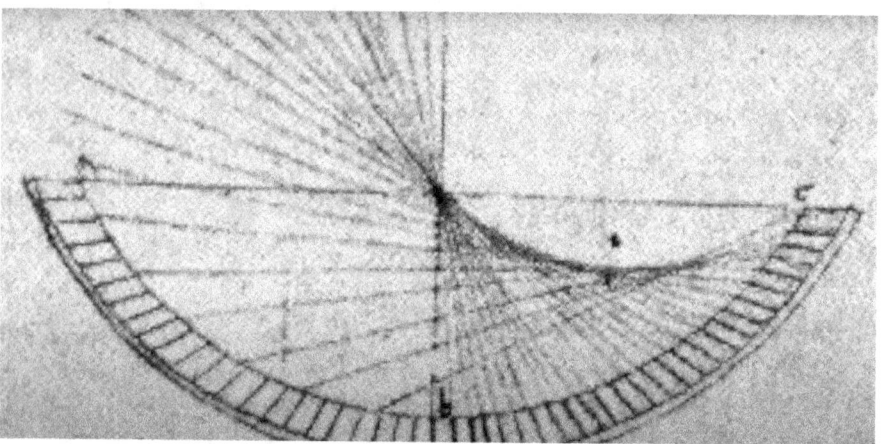

98

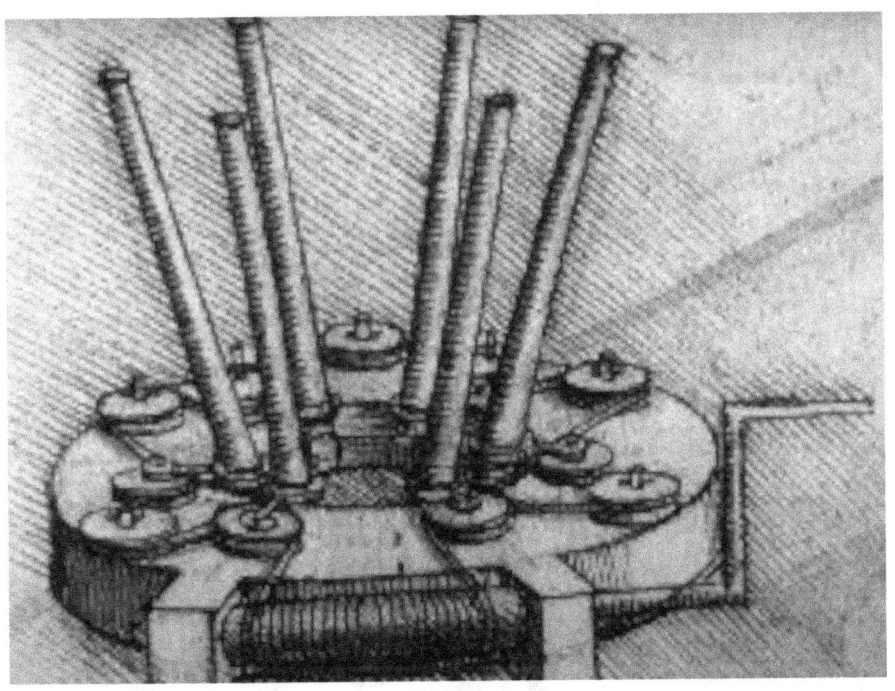

99

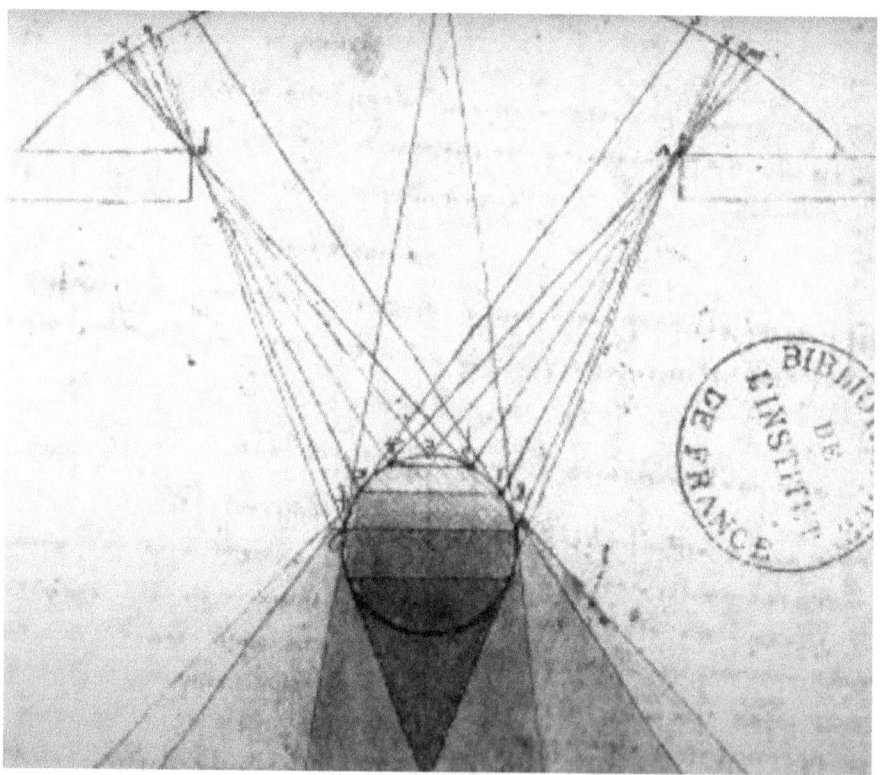

100

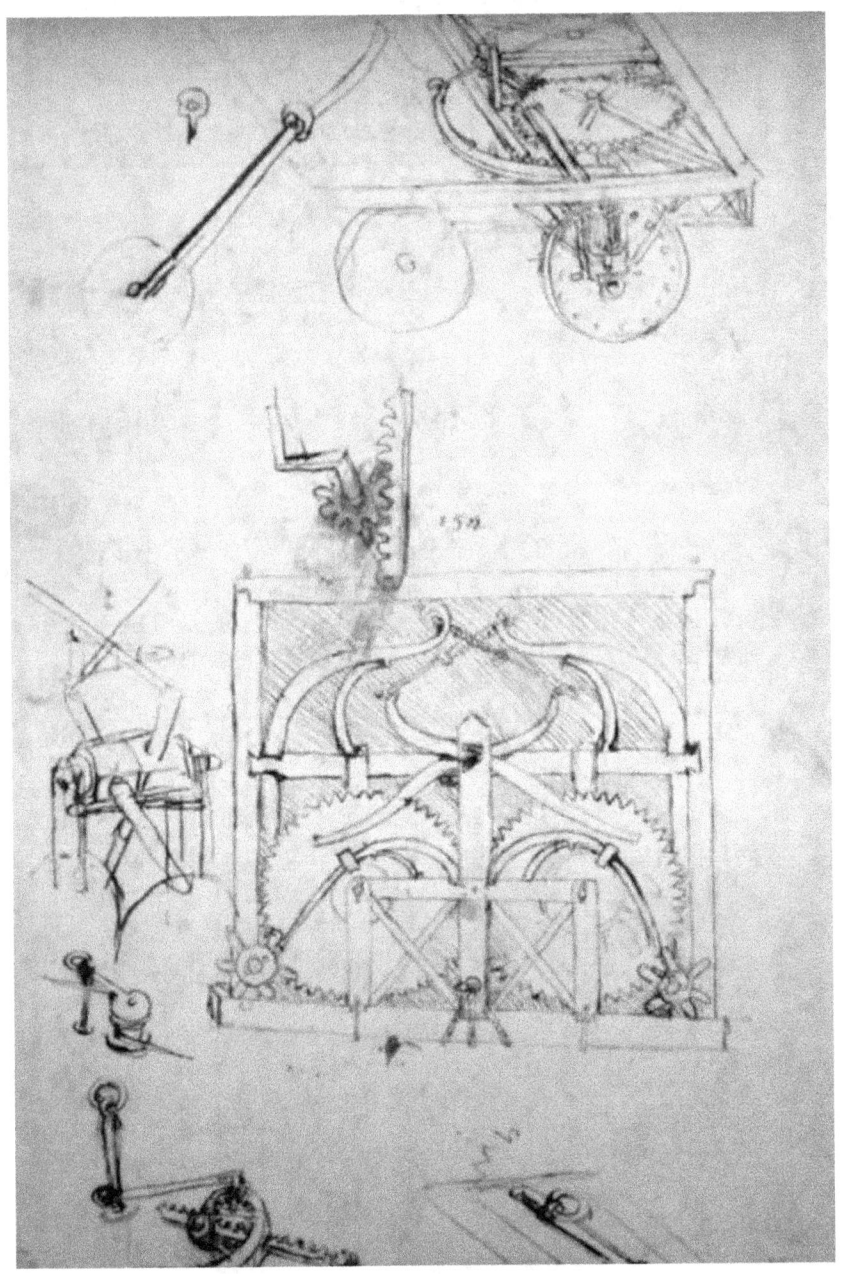

101

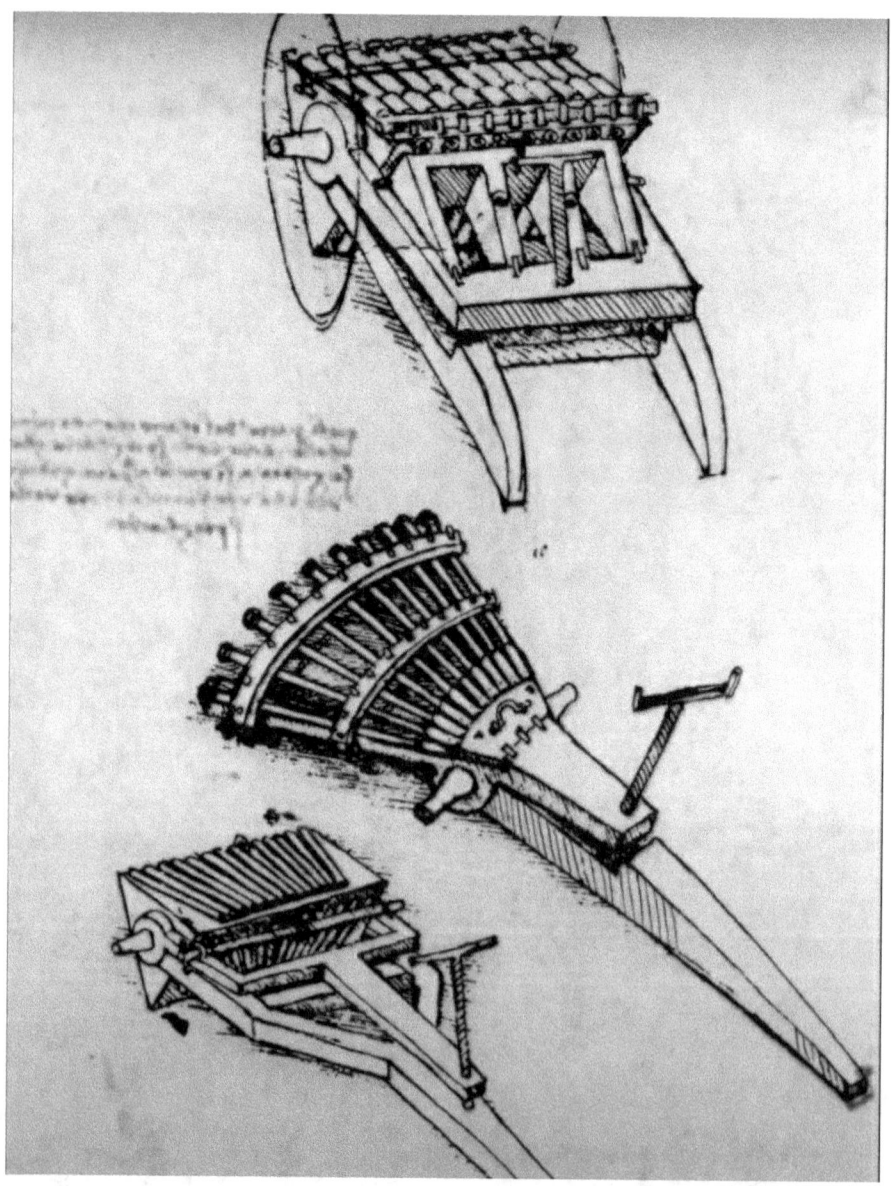

102

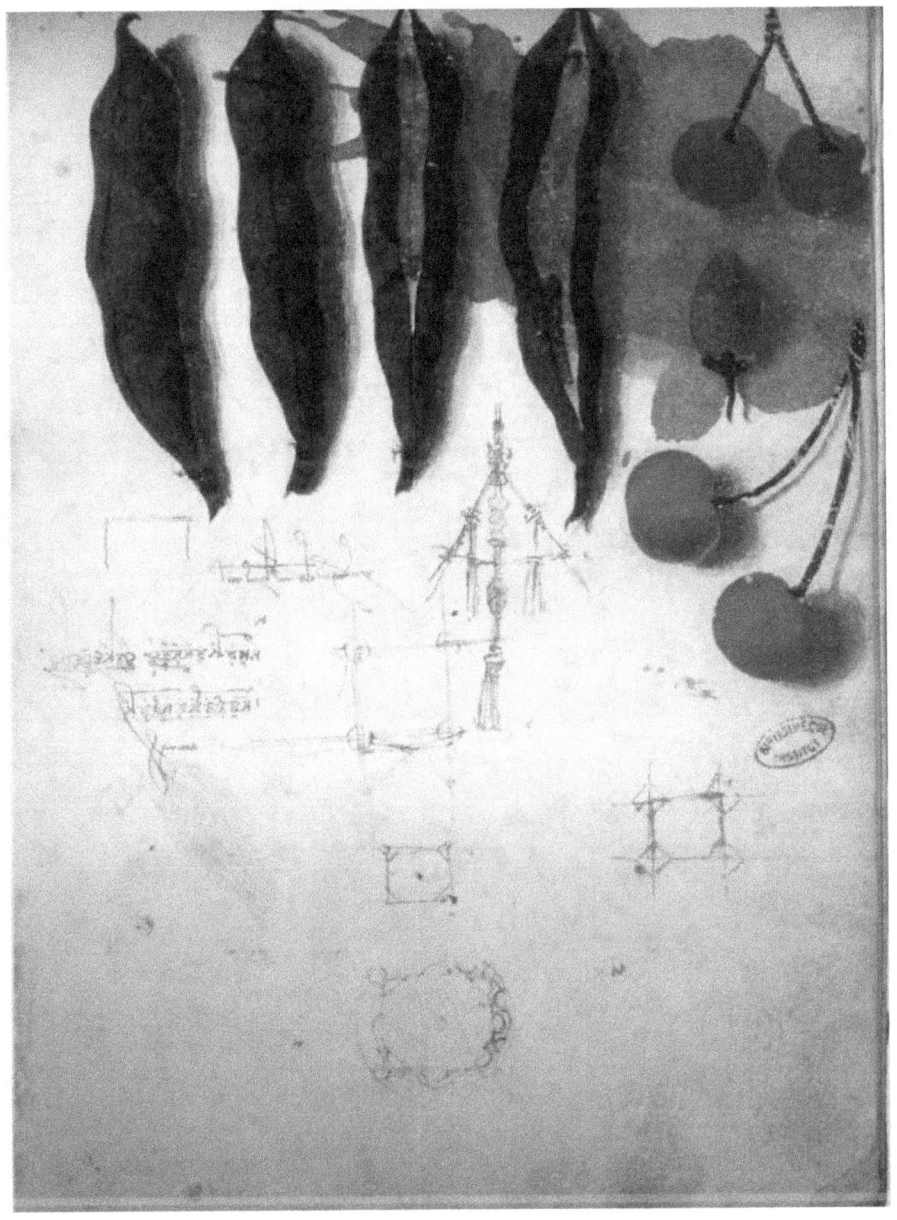

103

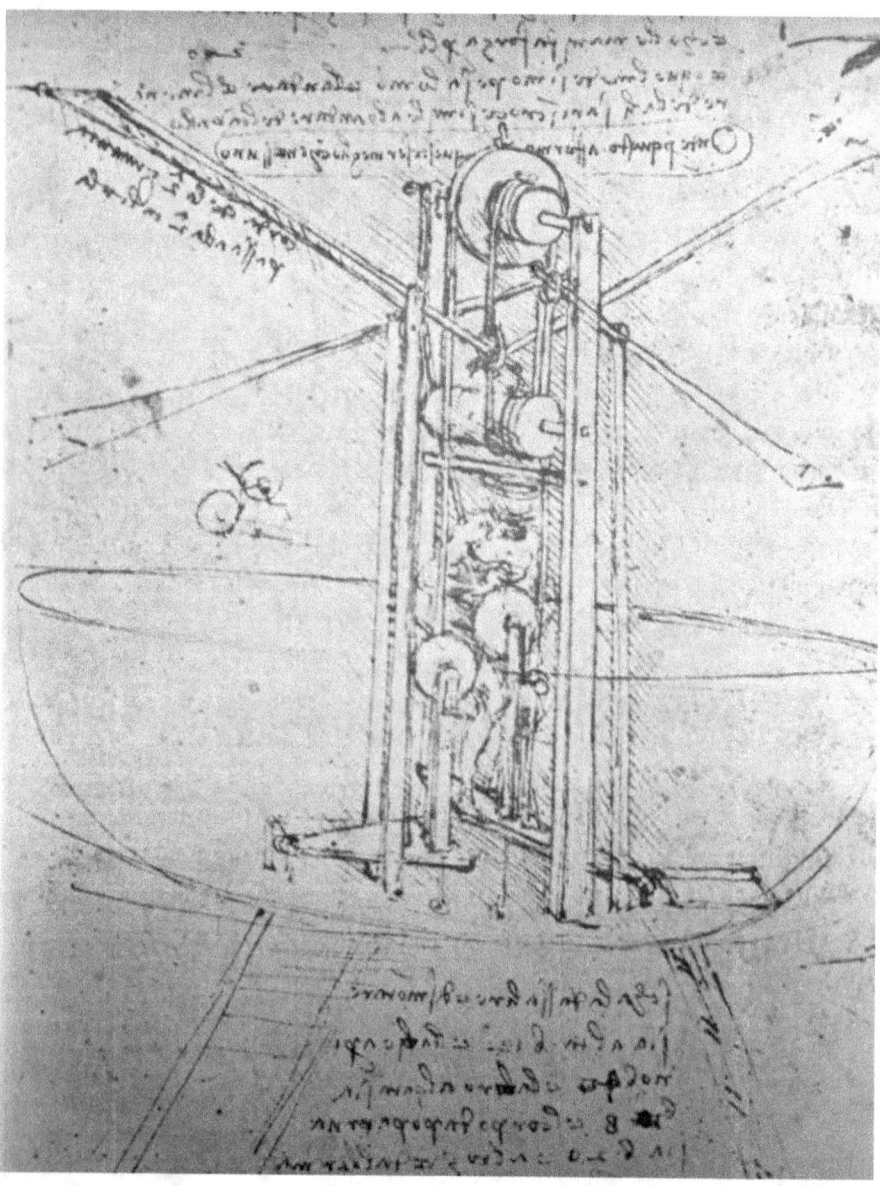

104

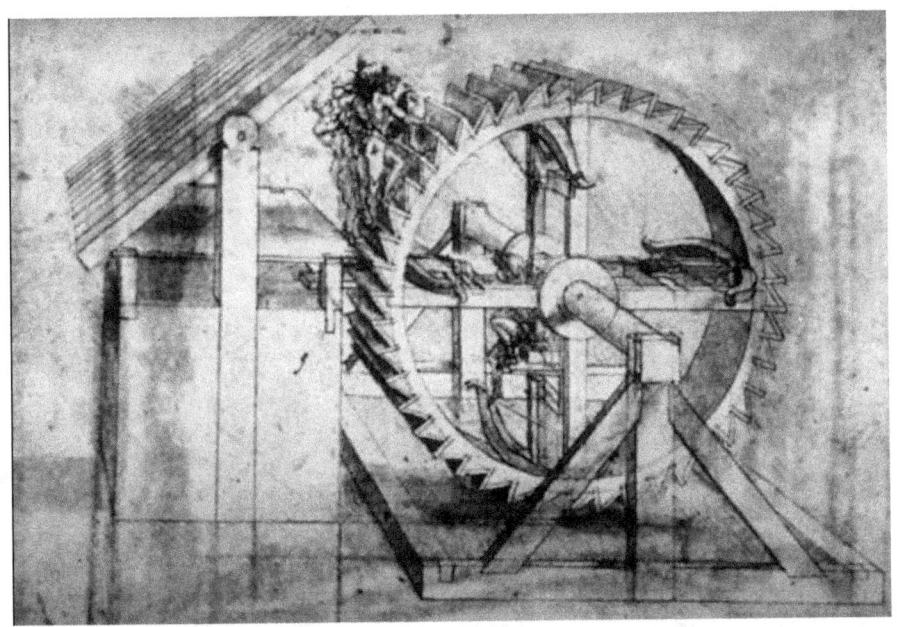

105

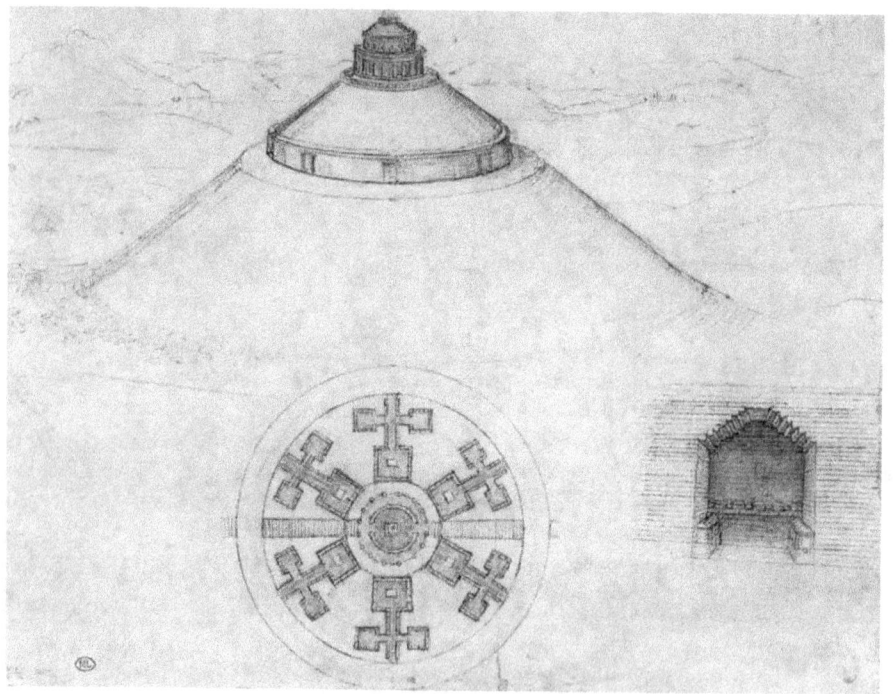

106

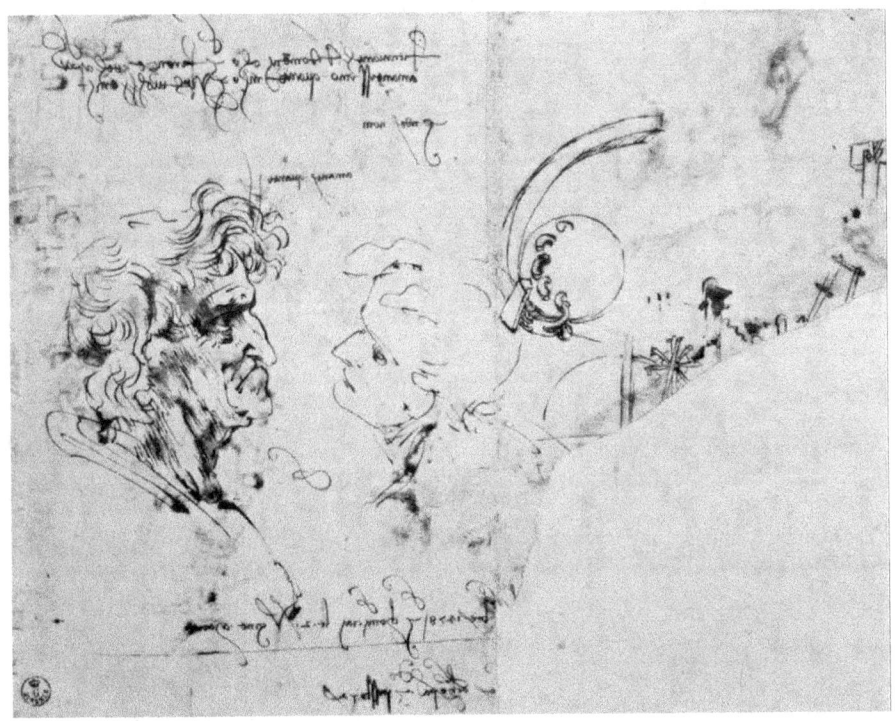

107

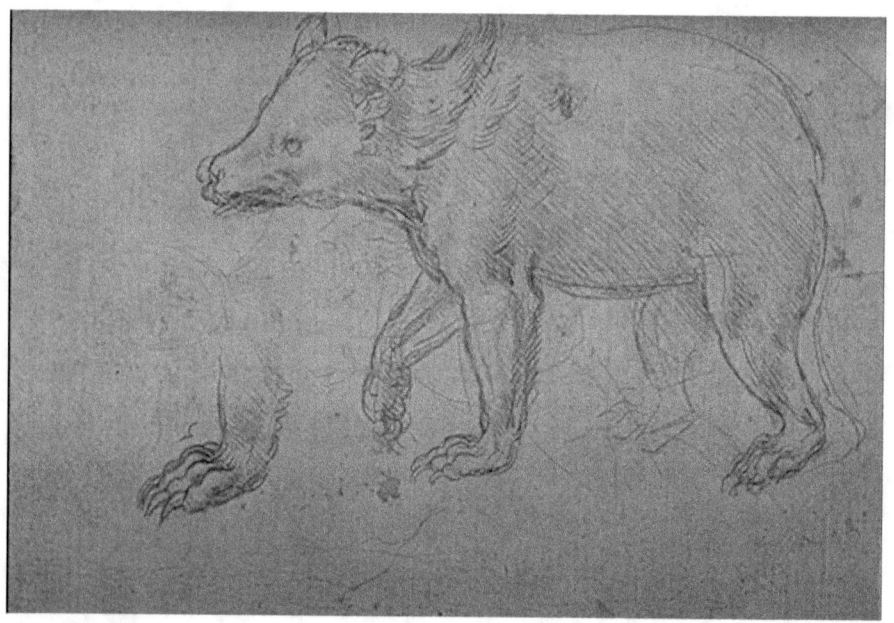

ESTUDIOS

108

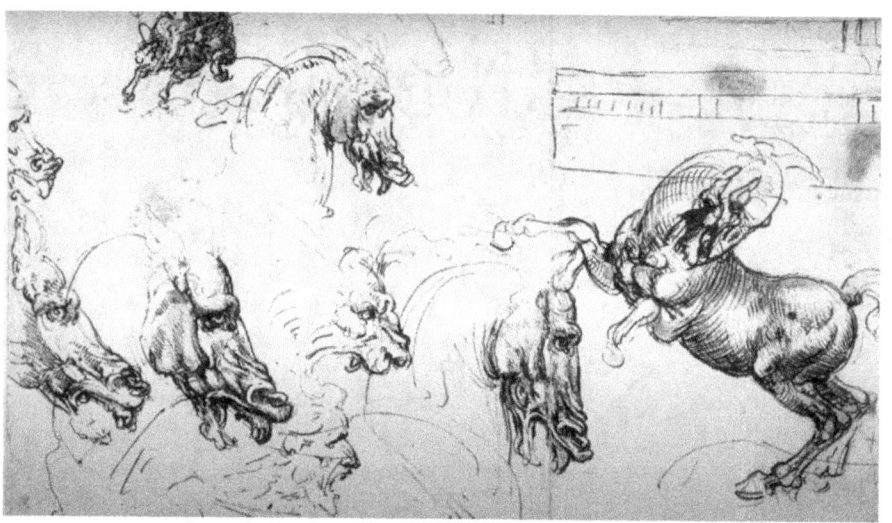

109

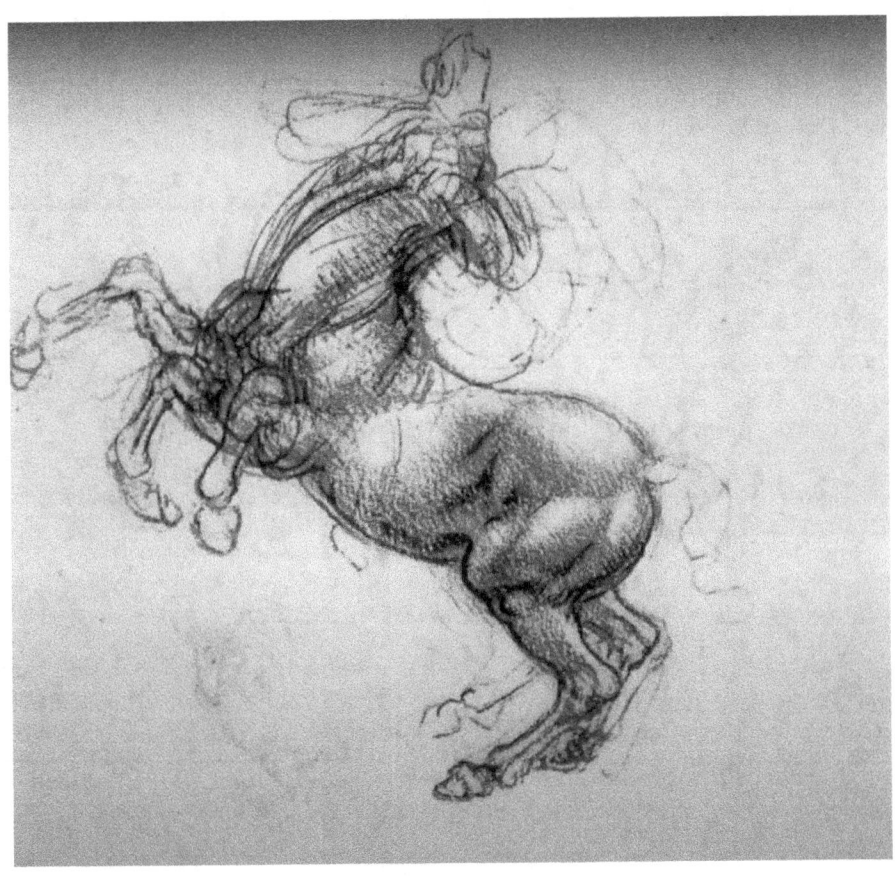

110

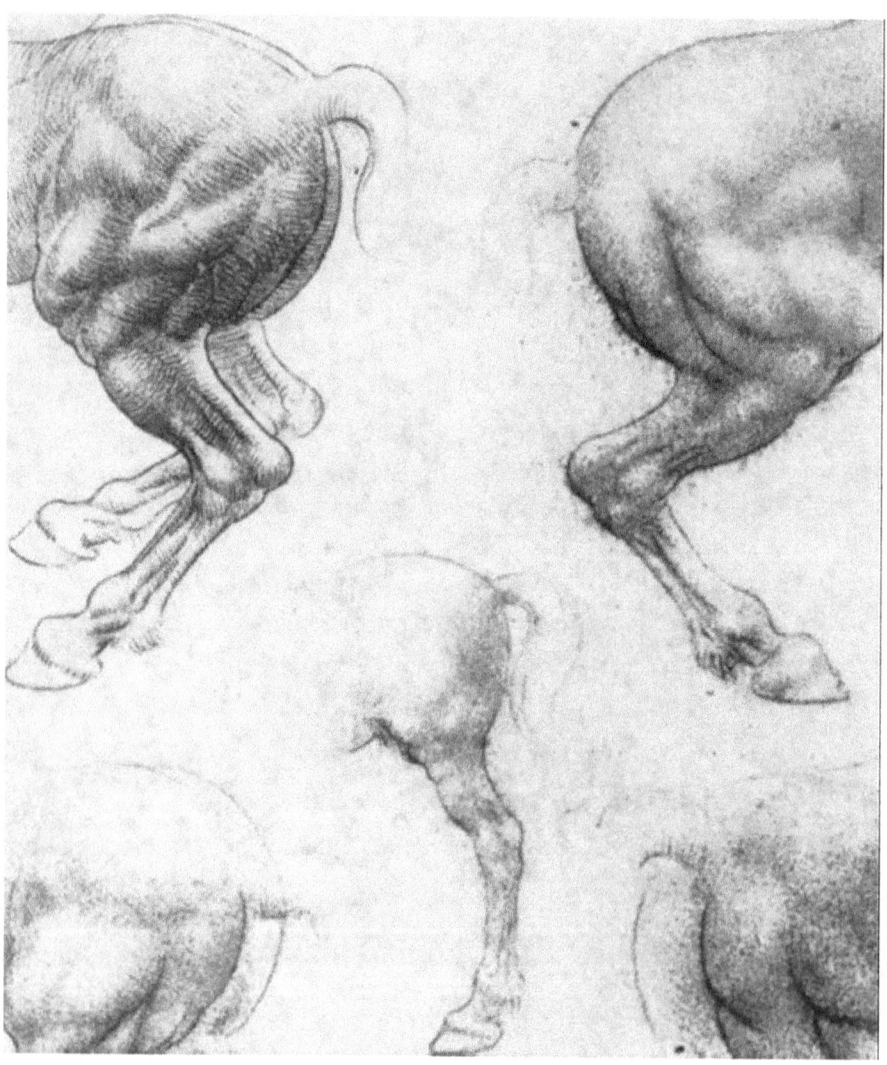

111

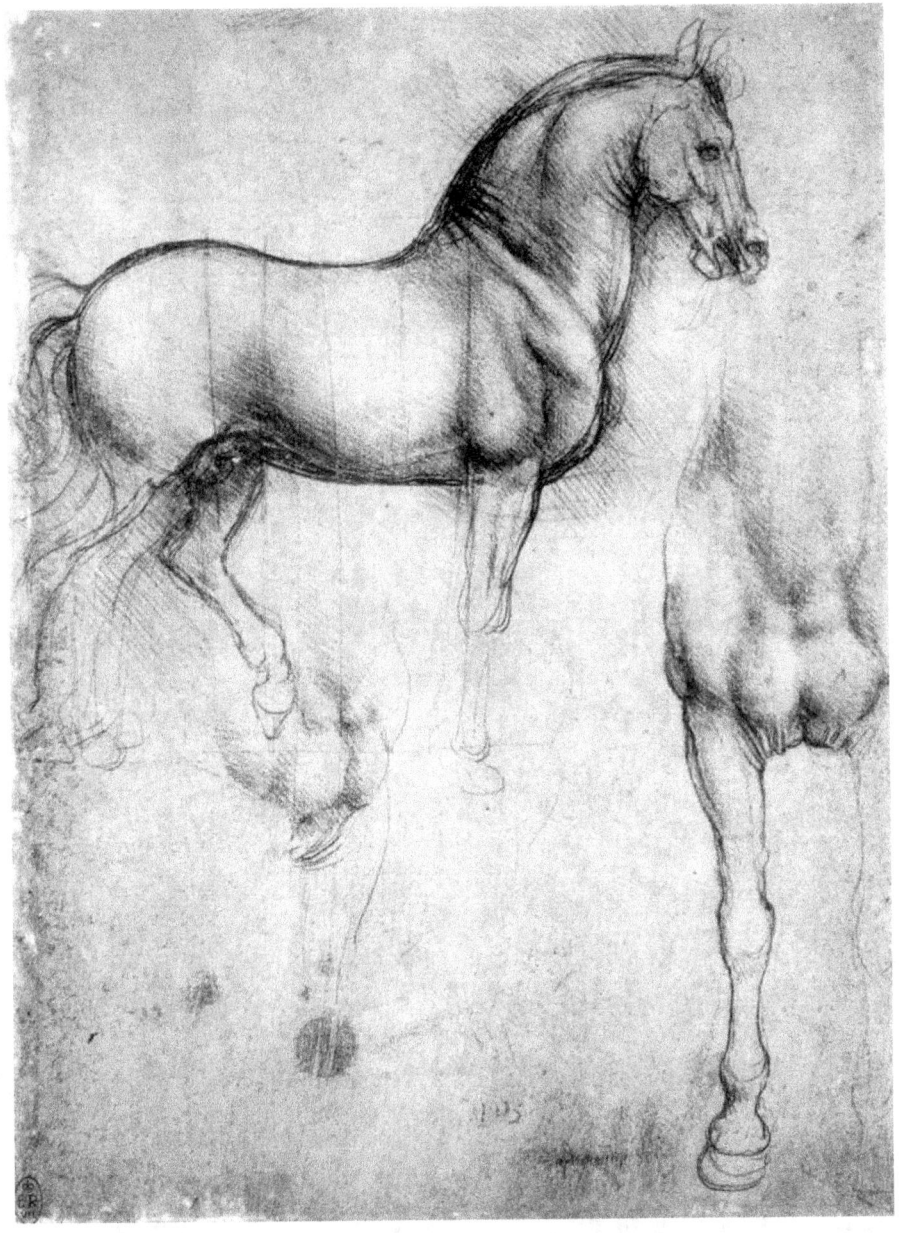

112

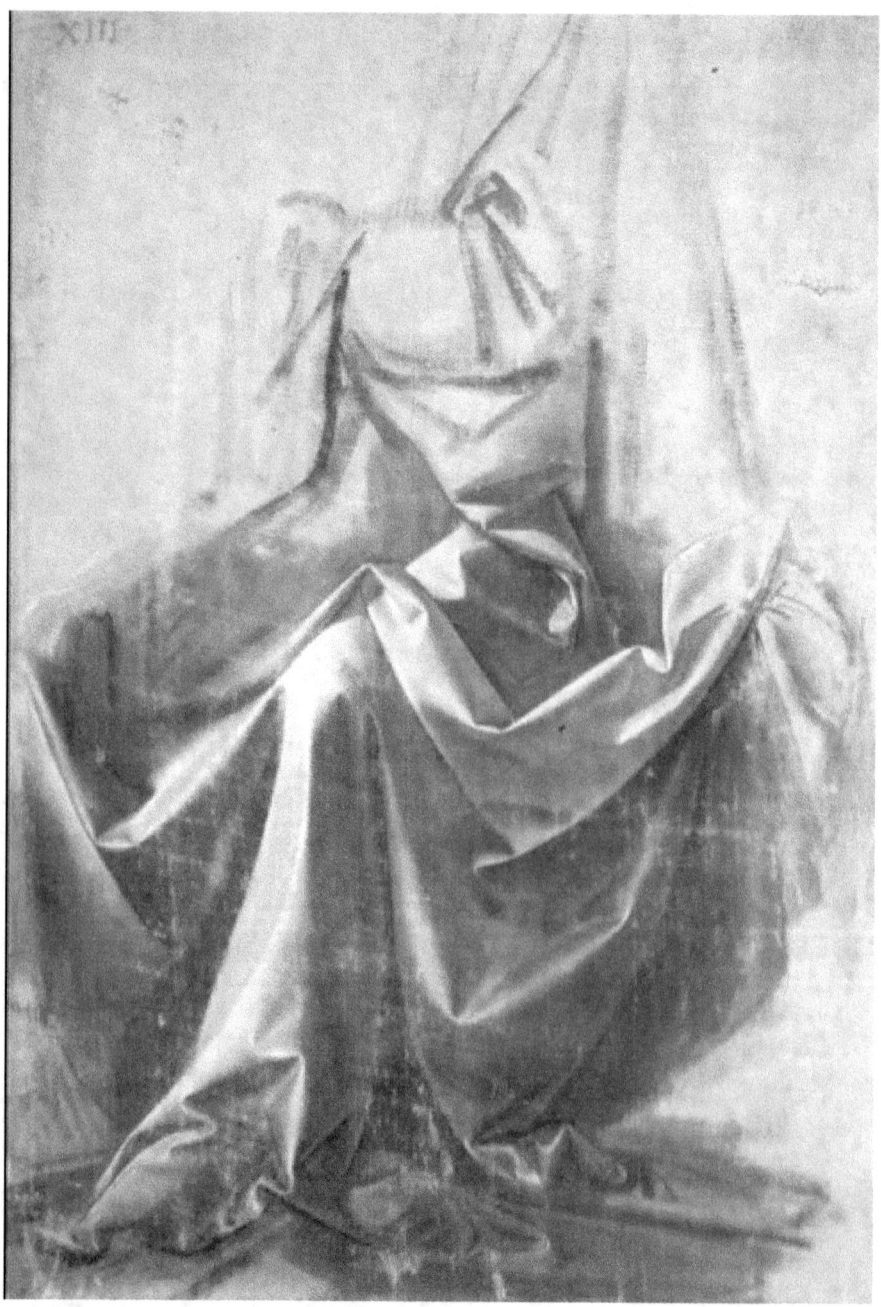

113

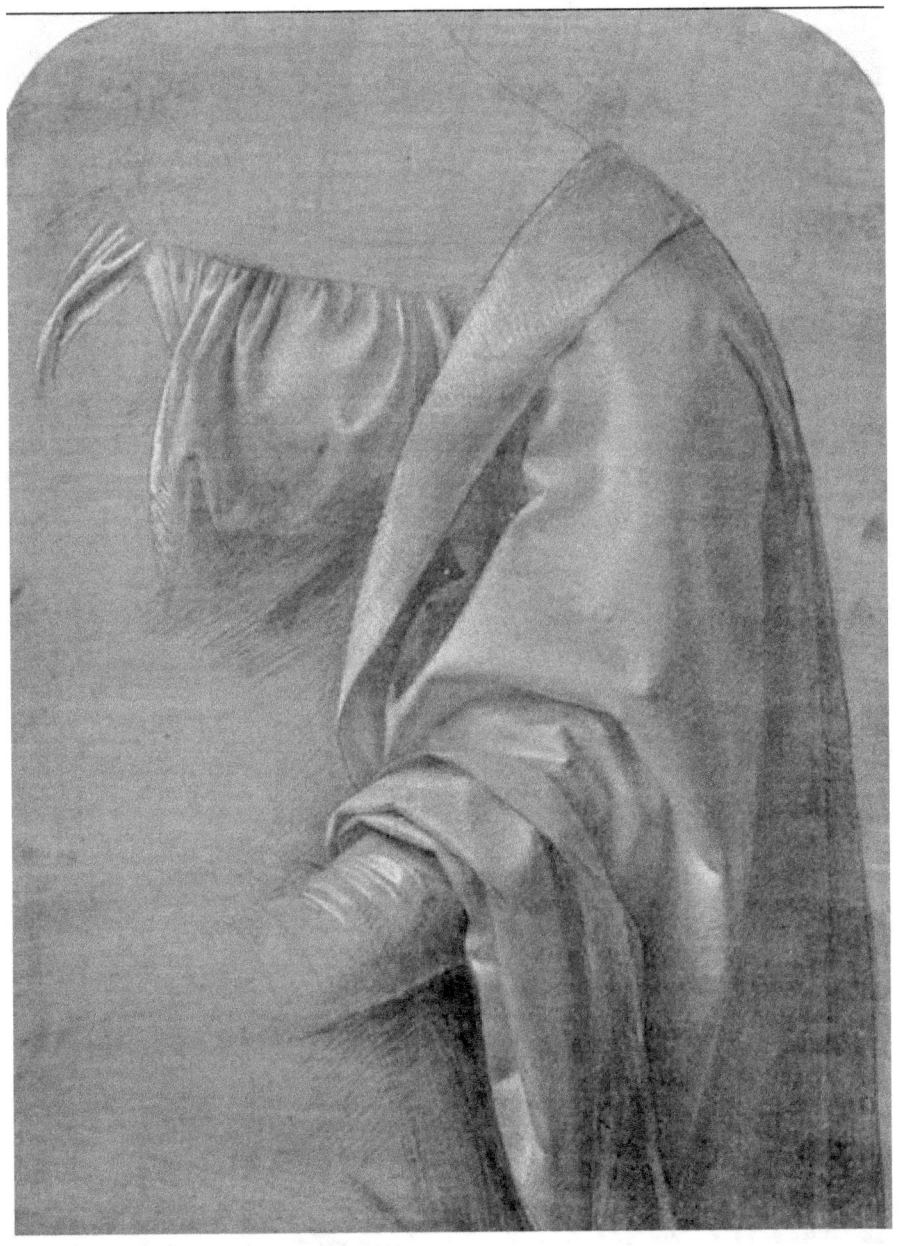

114

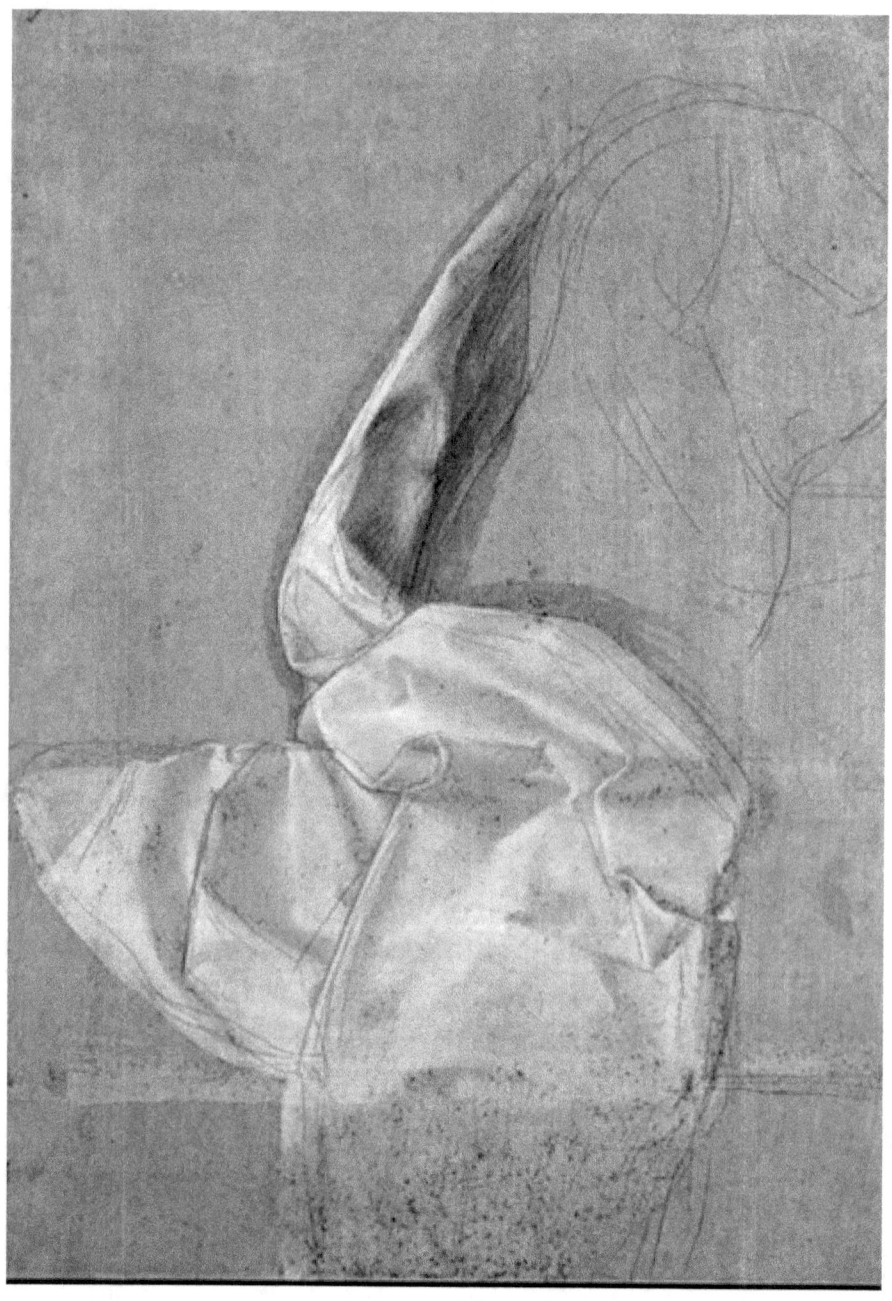

115

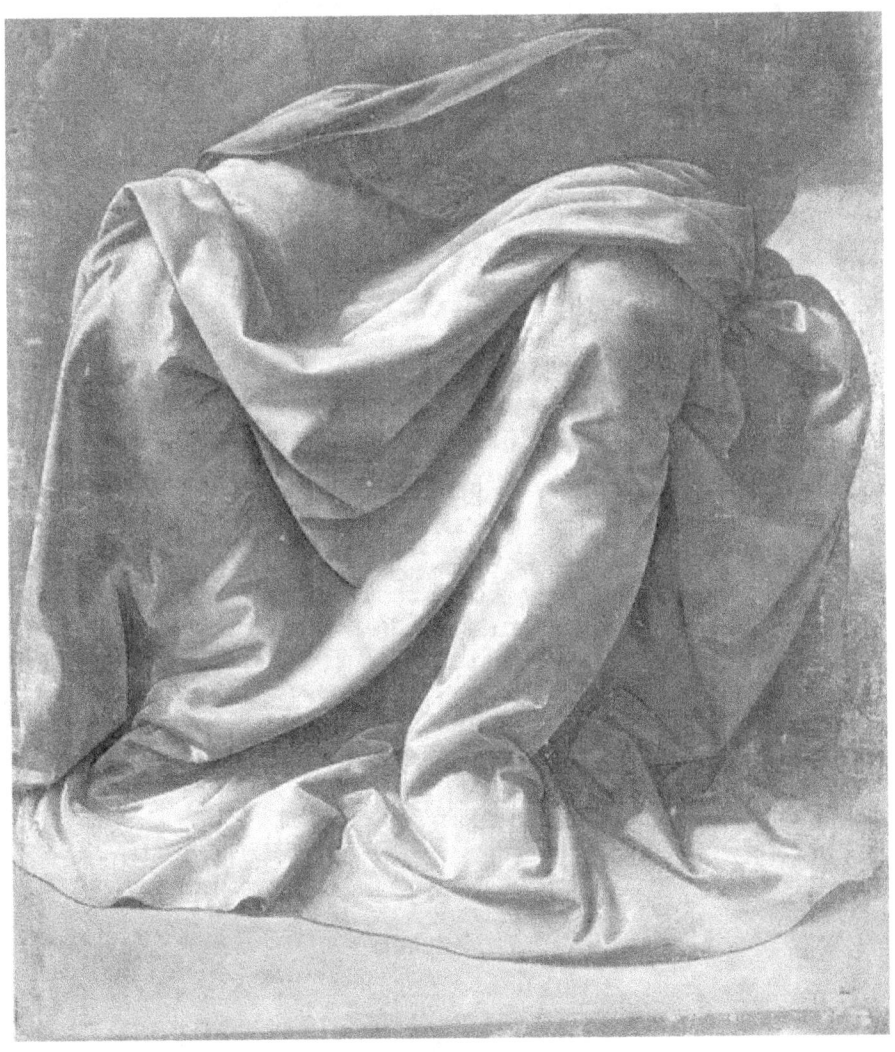

116

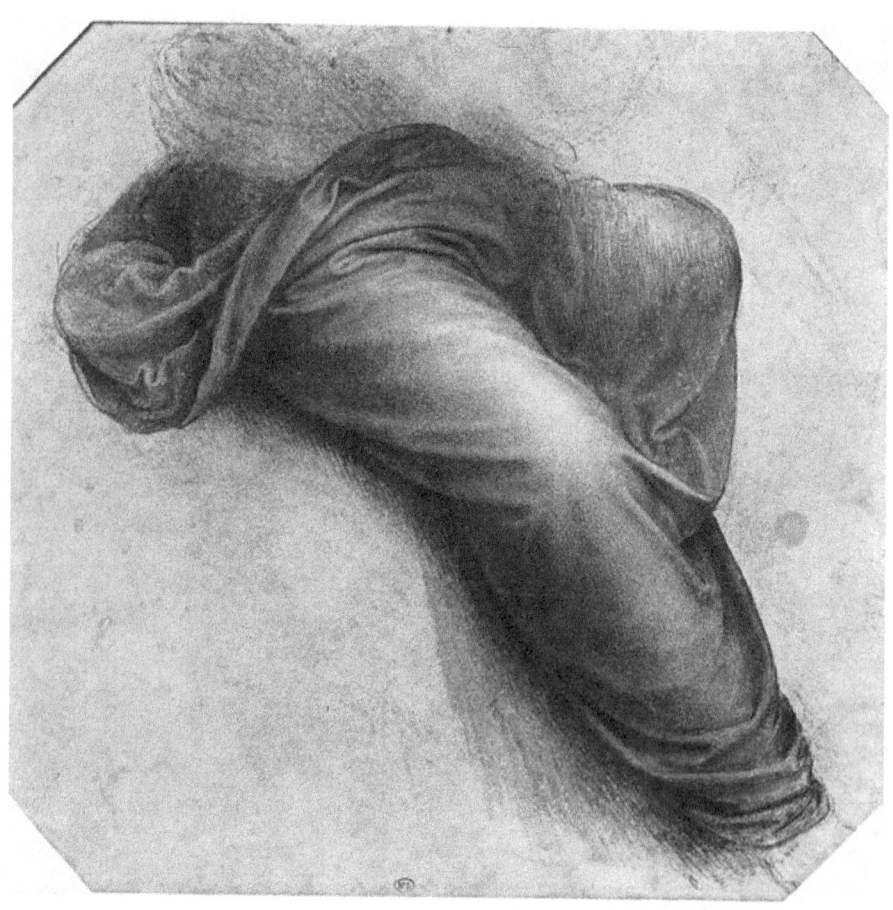

117

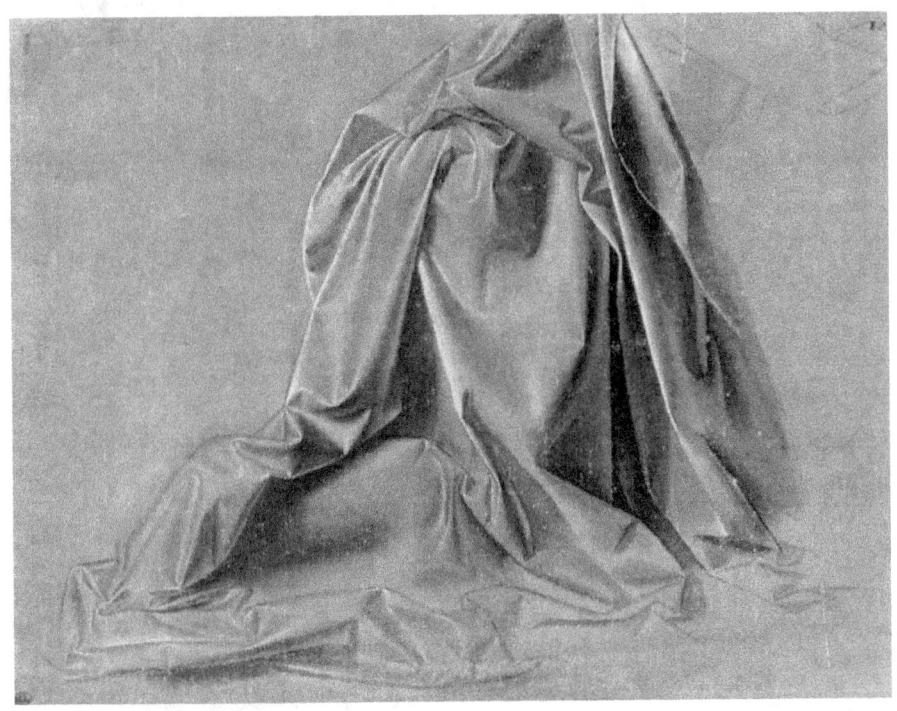

118

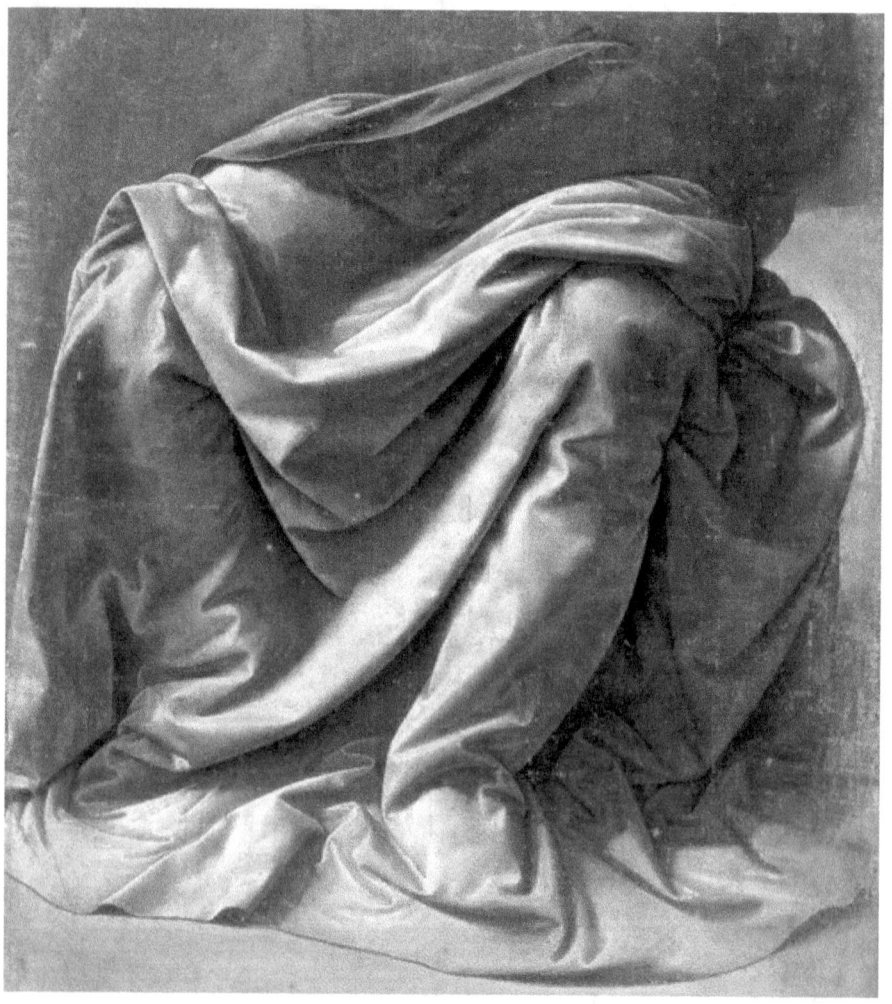

119

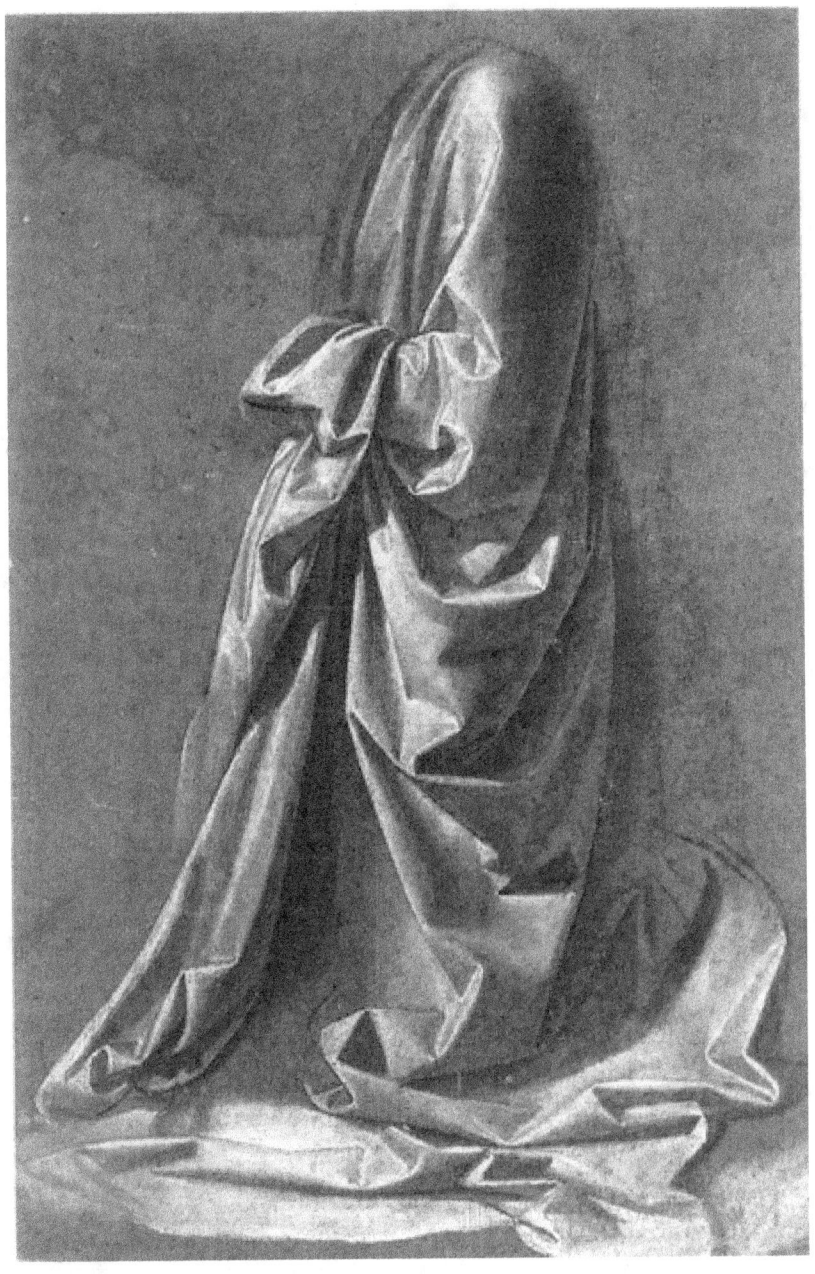

120

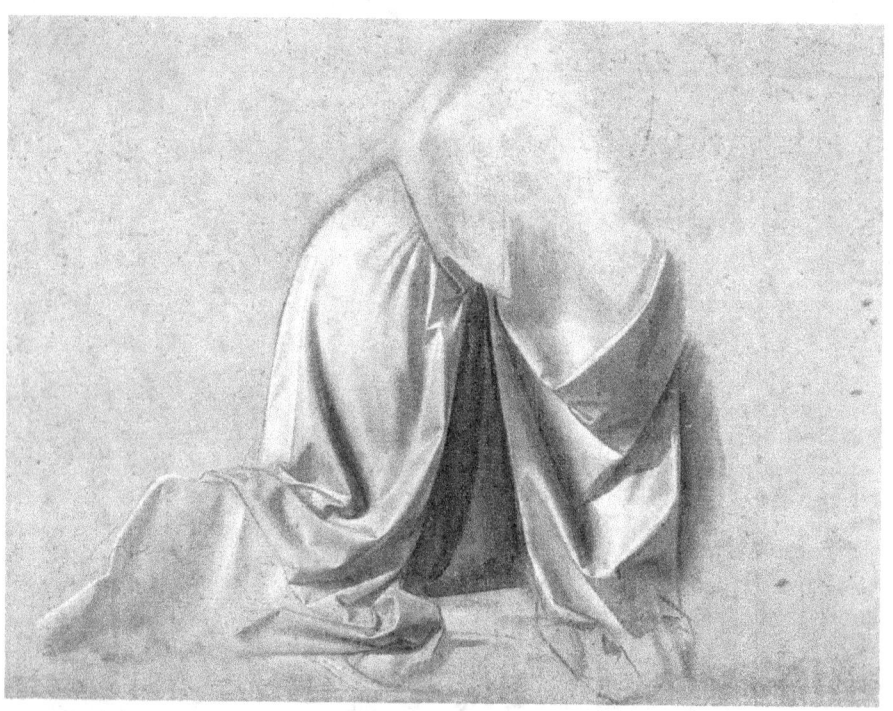

121

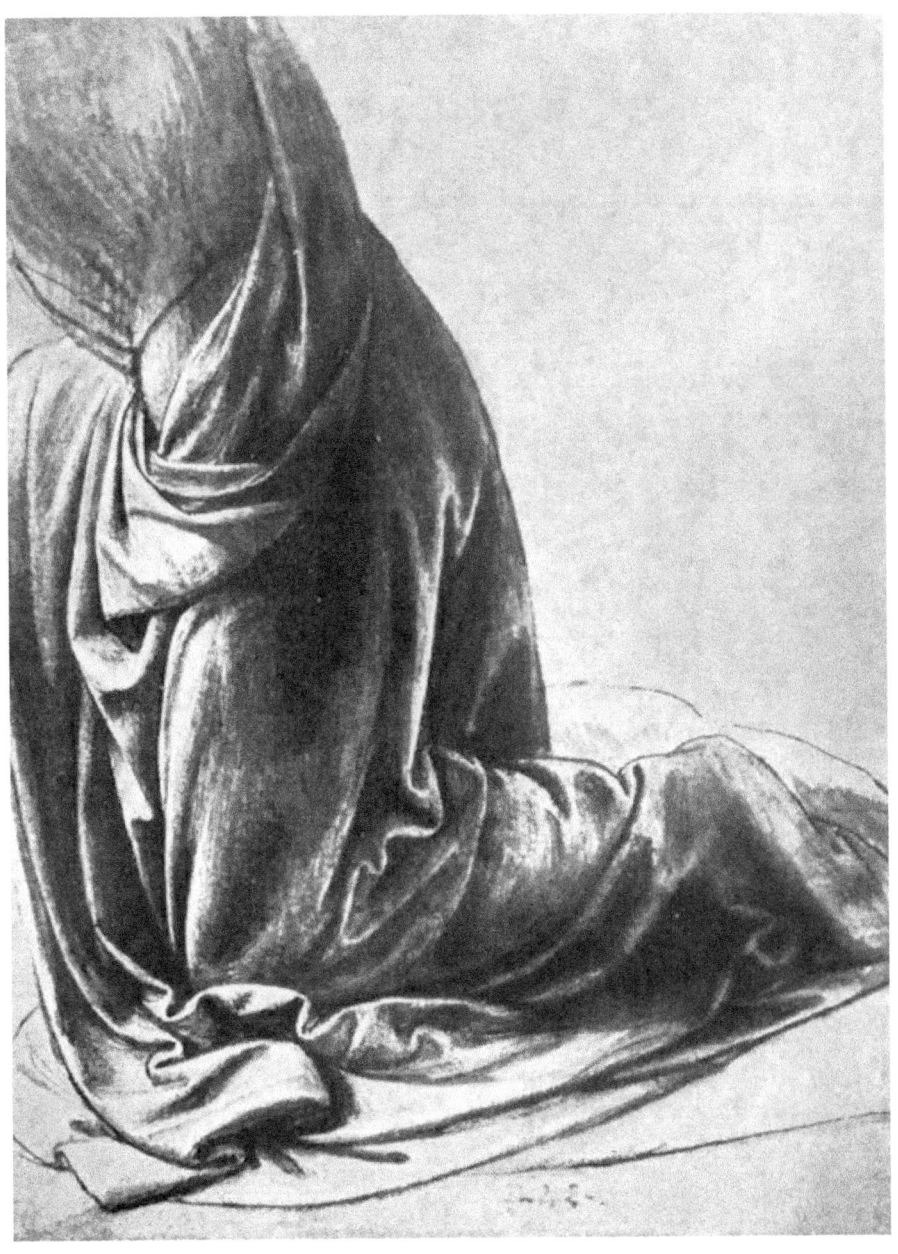

122

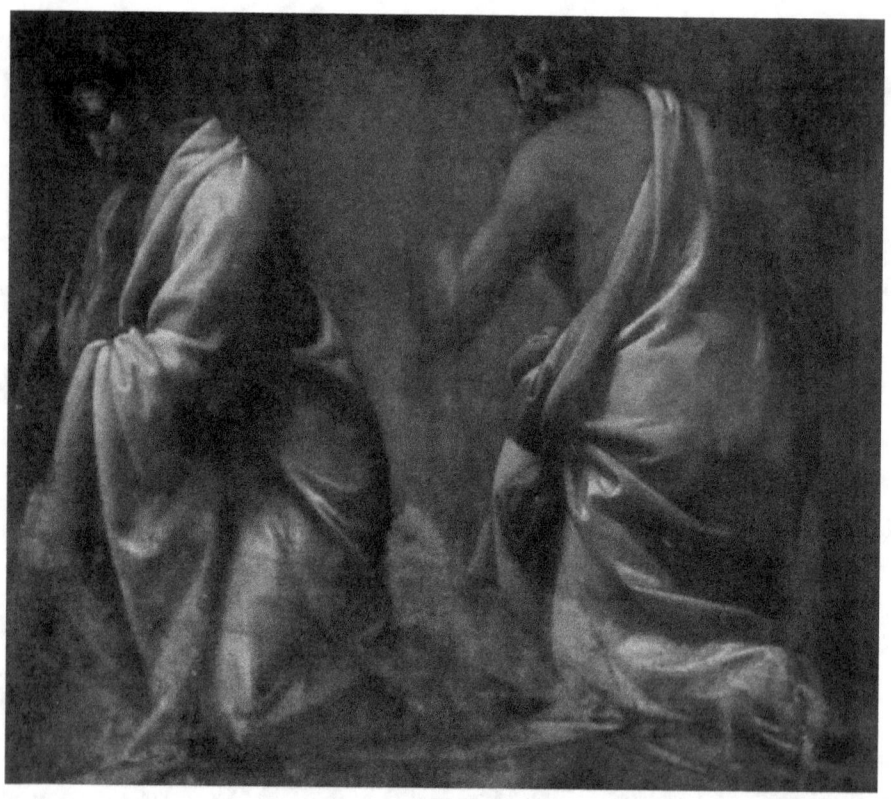

123

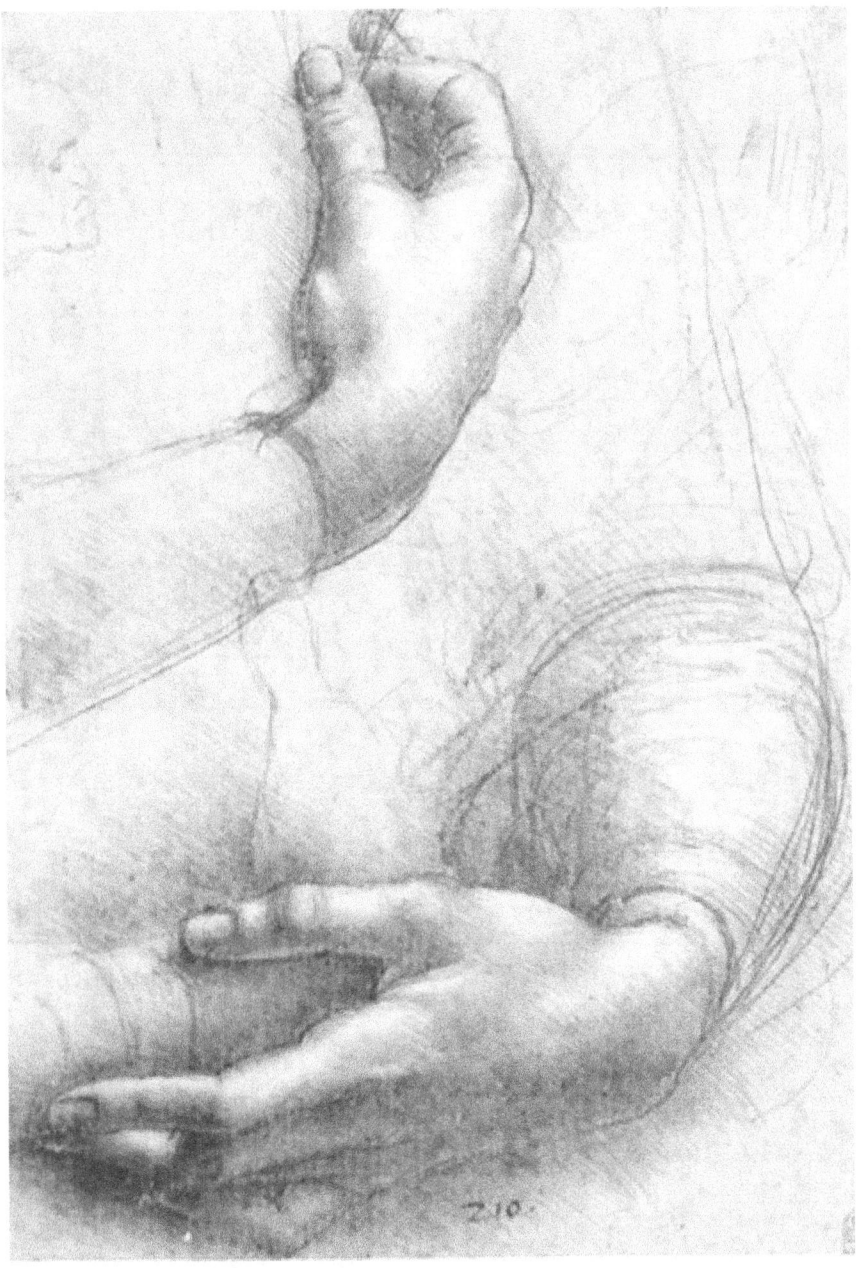

124

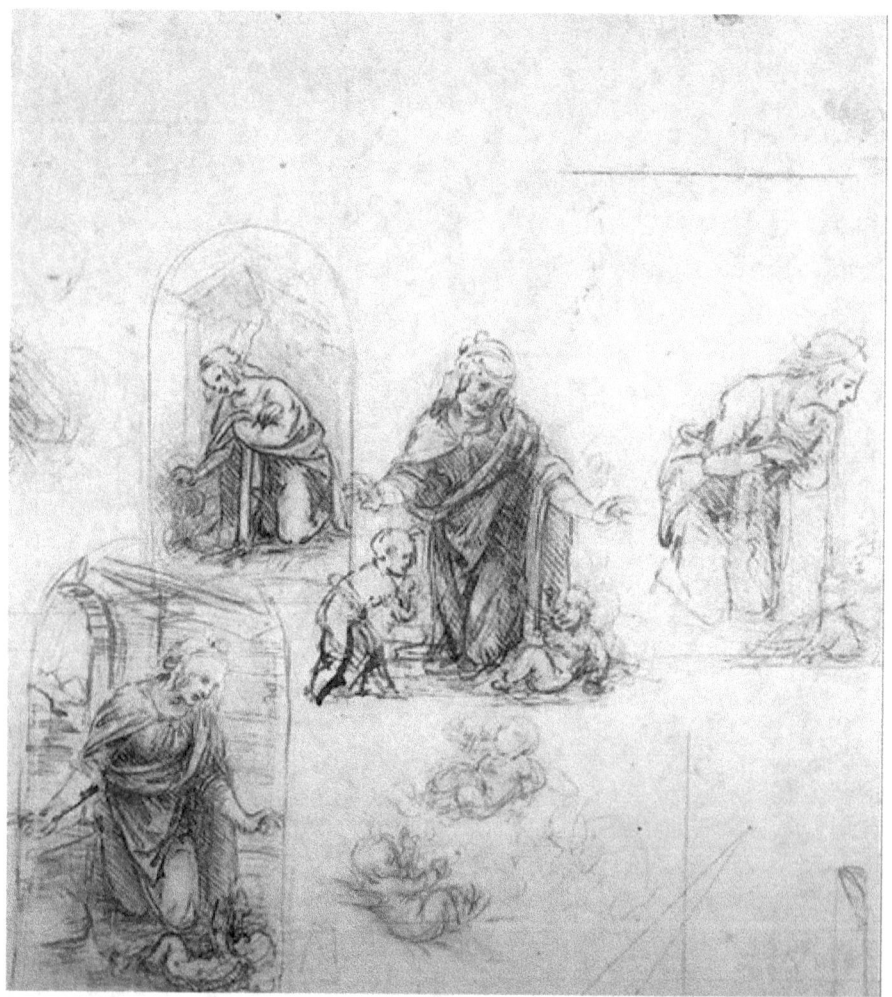

125

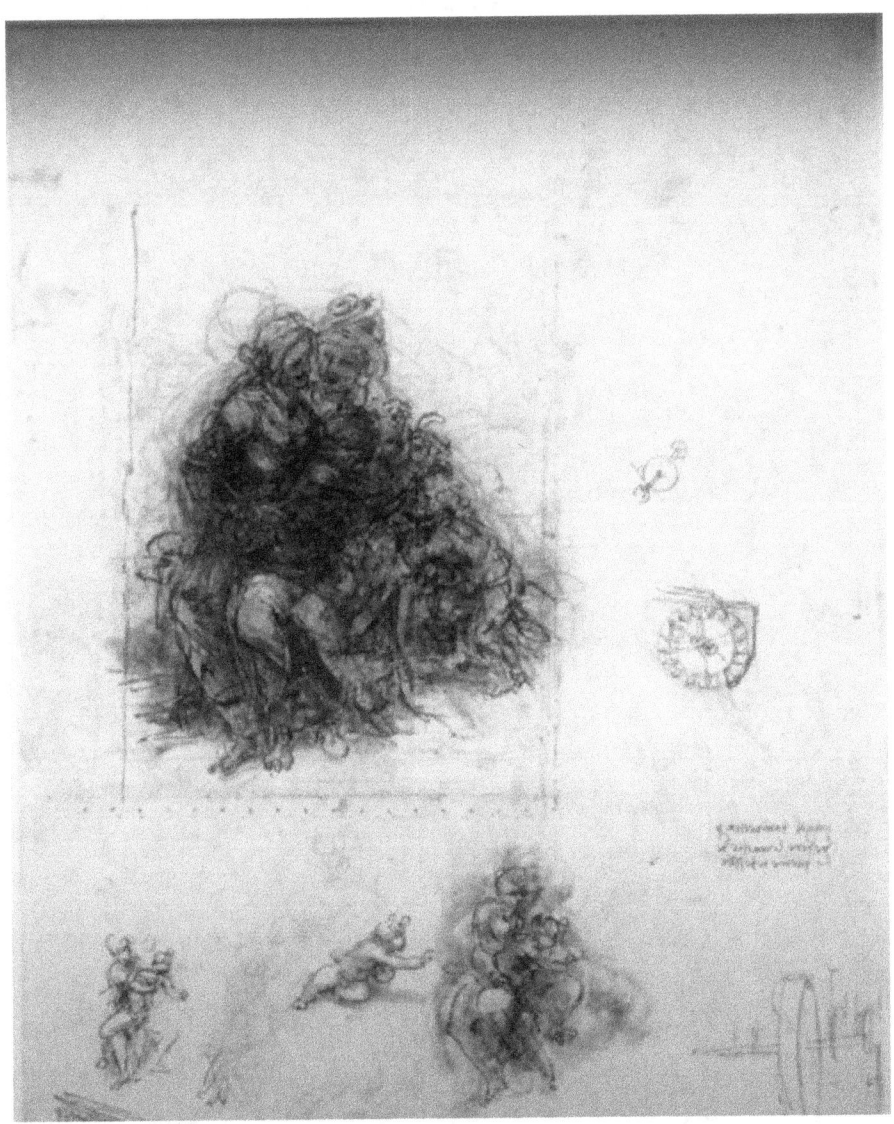

126
Studies of animals

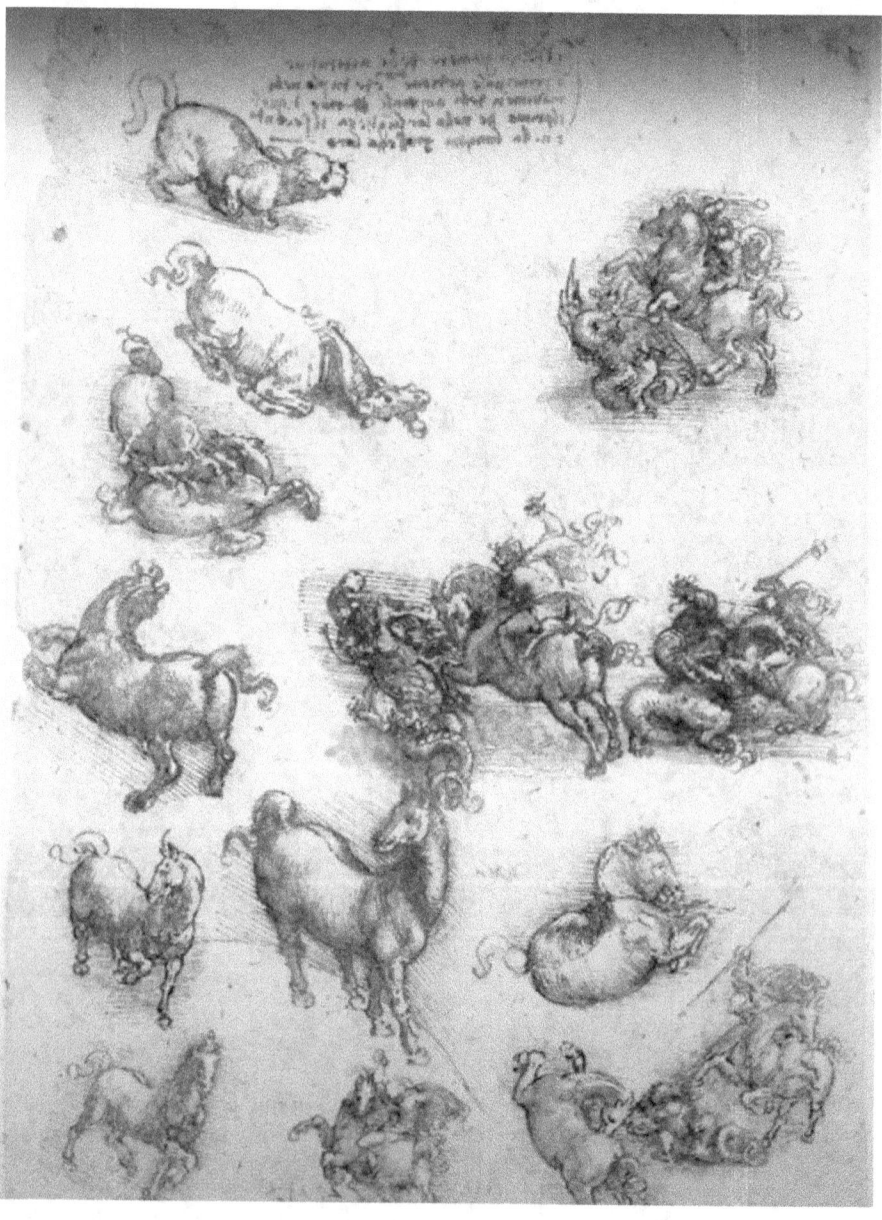

125

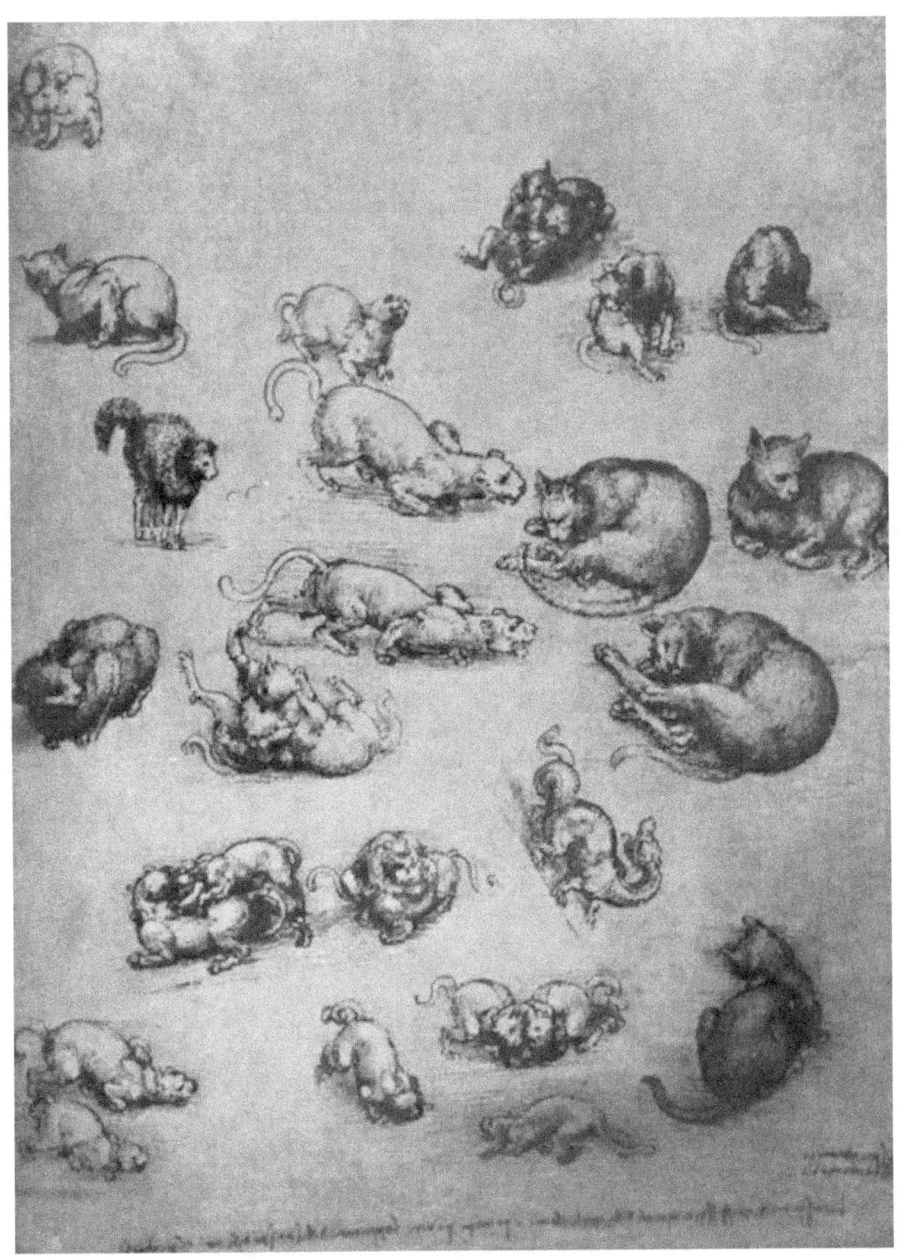

126

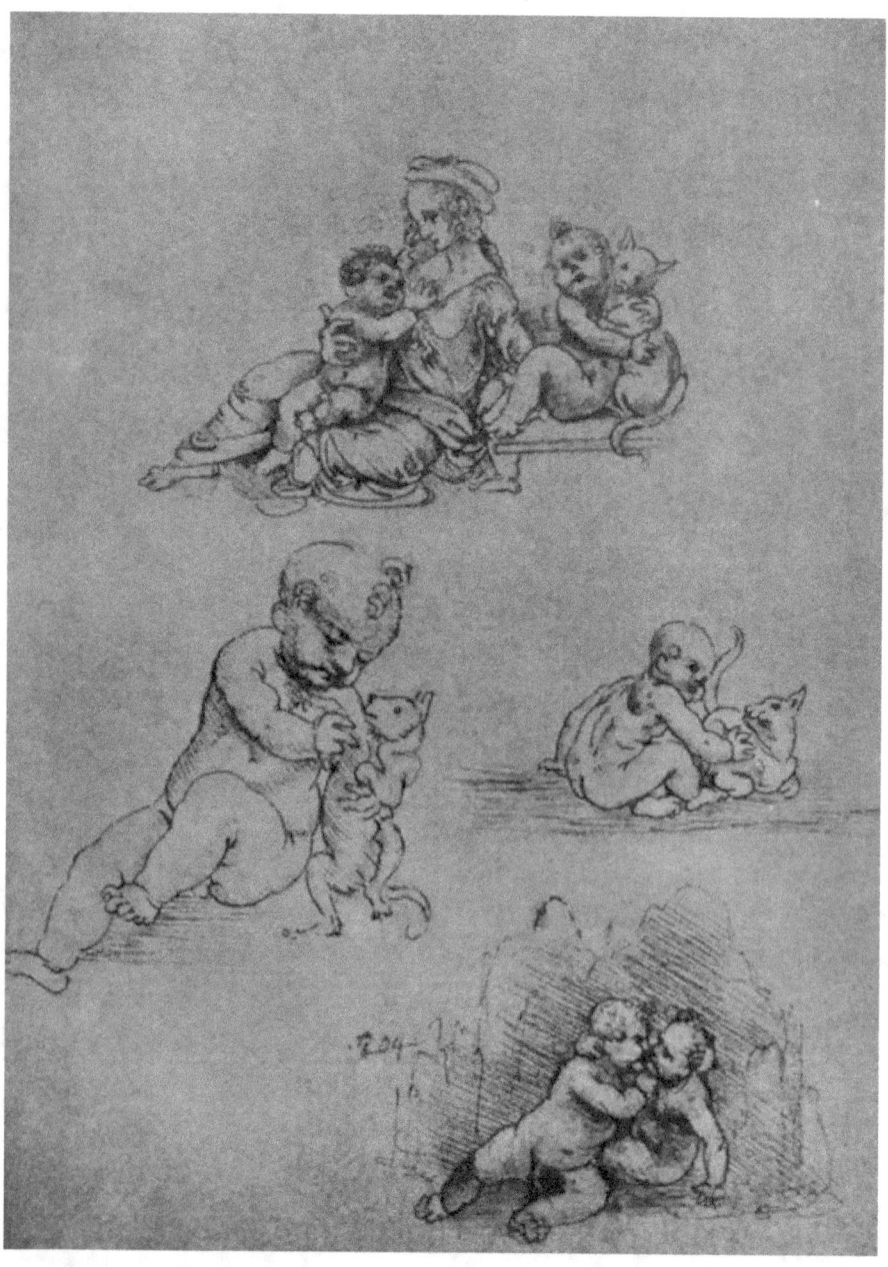

127

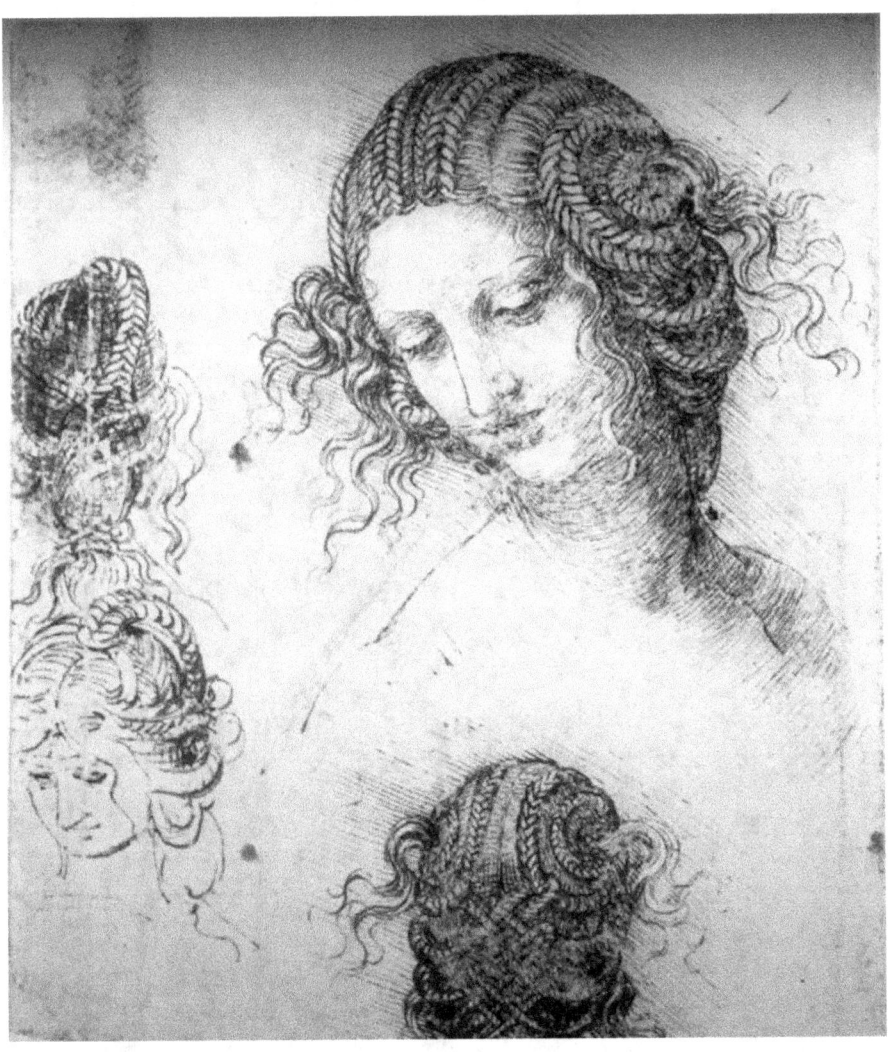

128
St. John the baptist

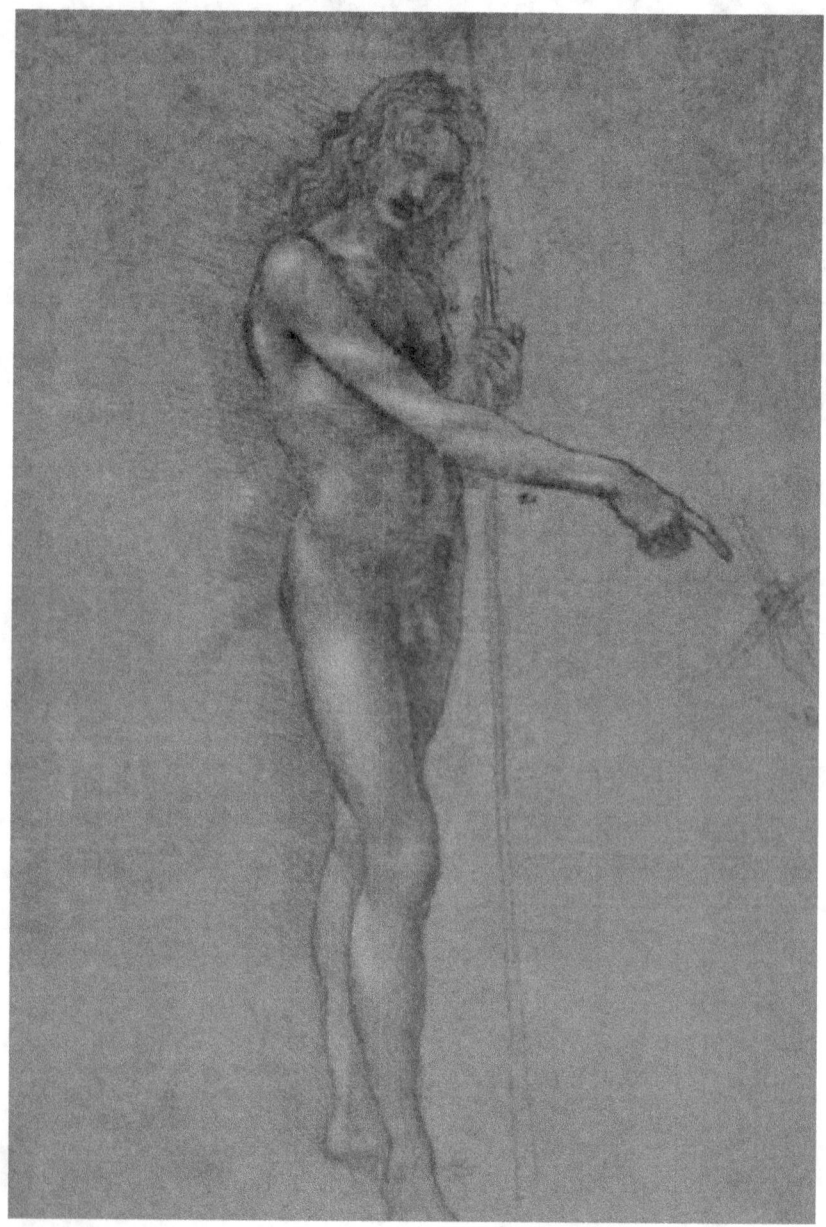

129

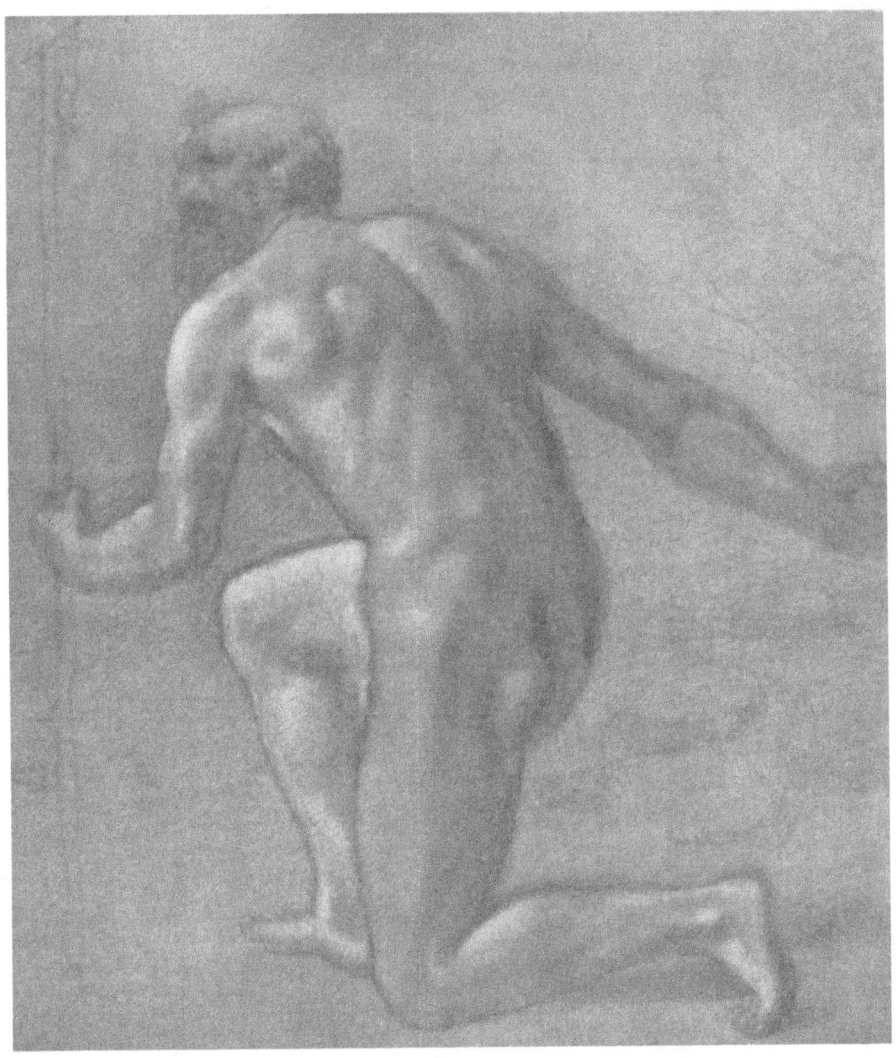

130
Dibujo para Leda

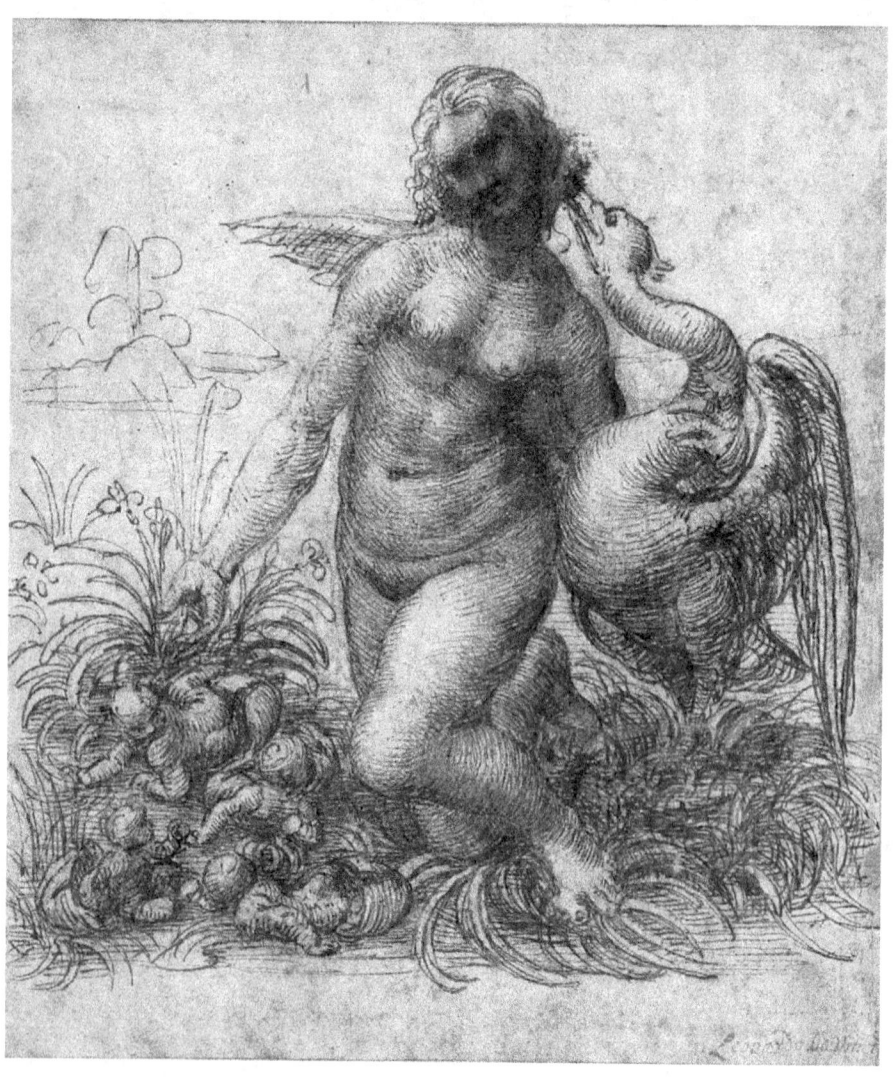

131

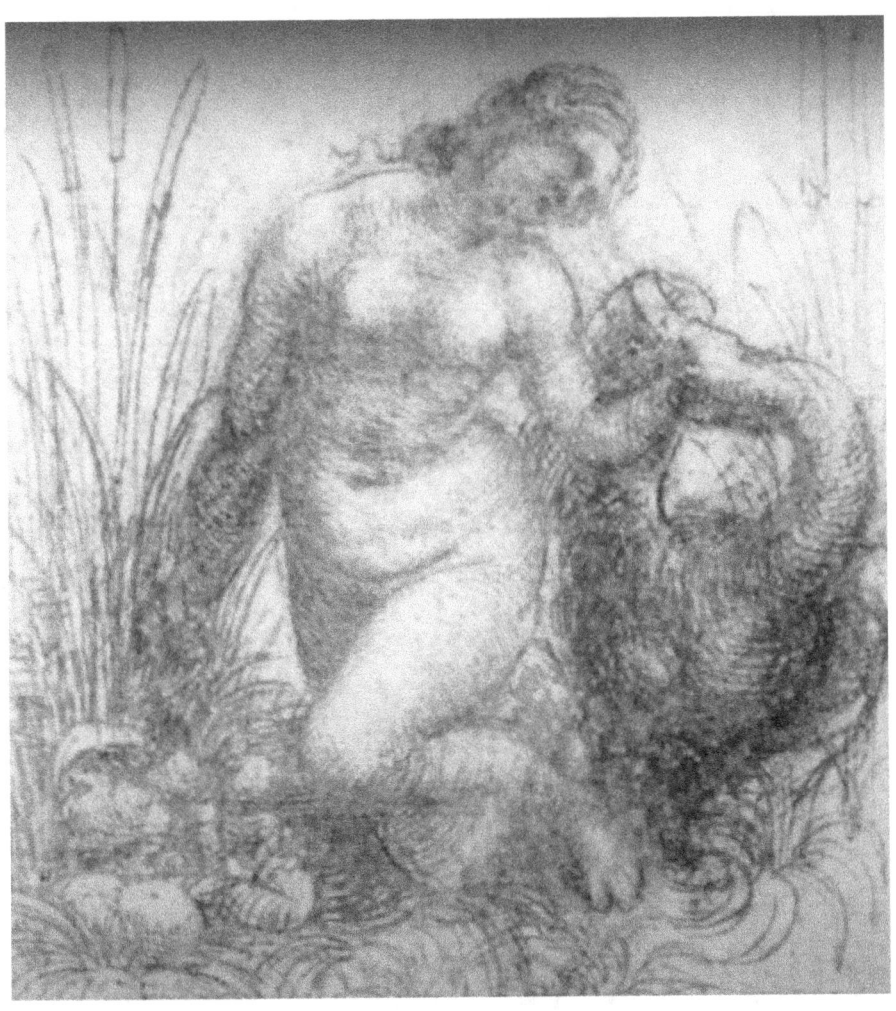

132

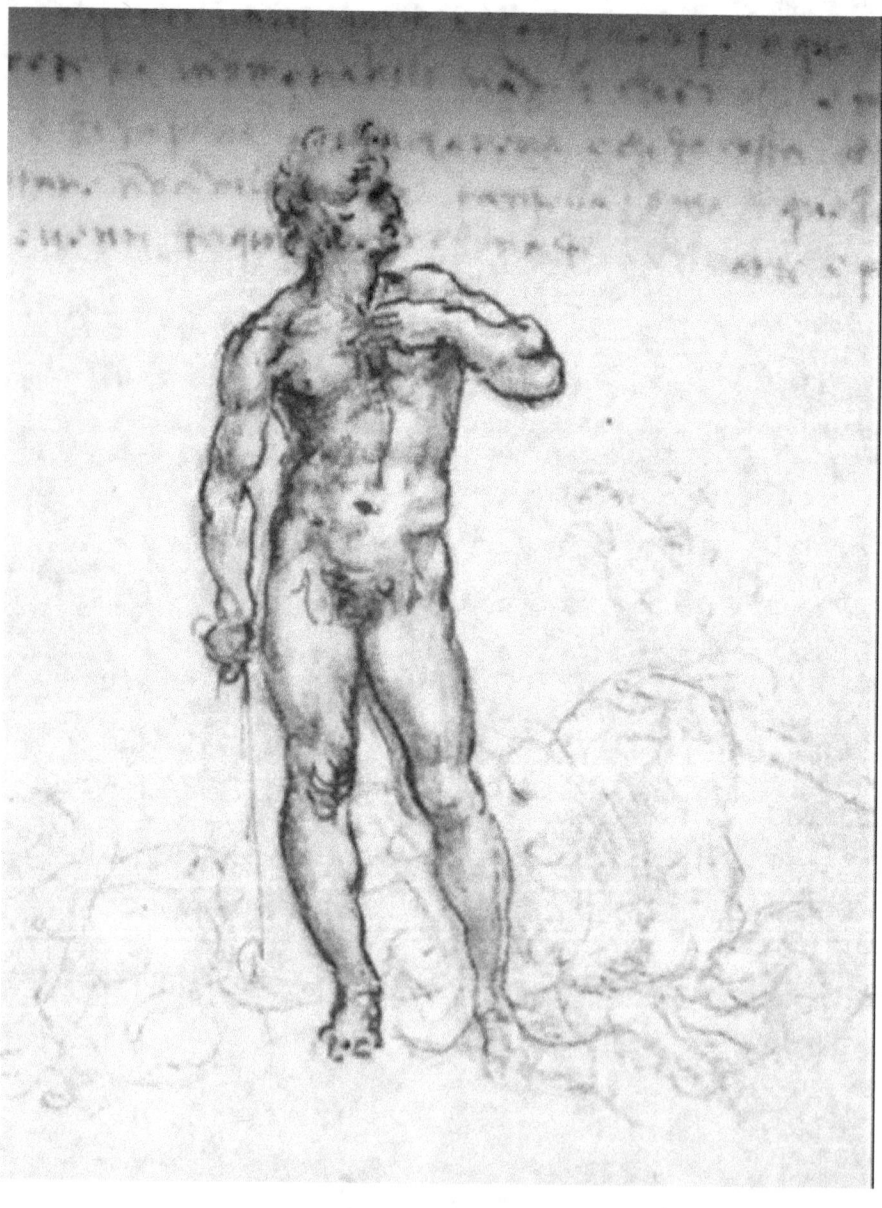

133

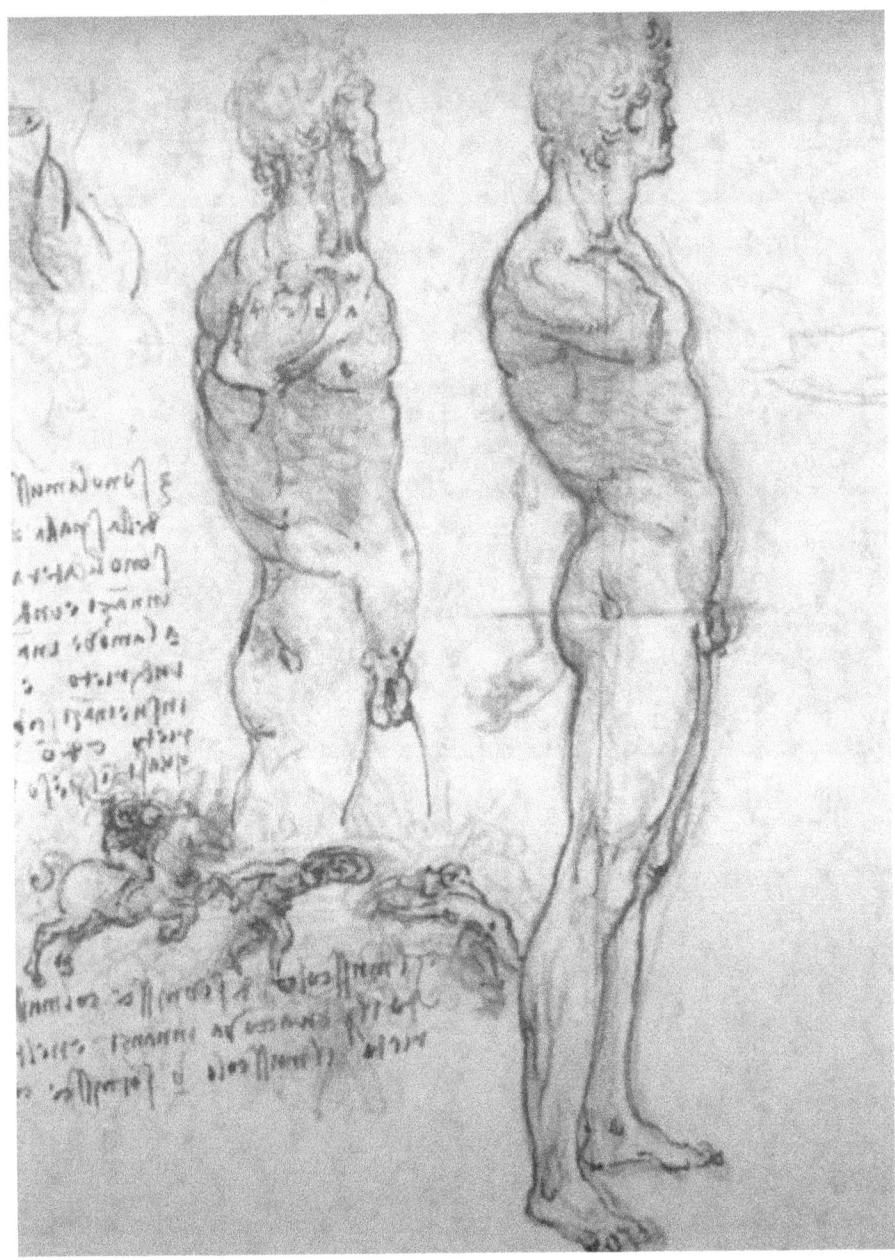

134

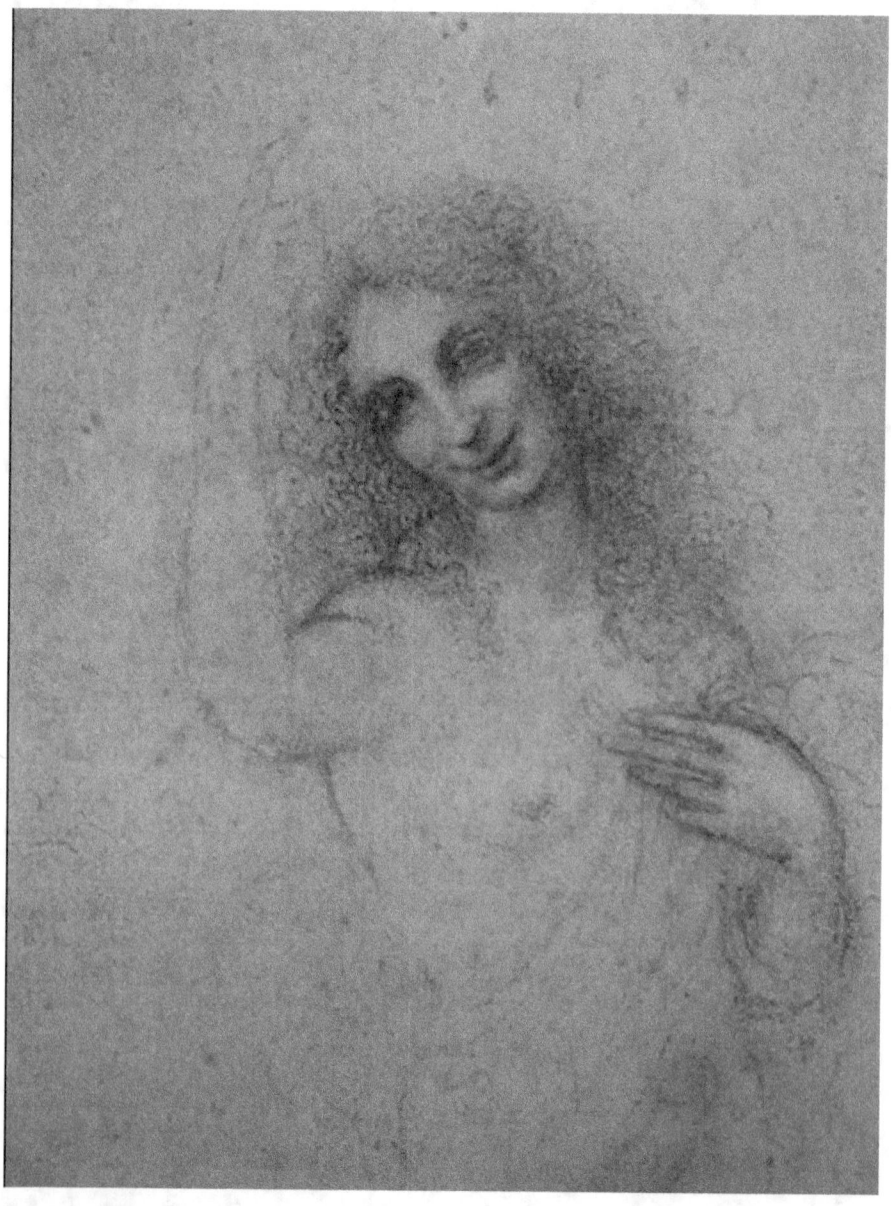

GUERREROS, BATALLAS Y ARMAS DE GUERRA

136

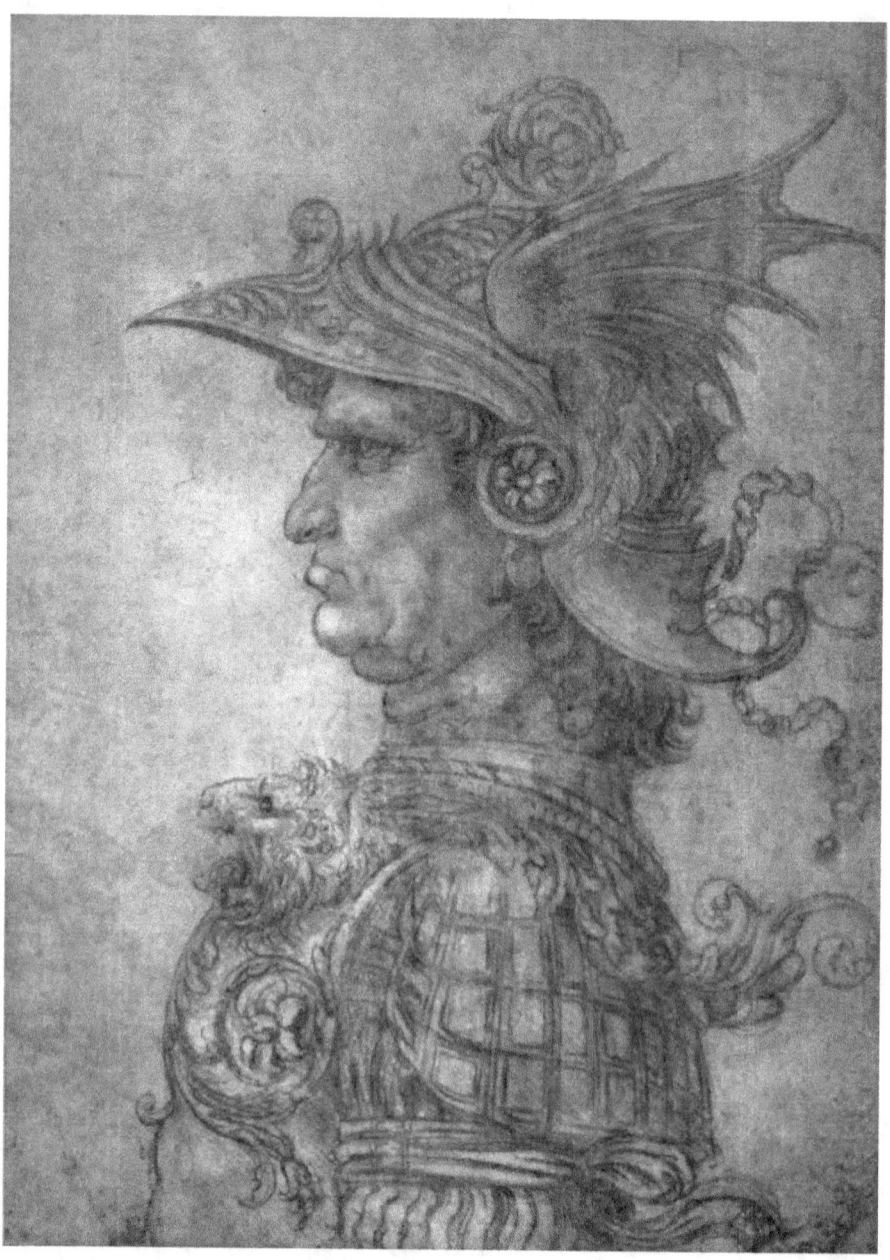

137

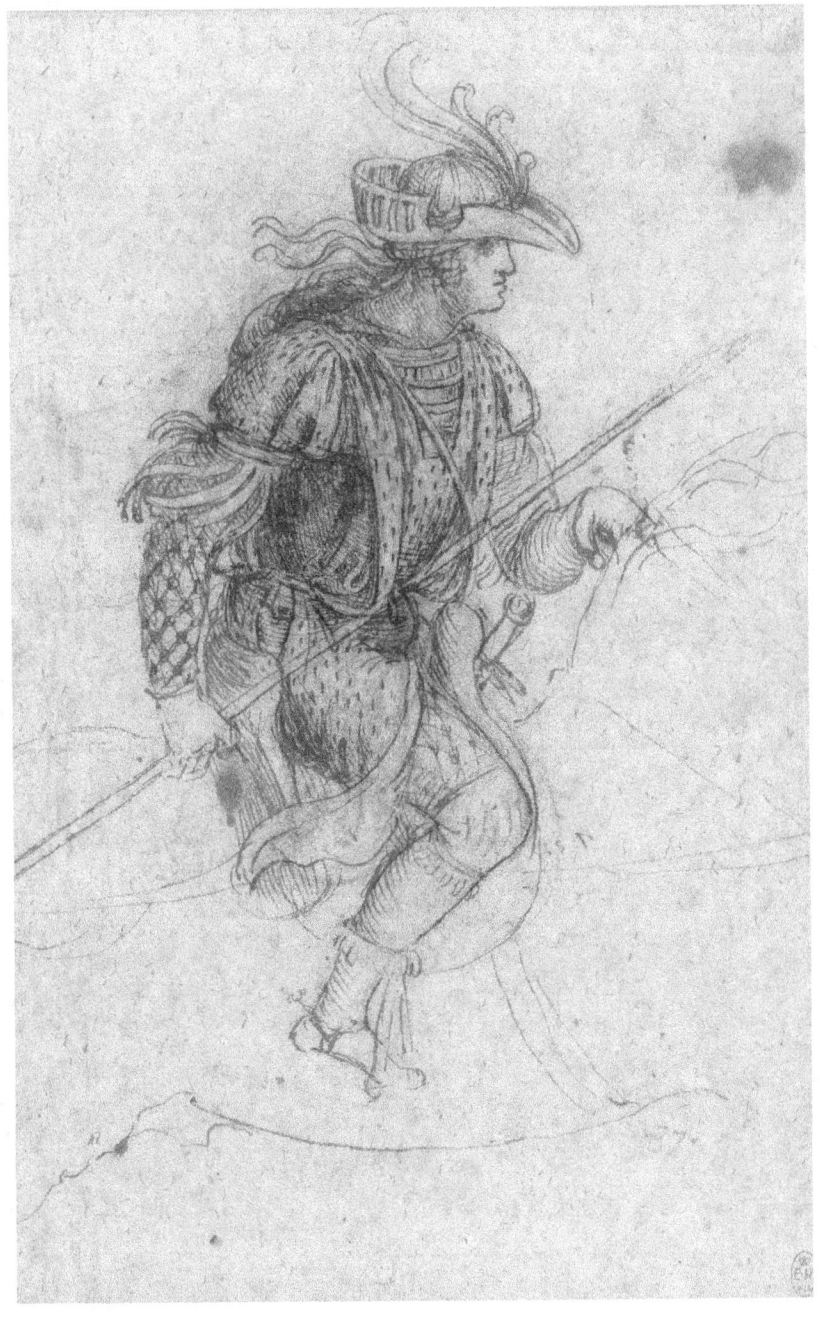

138

Estudios para la estatua ecuestre de francesco sforza

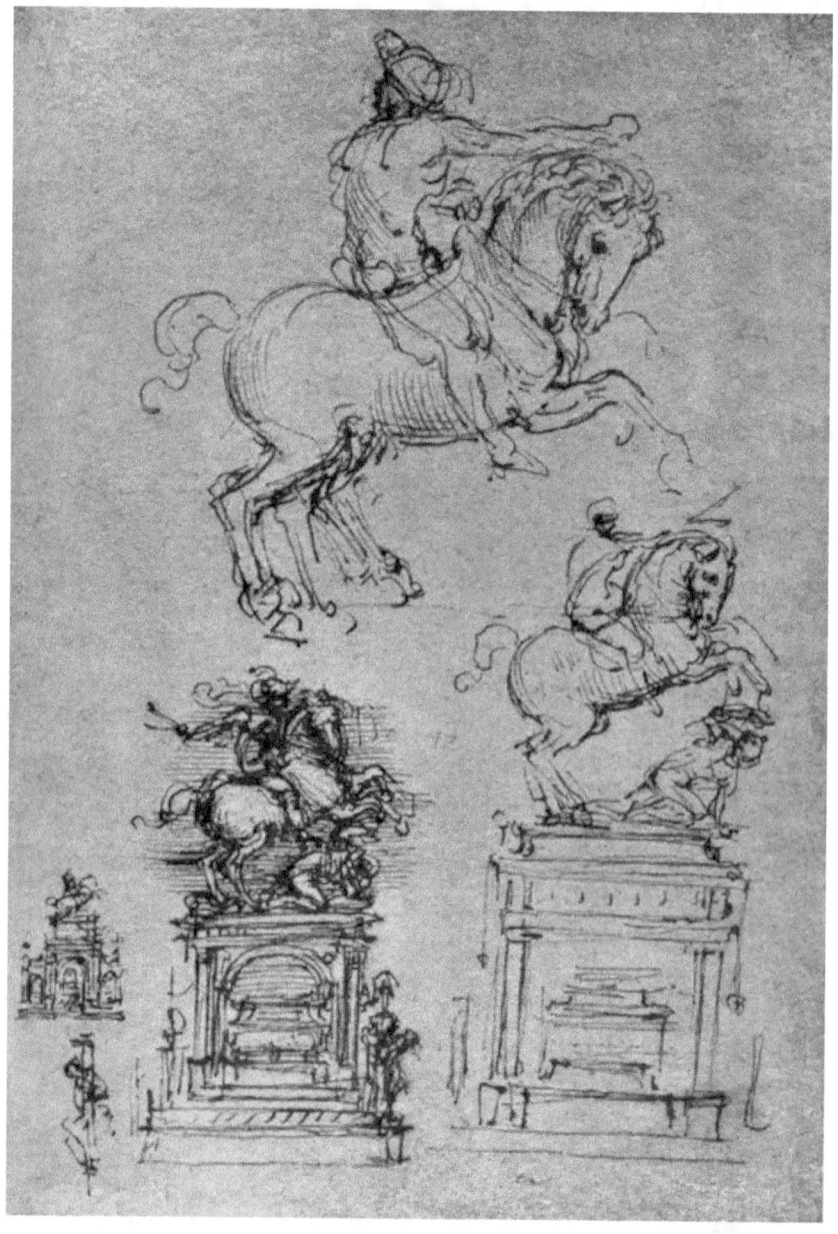

139

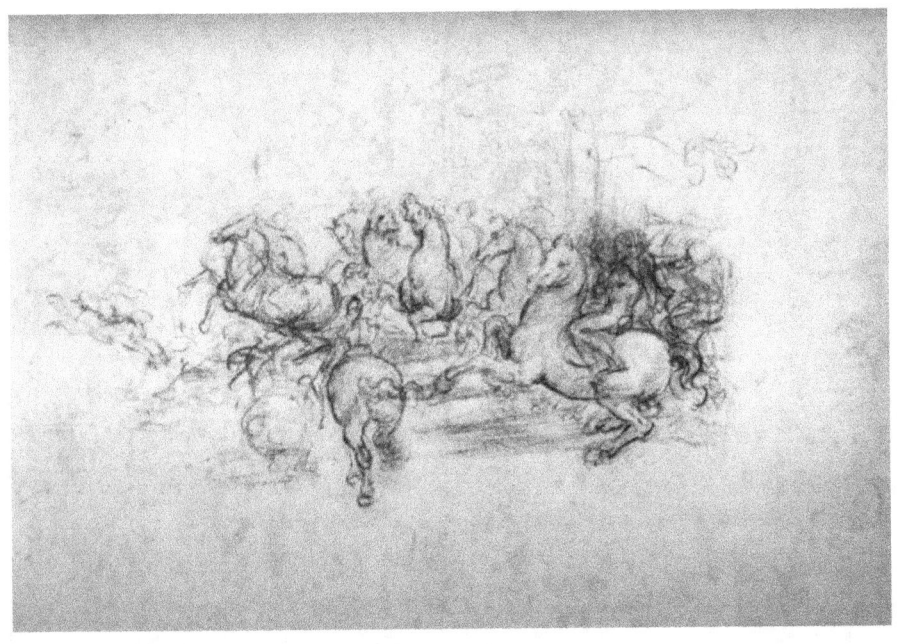

140

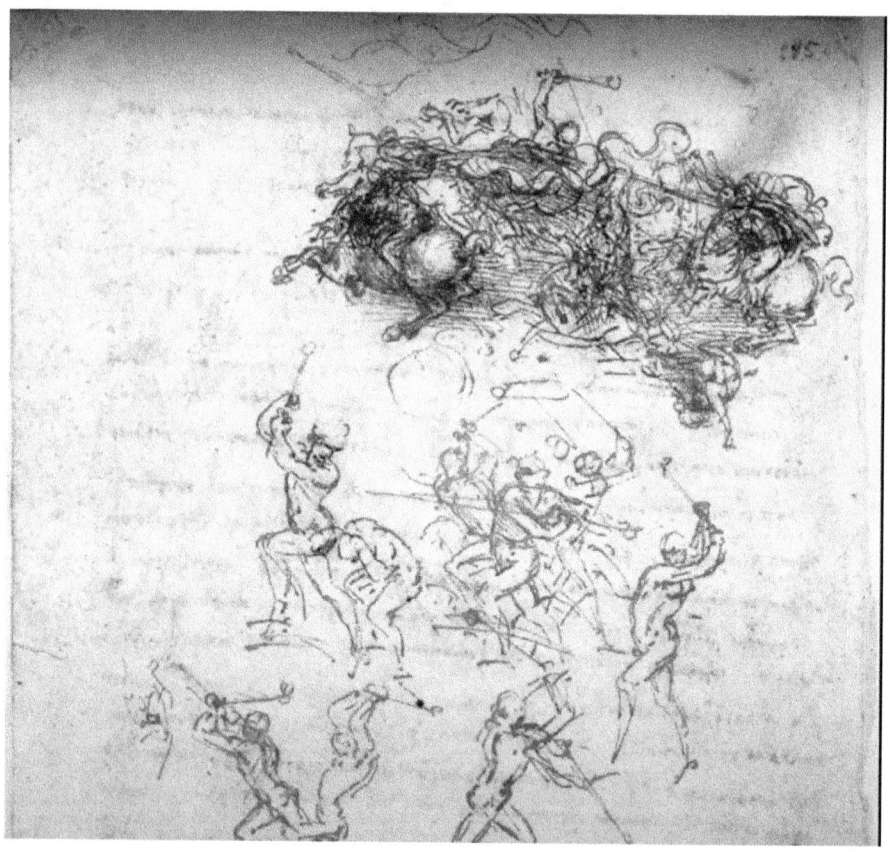

141

Copia de Peter Paul Ruben de la batalla de Anghiari.
Obra perdida de Leonardo Da Vinci

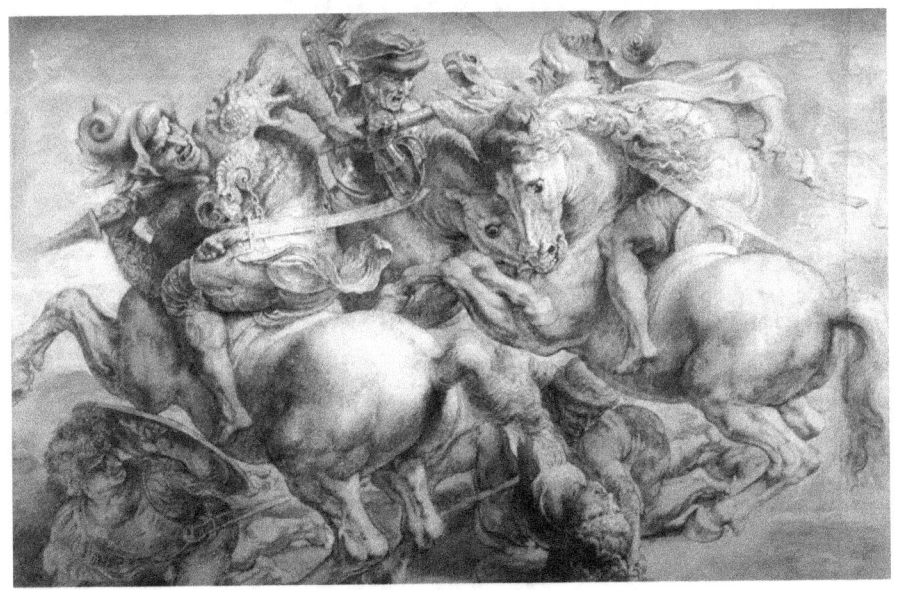

142

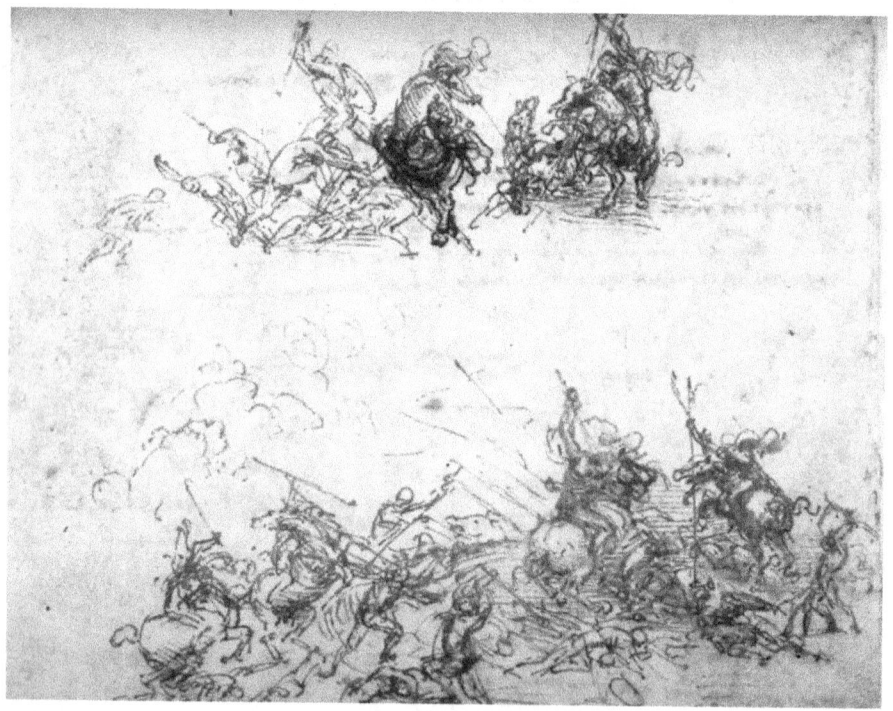

143

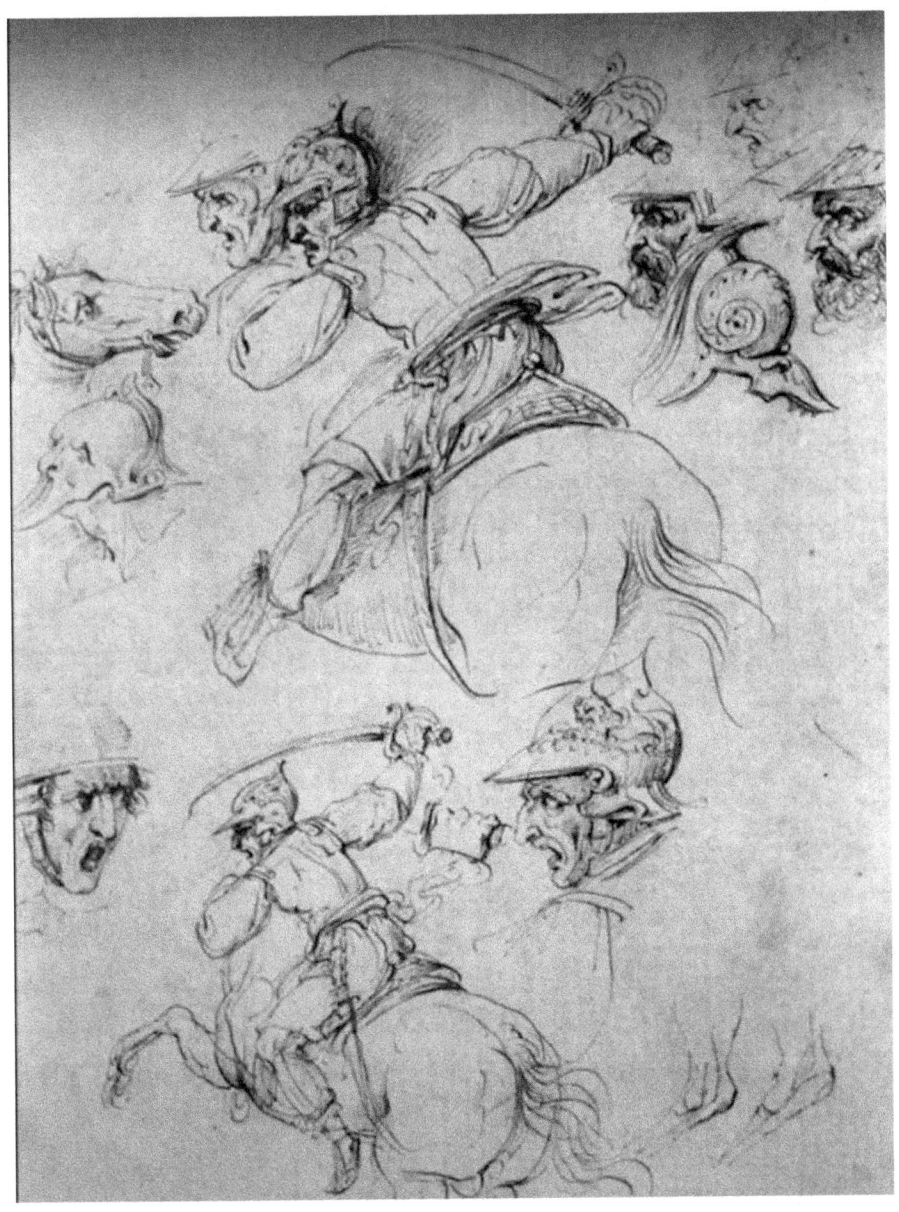

144

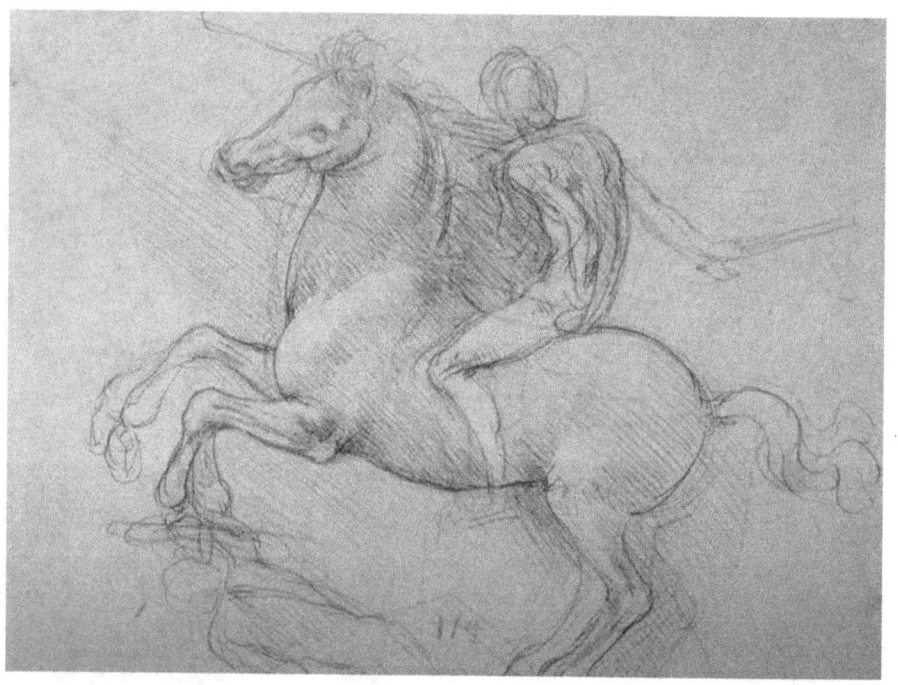

145
El combate

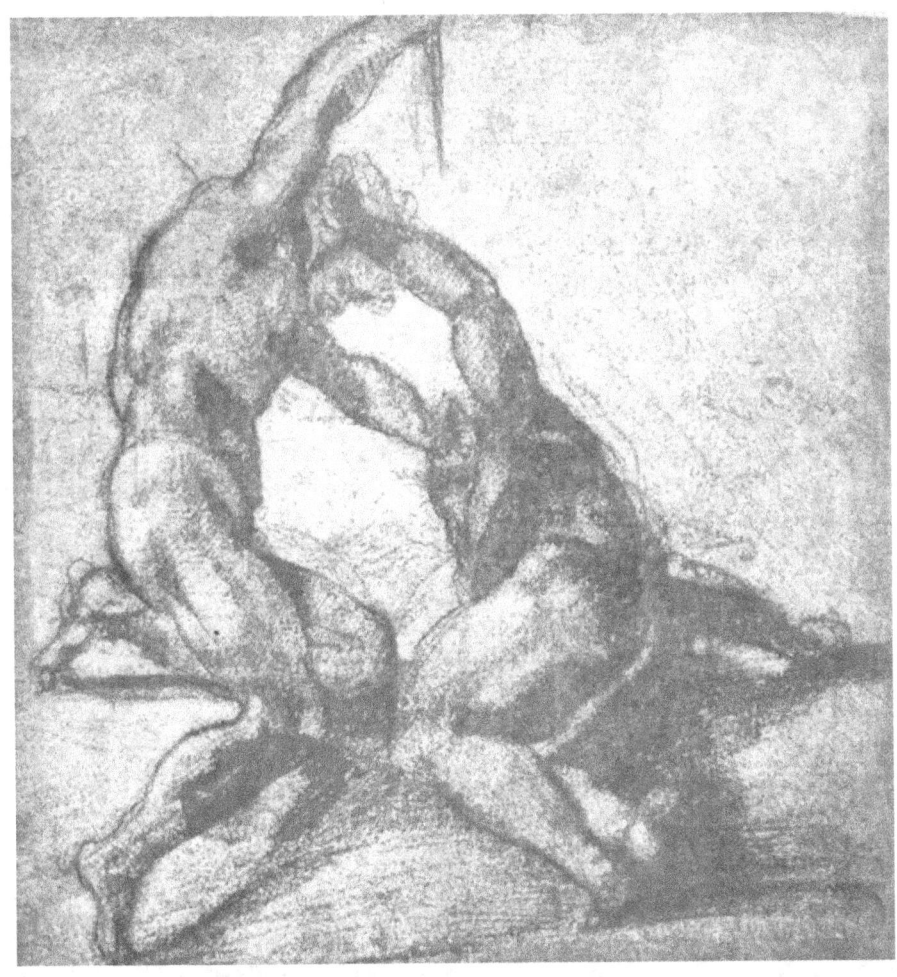

146

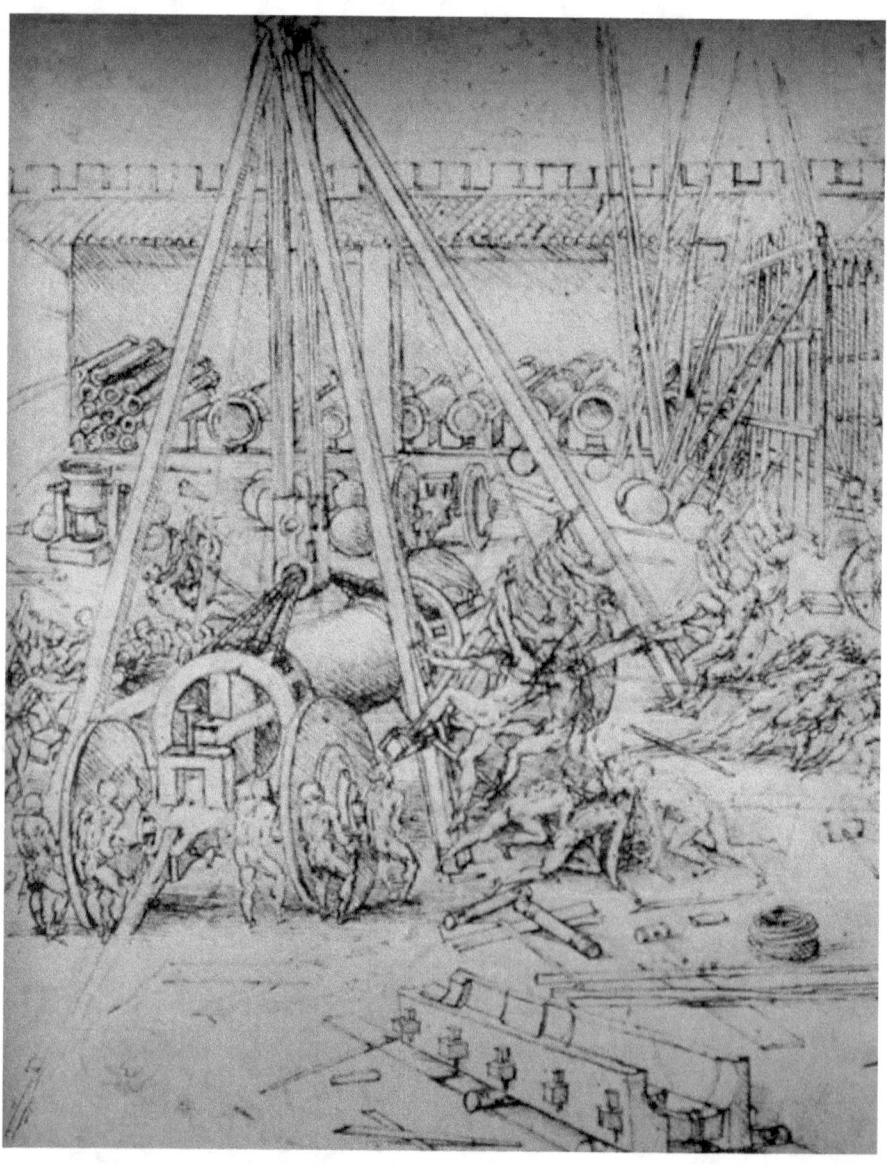

147

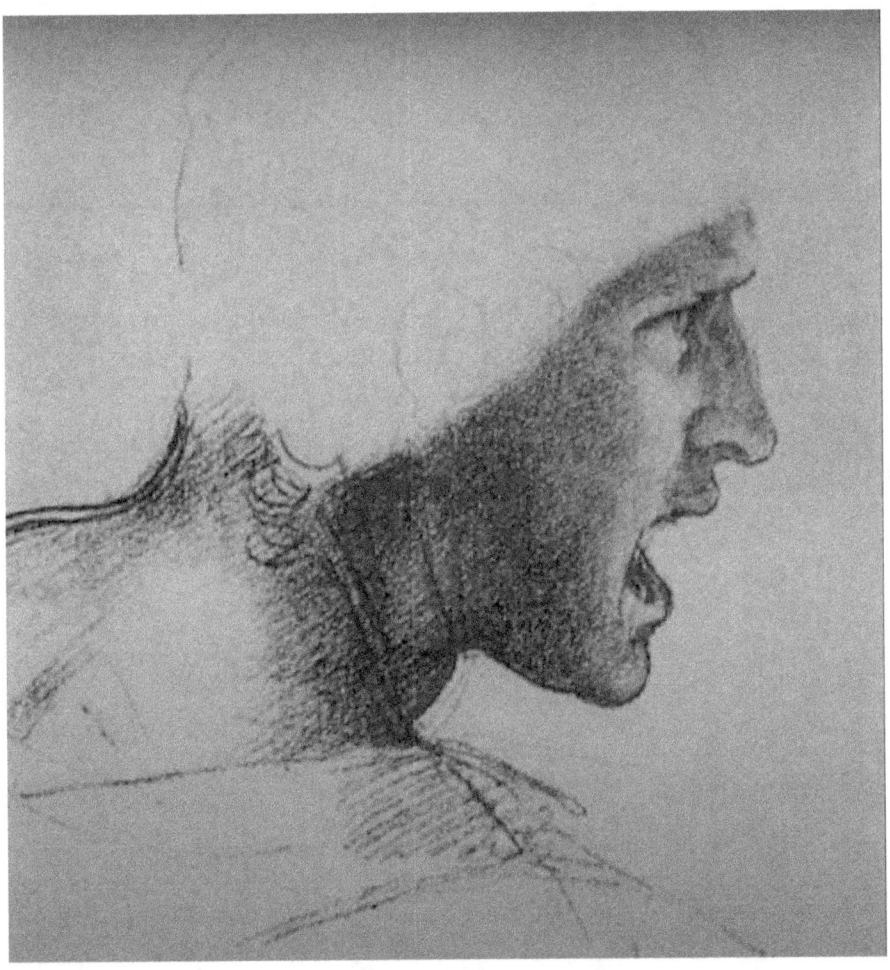

148

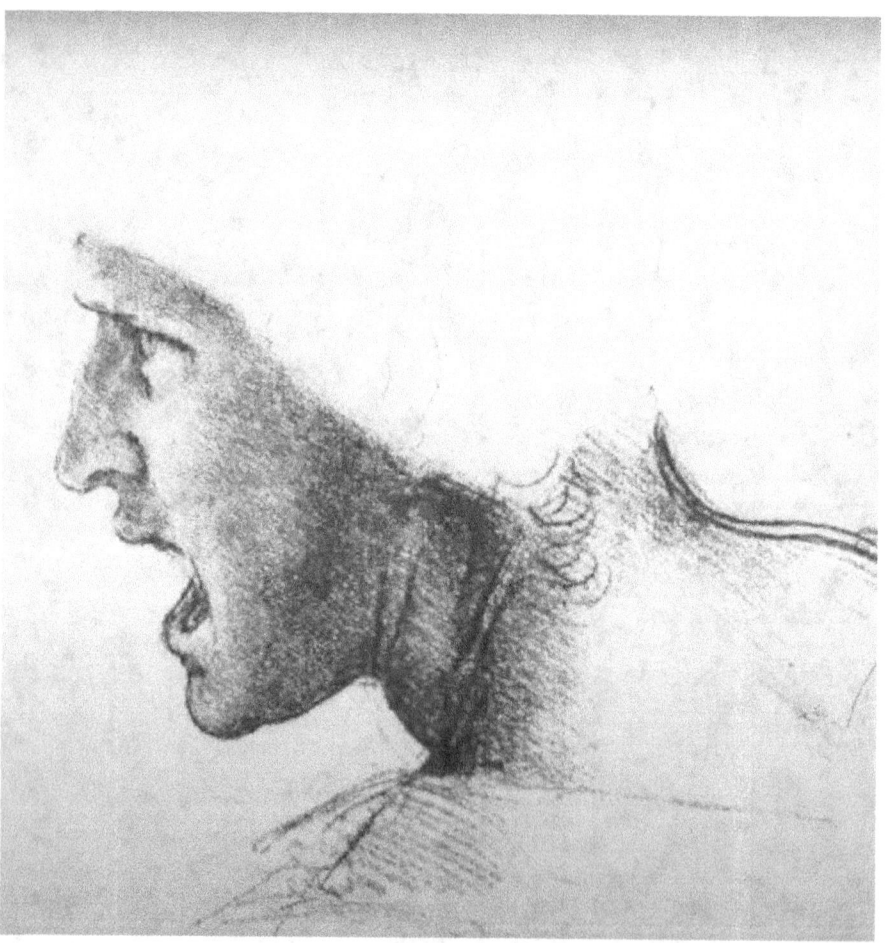

149

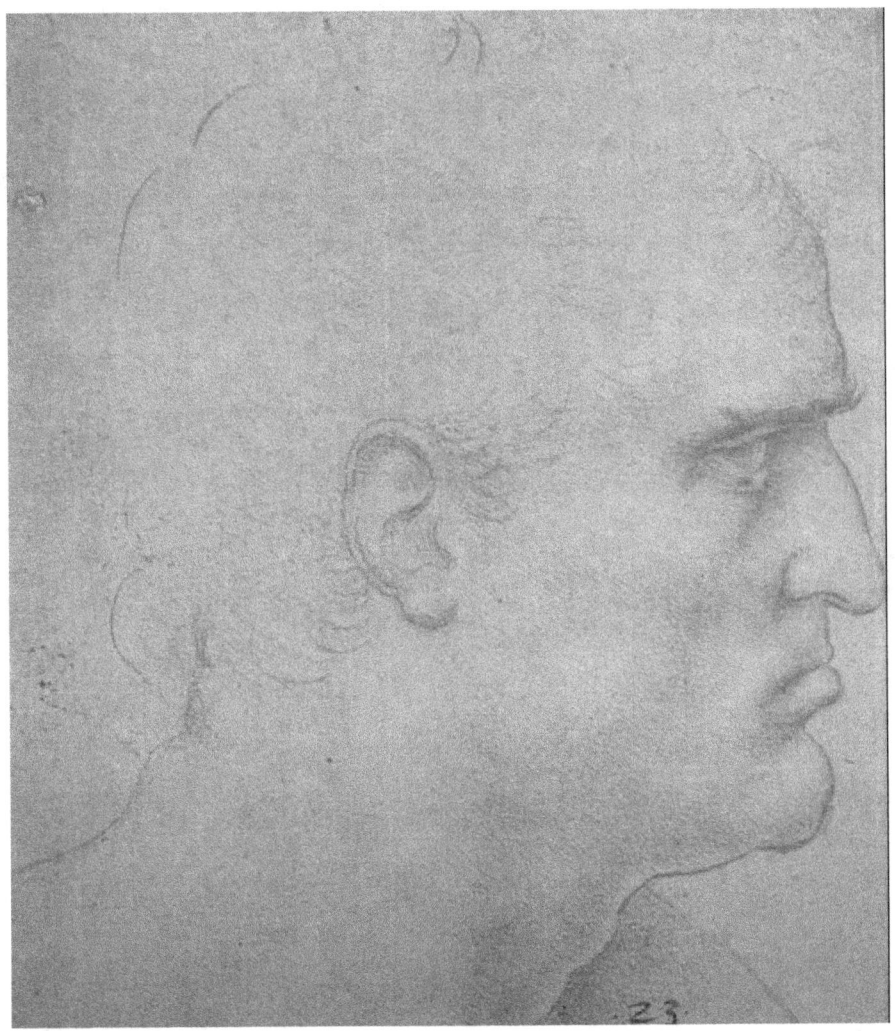

150

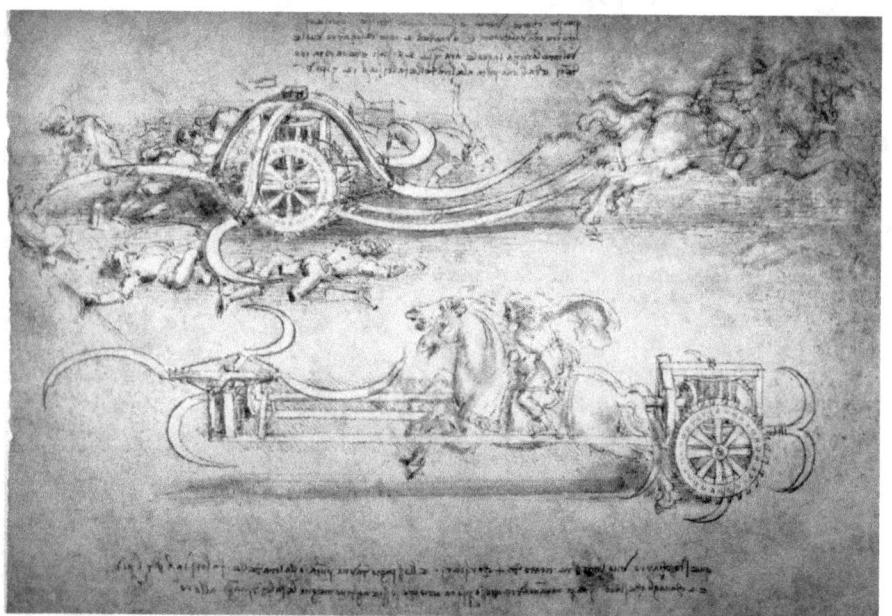

151

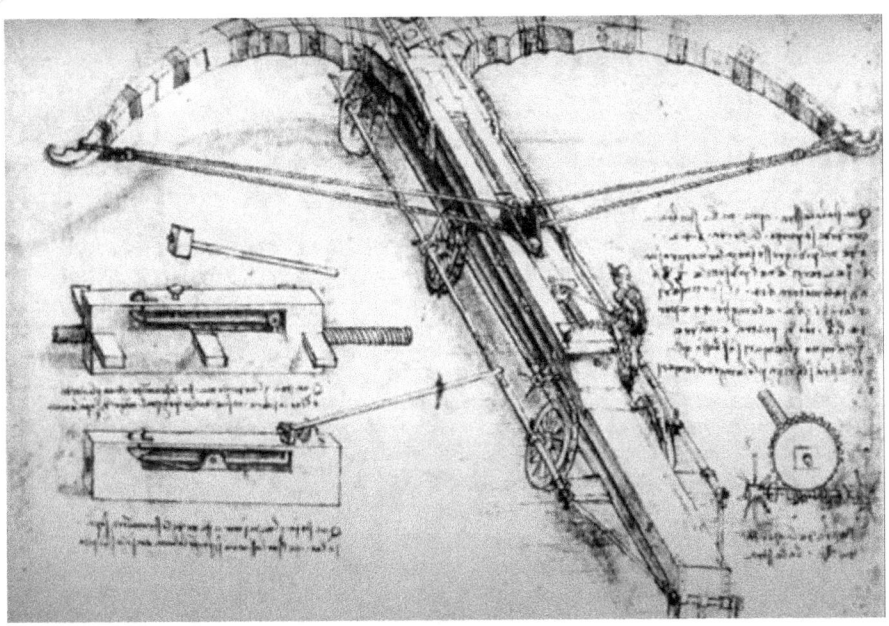

ANCIANOS

152

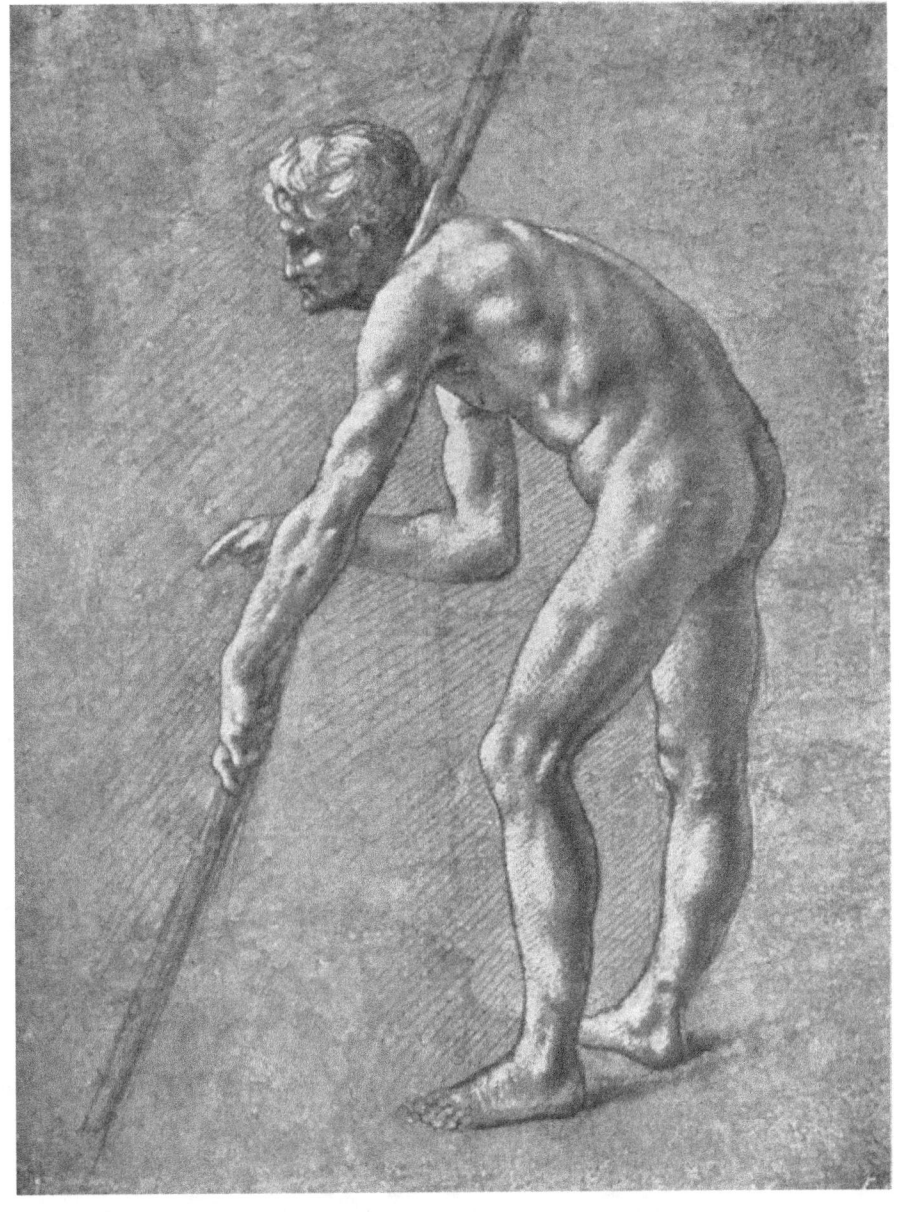

153

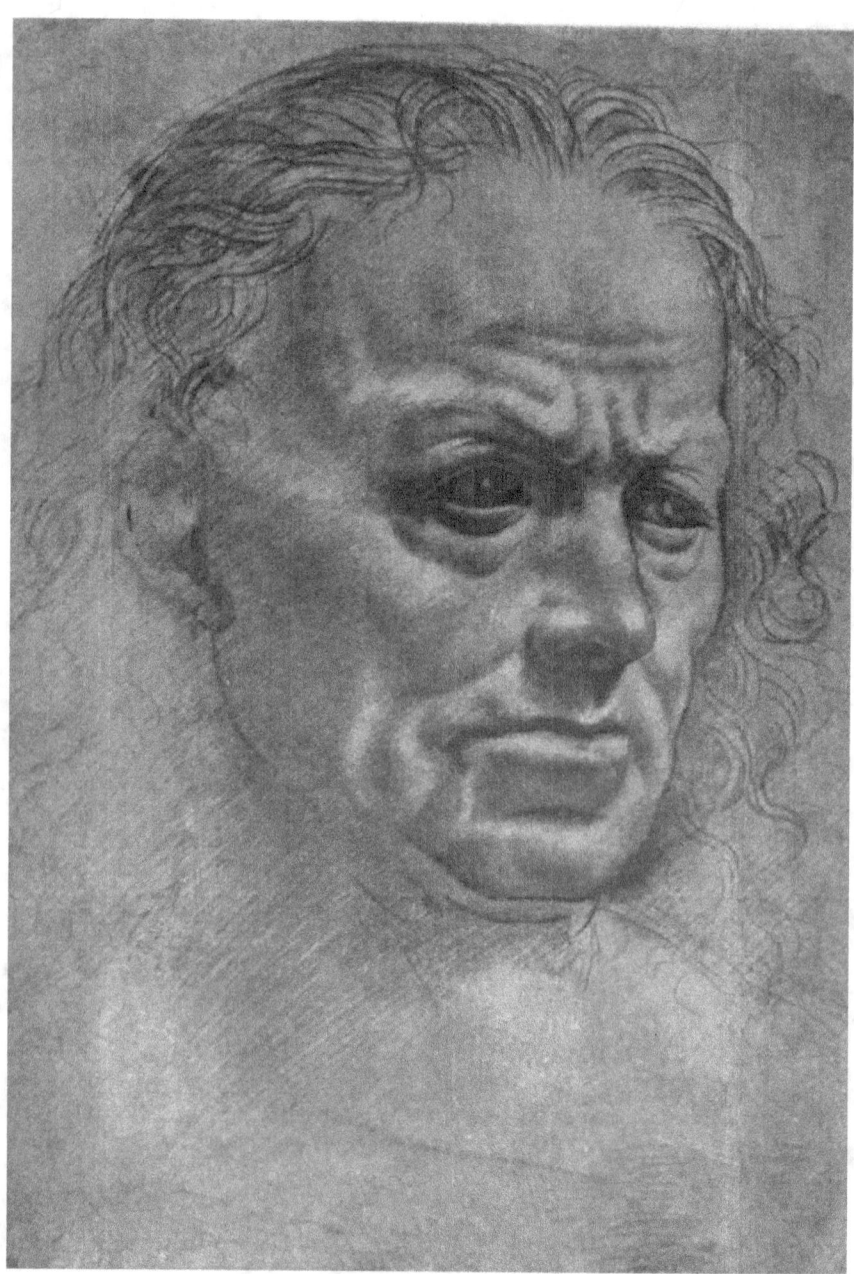

154

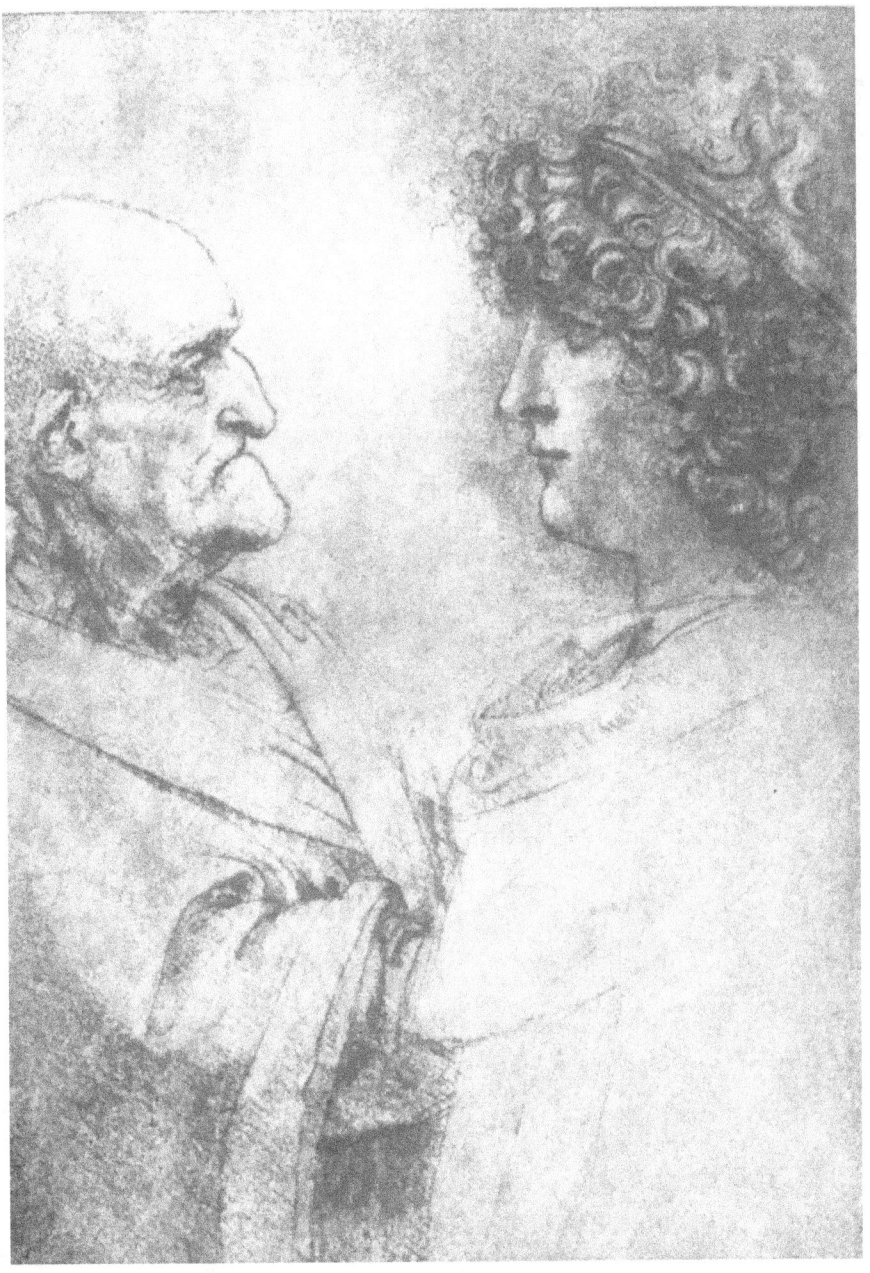

155
Estudio para la última cena

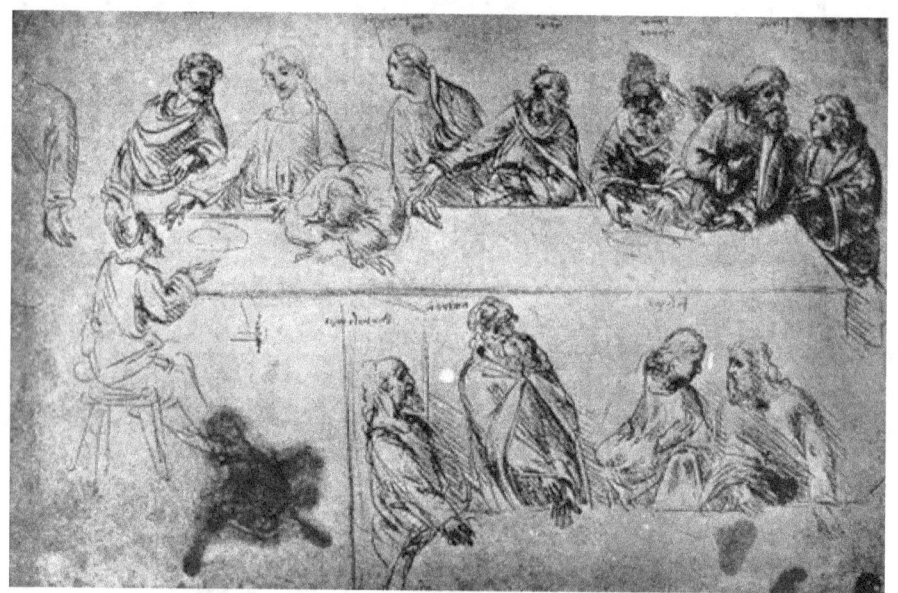

156
Estudio para la cabeza de un apostol

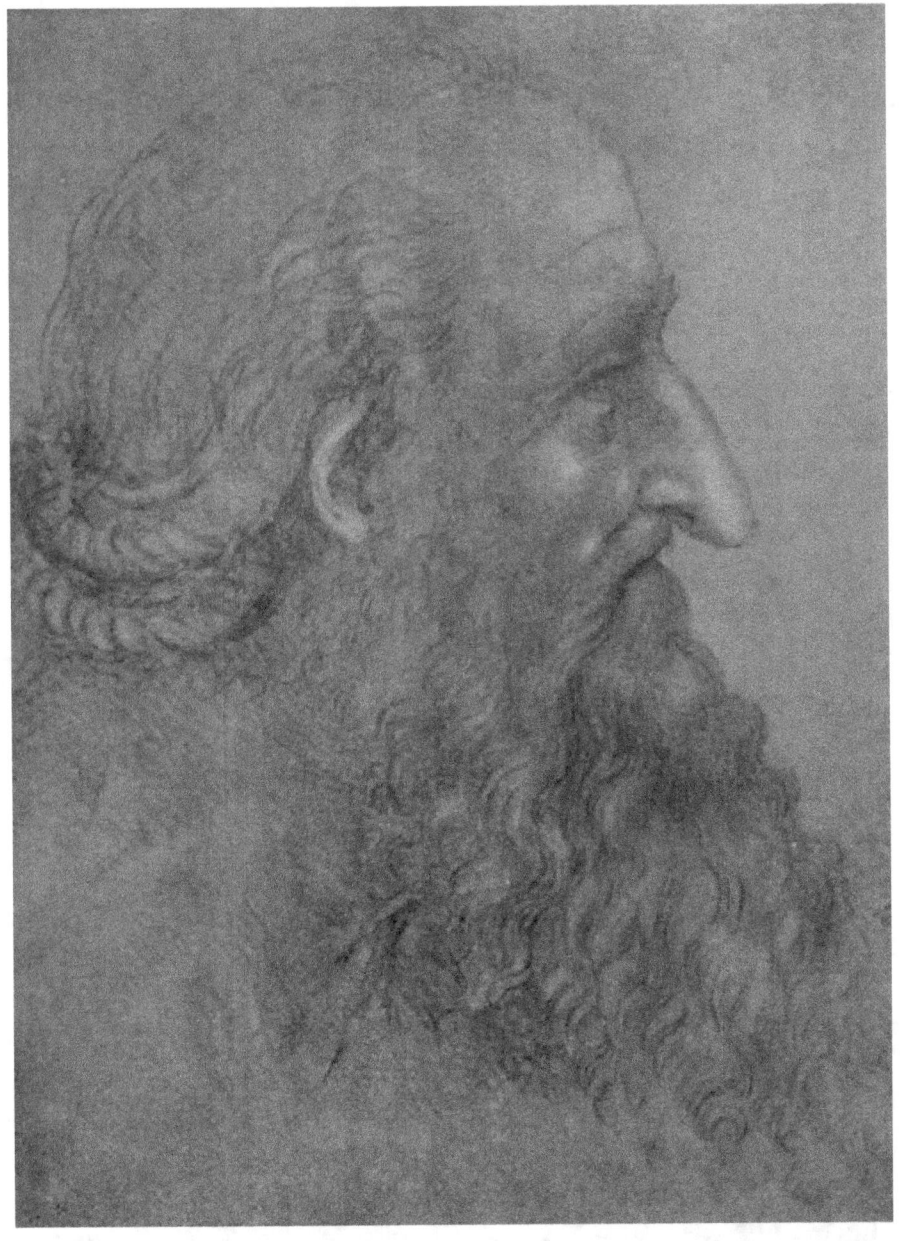

157
Autoretrato

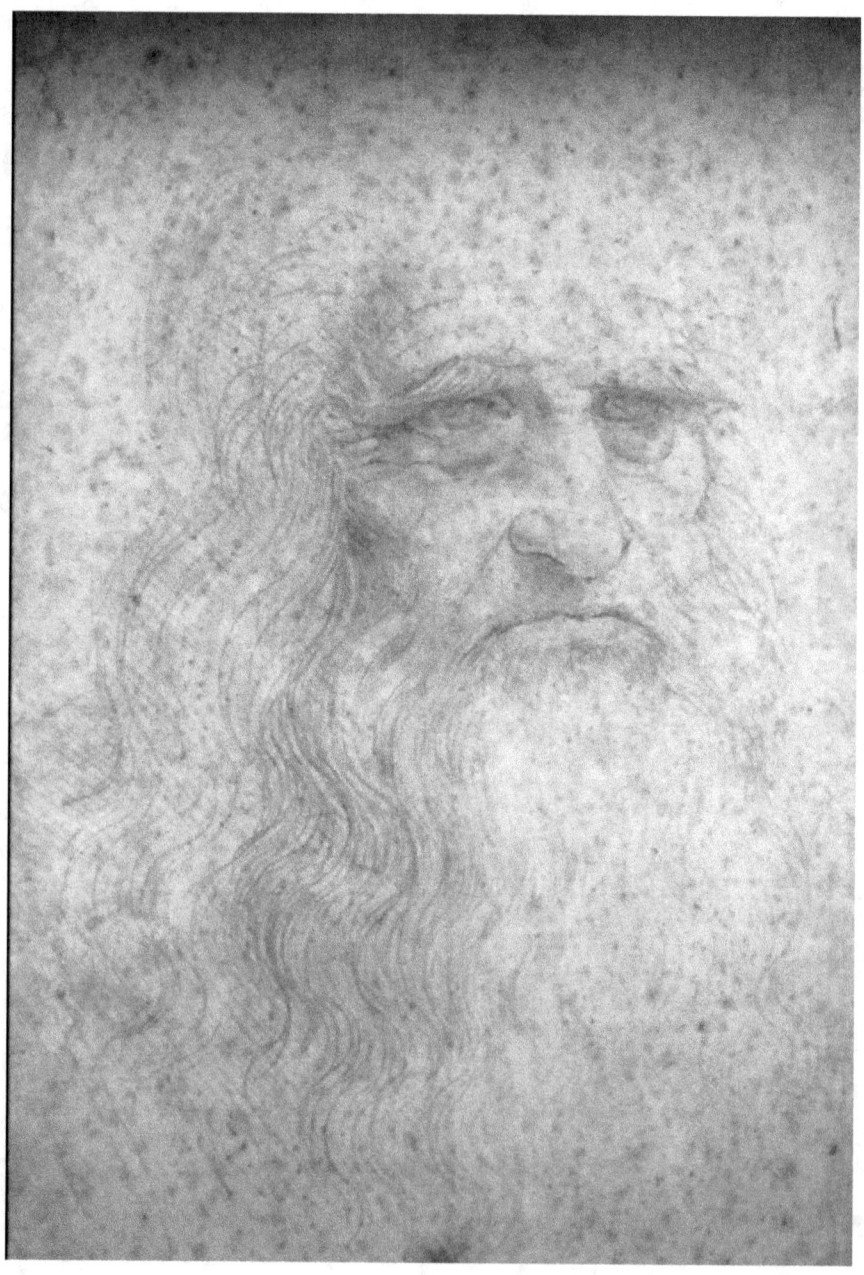

158
Auto retrato

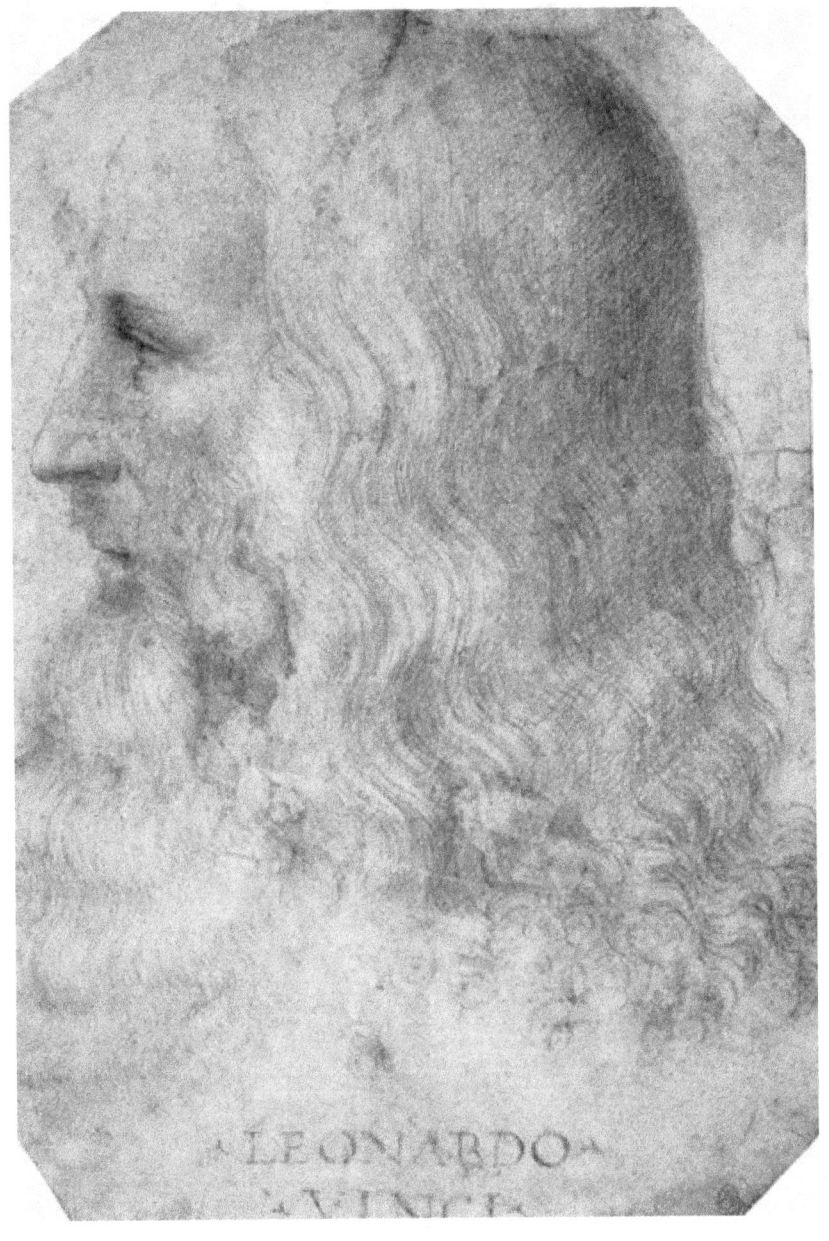

157

Anciano pensativo, quizá el último autorretrato de Leonardo

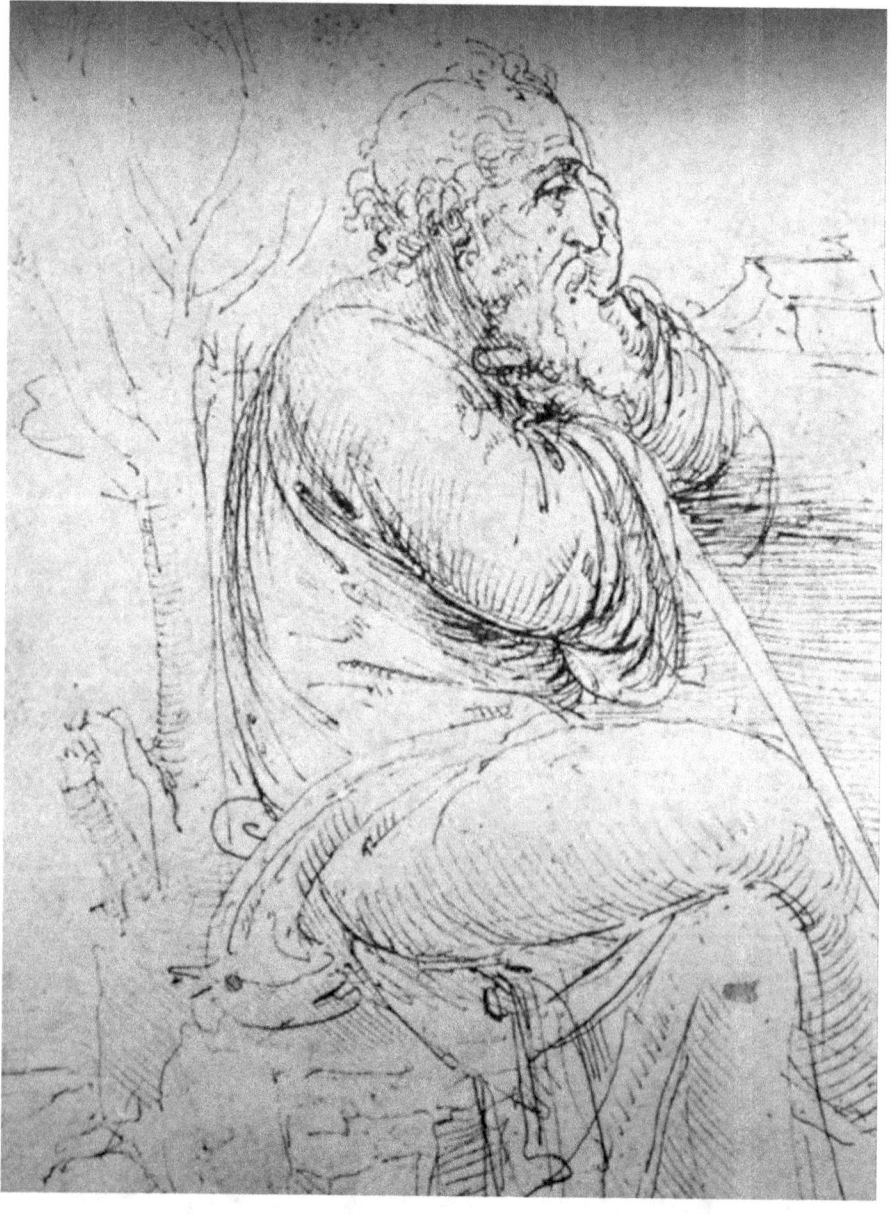

158

Anciano, quizá la última obra de leonardo

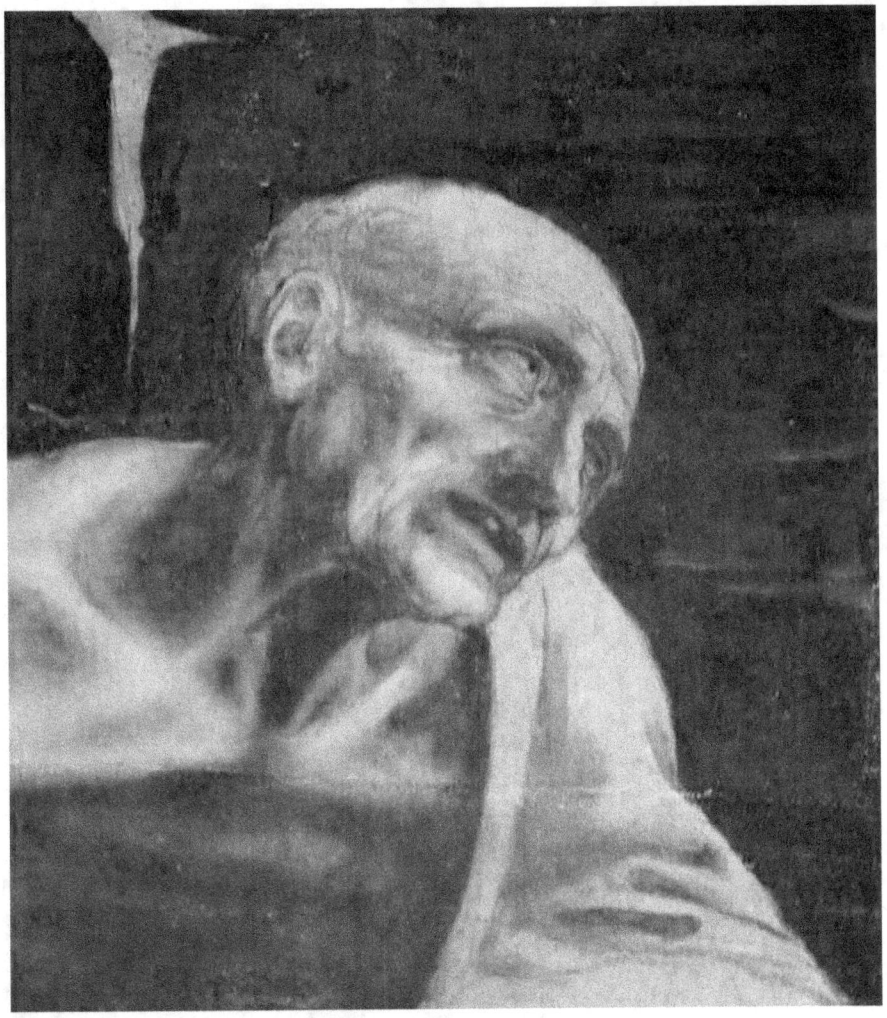

159

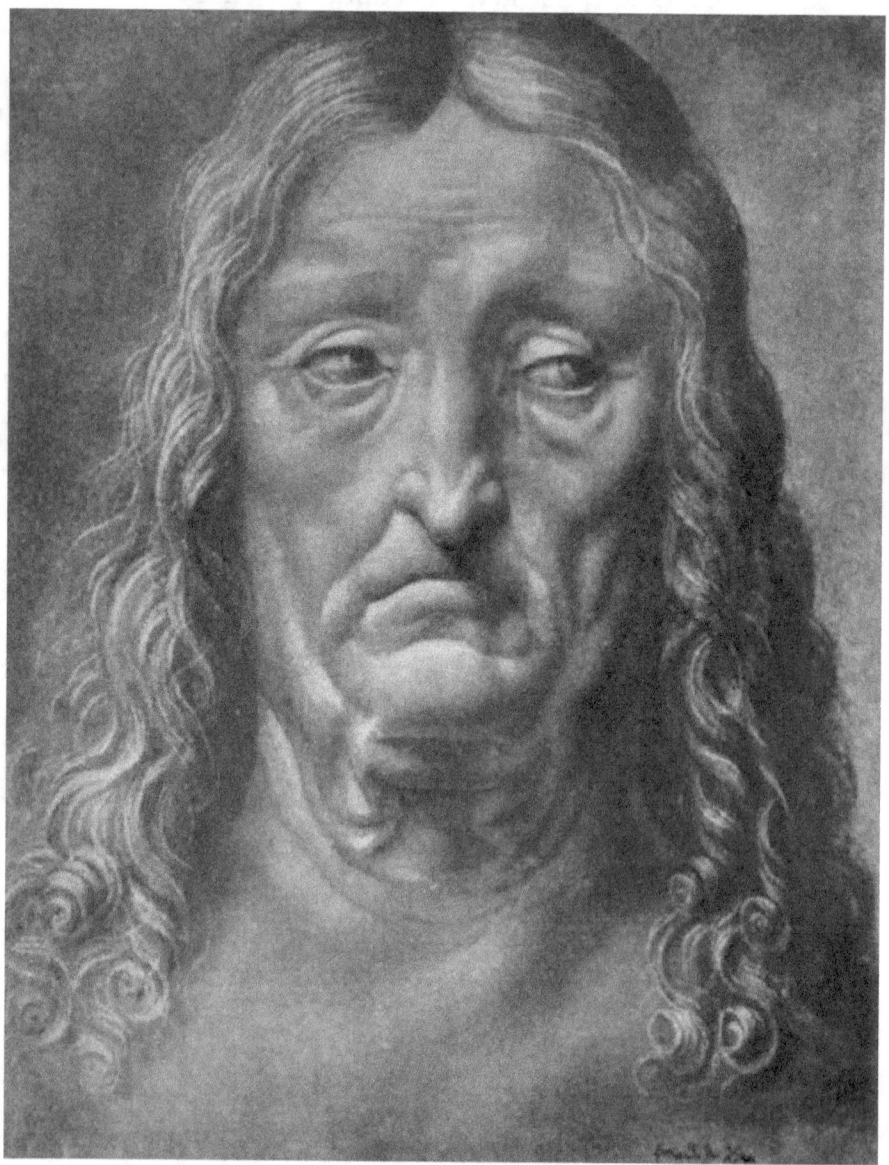

160

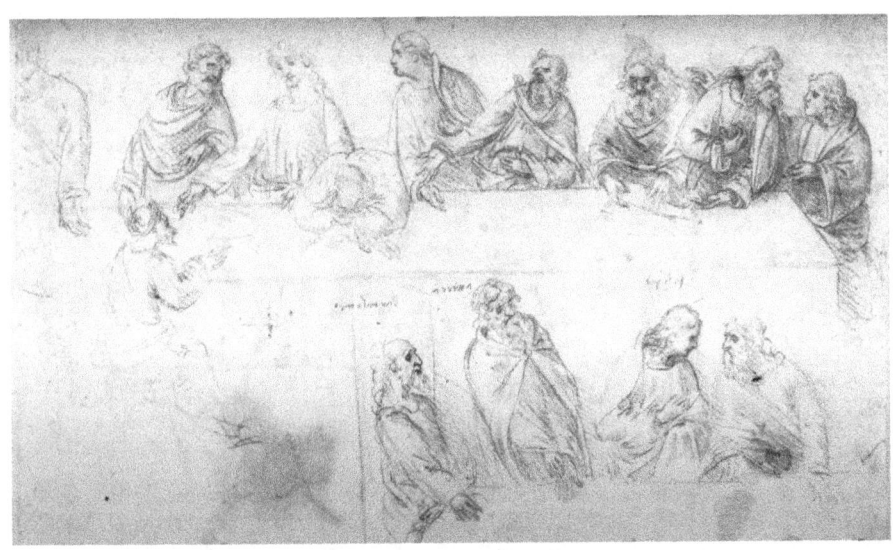

161

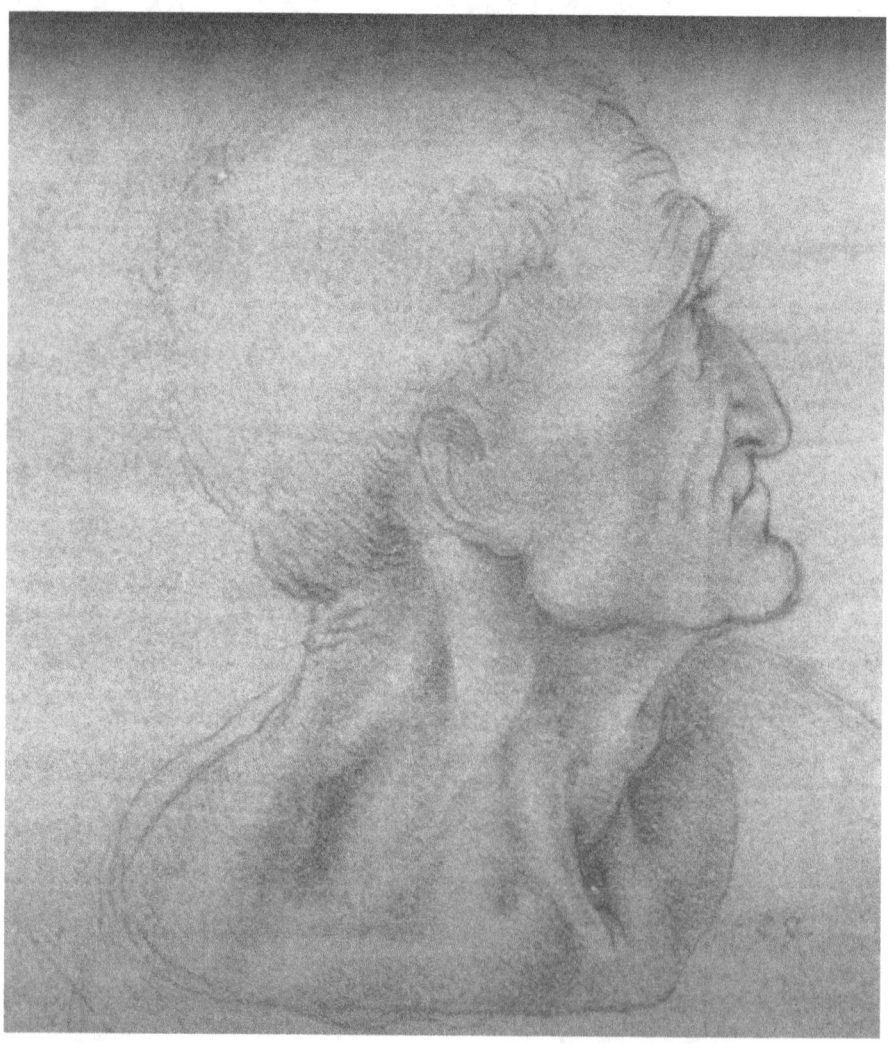

162

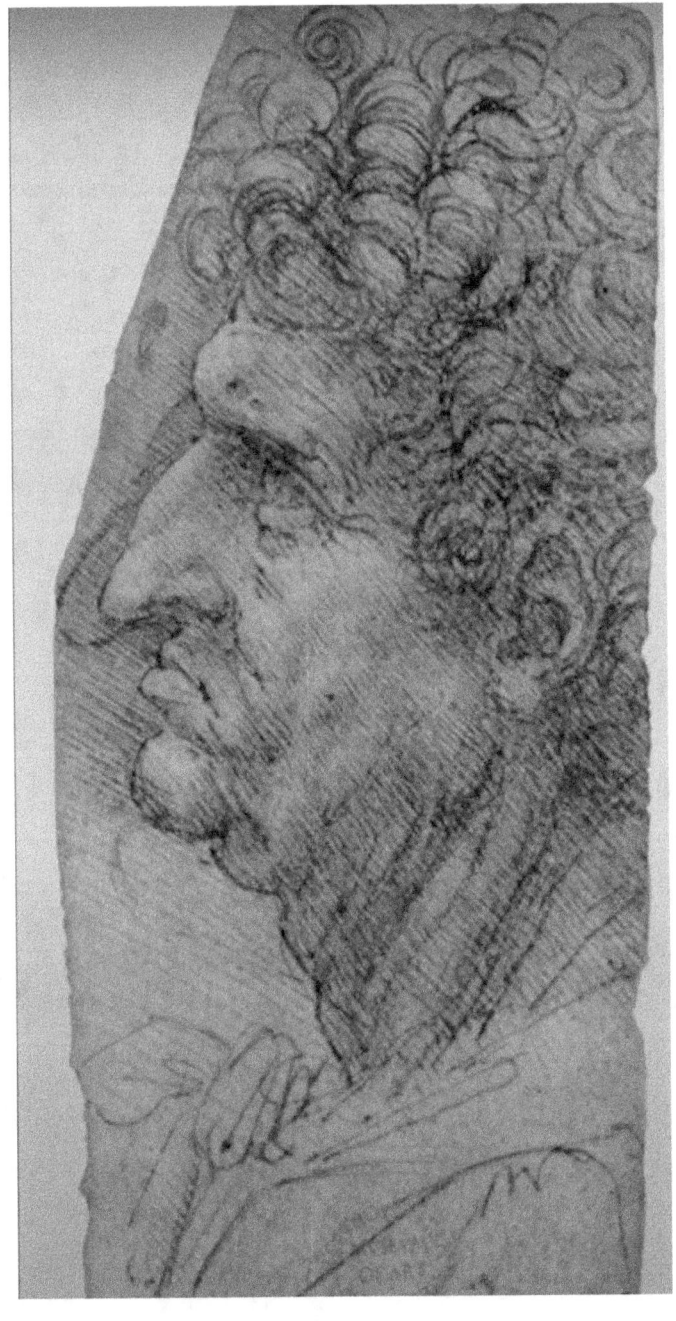

163

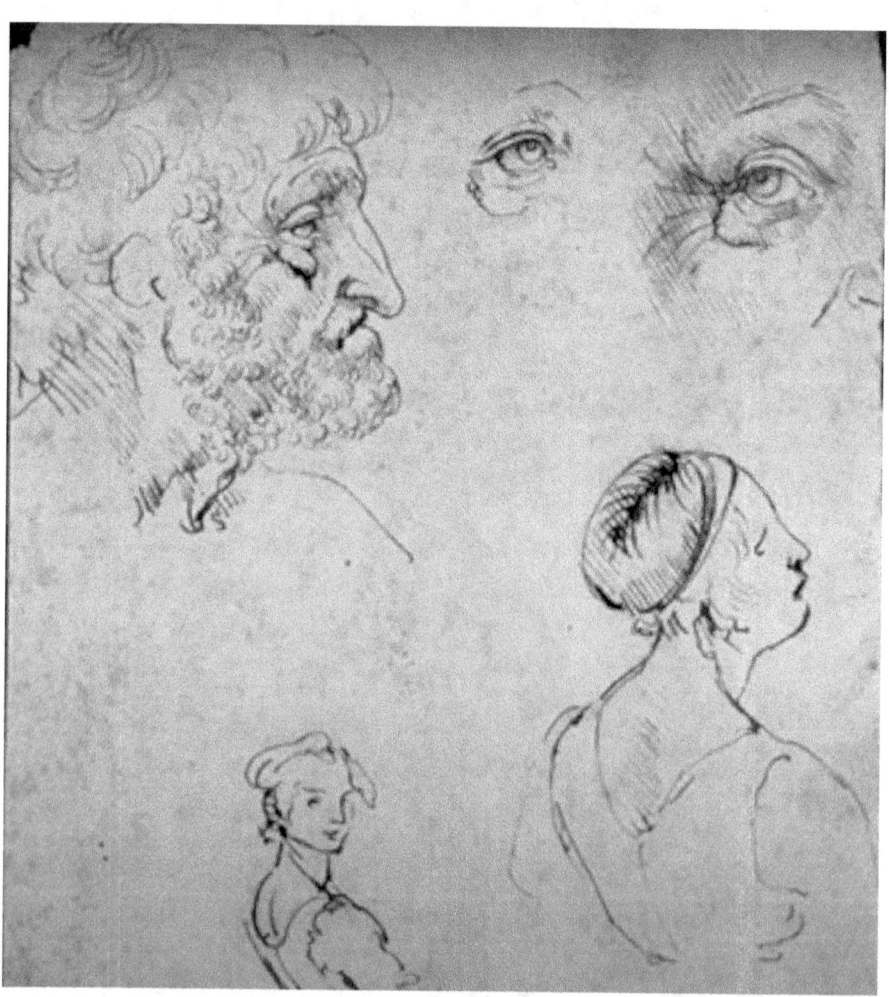

164

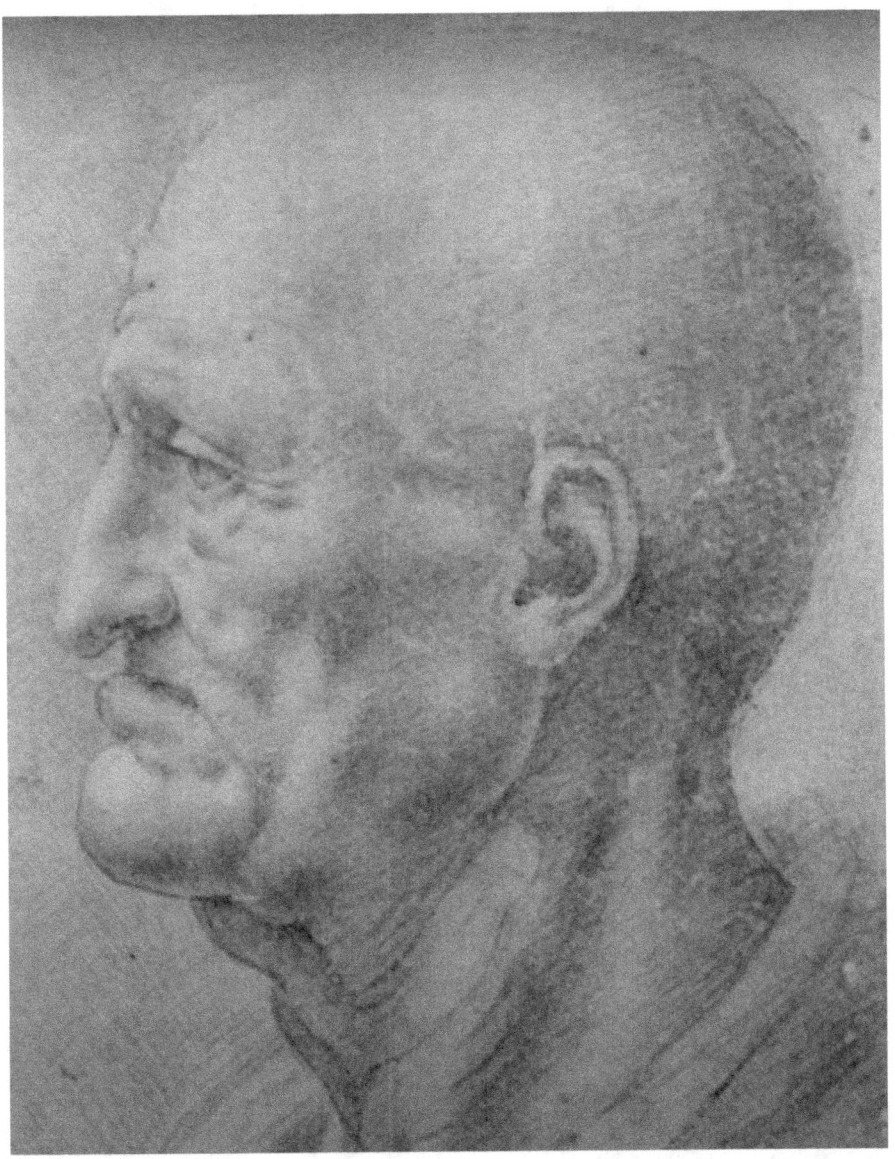

165

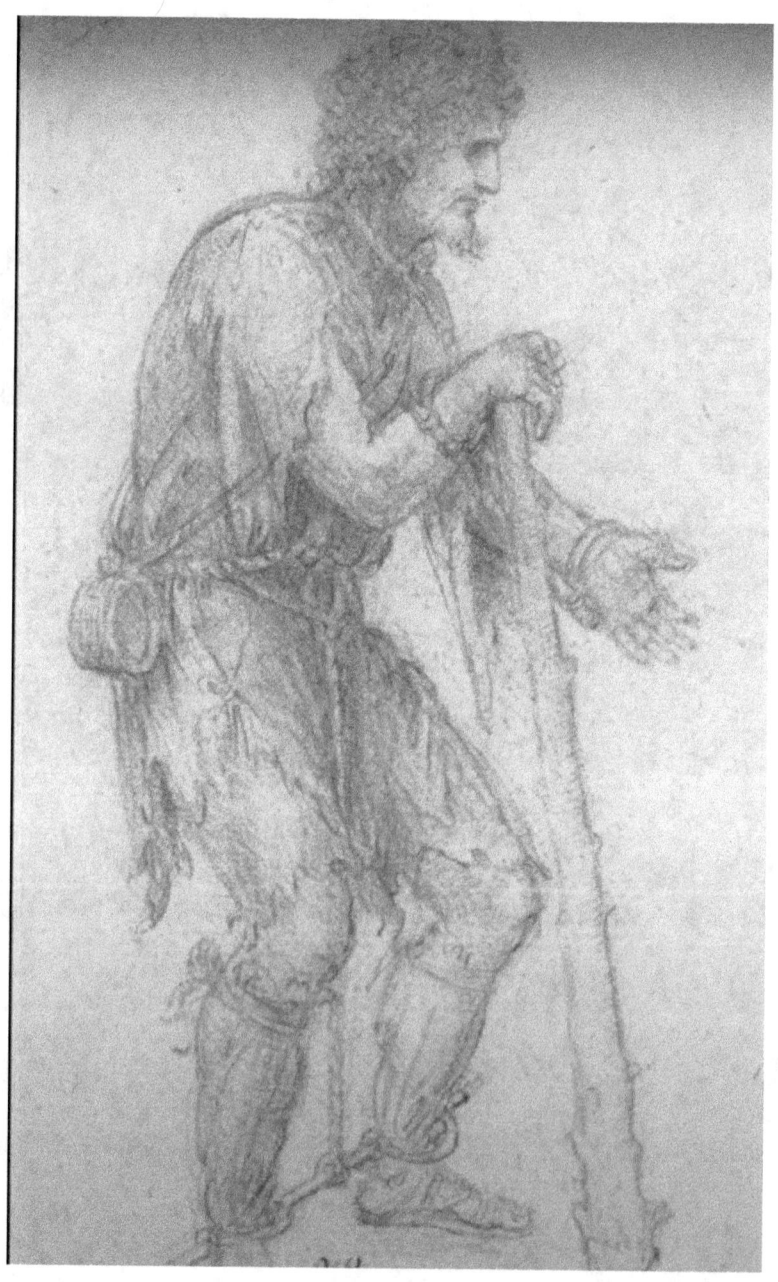

166

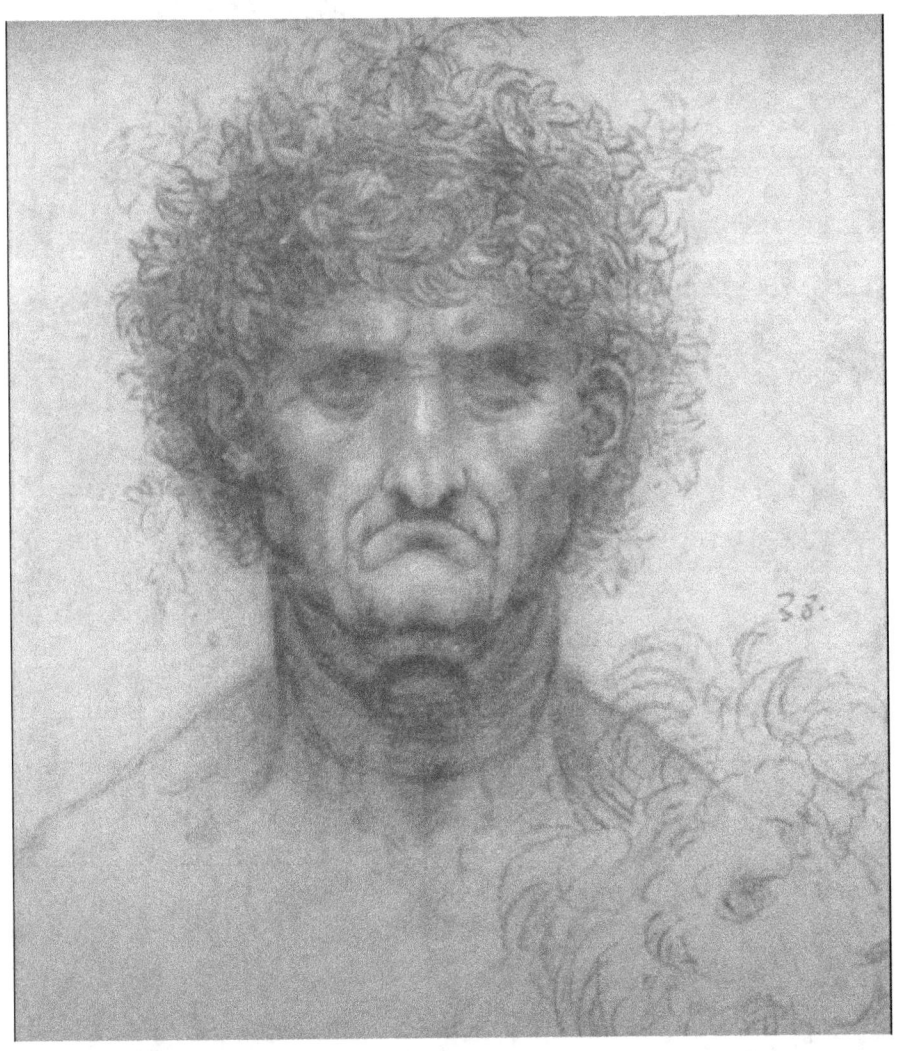

167

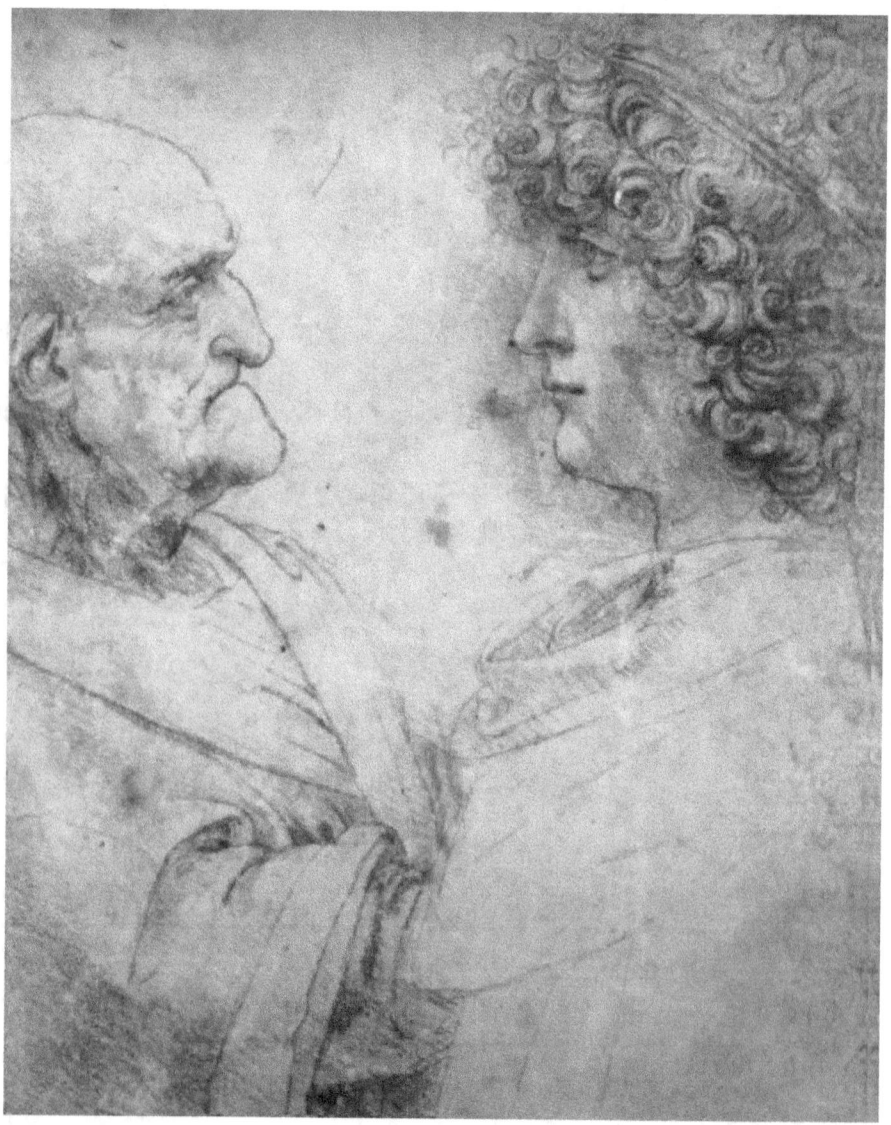

168

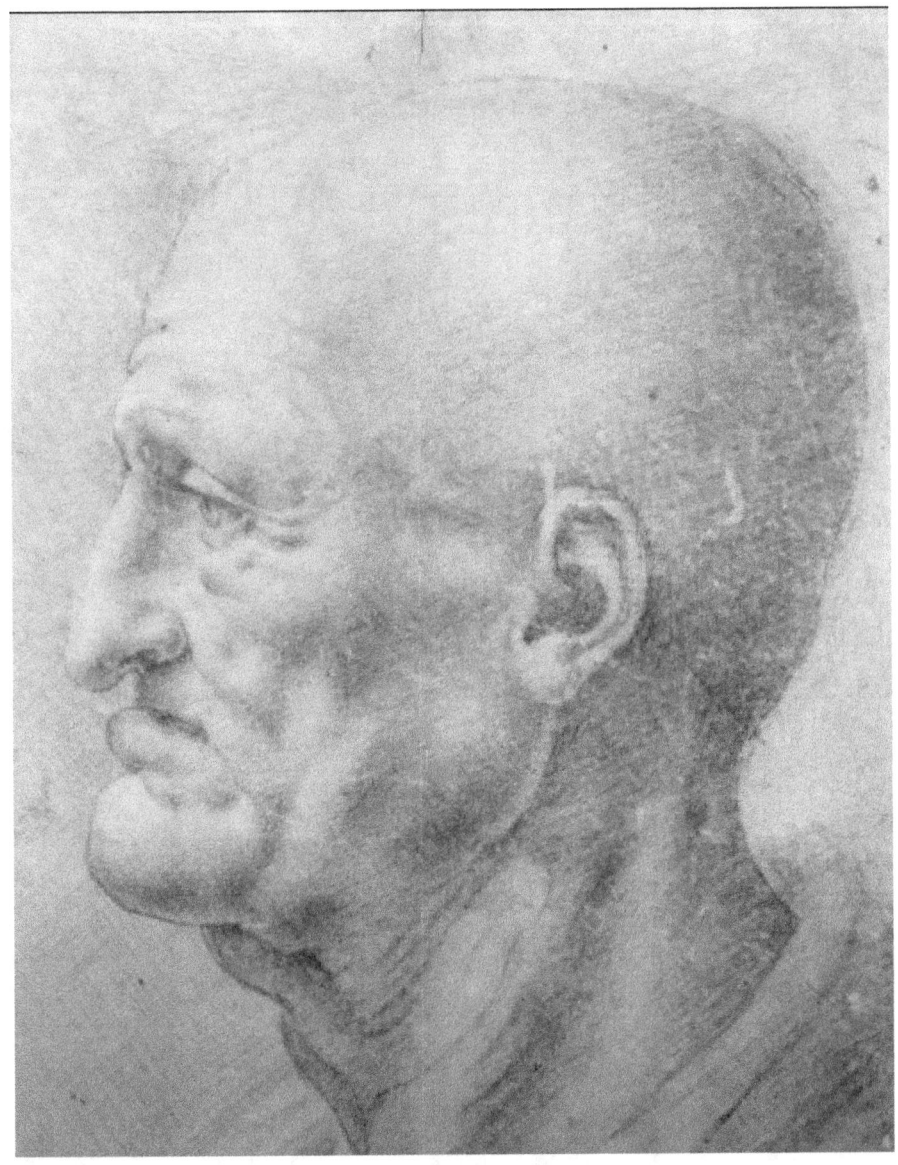

169

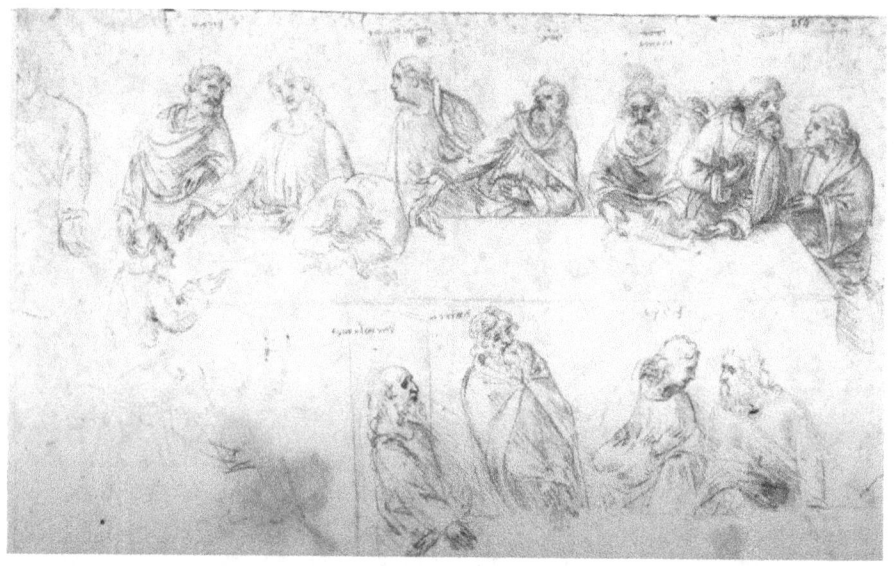

170

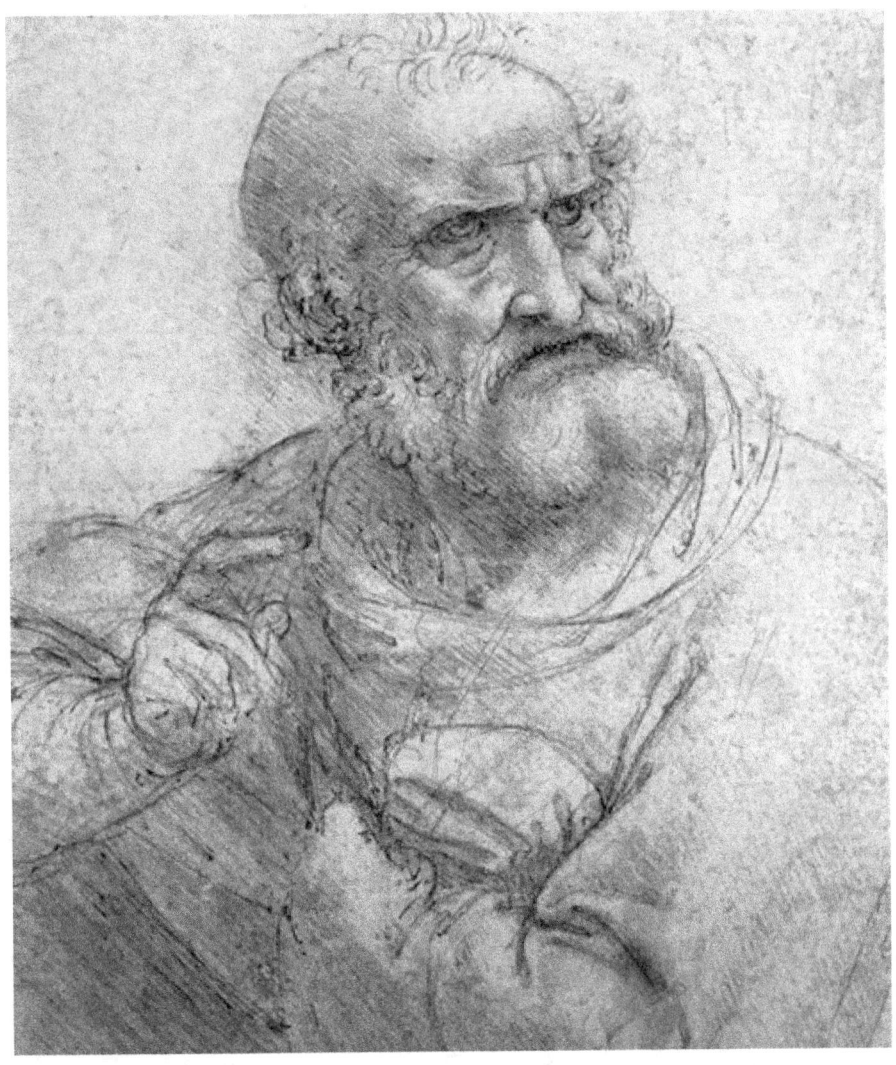

171

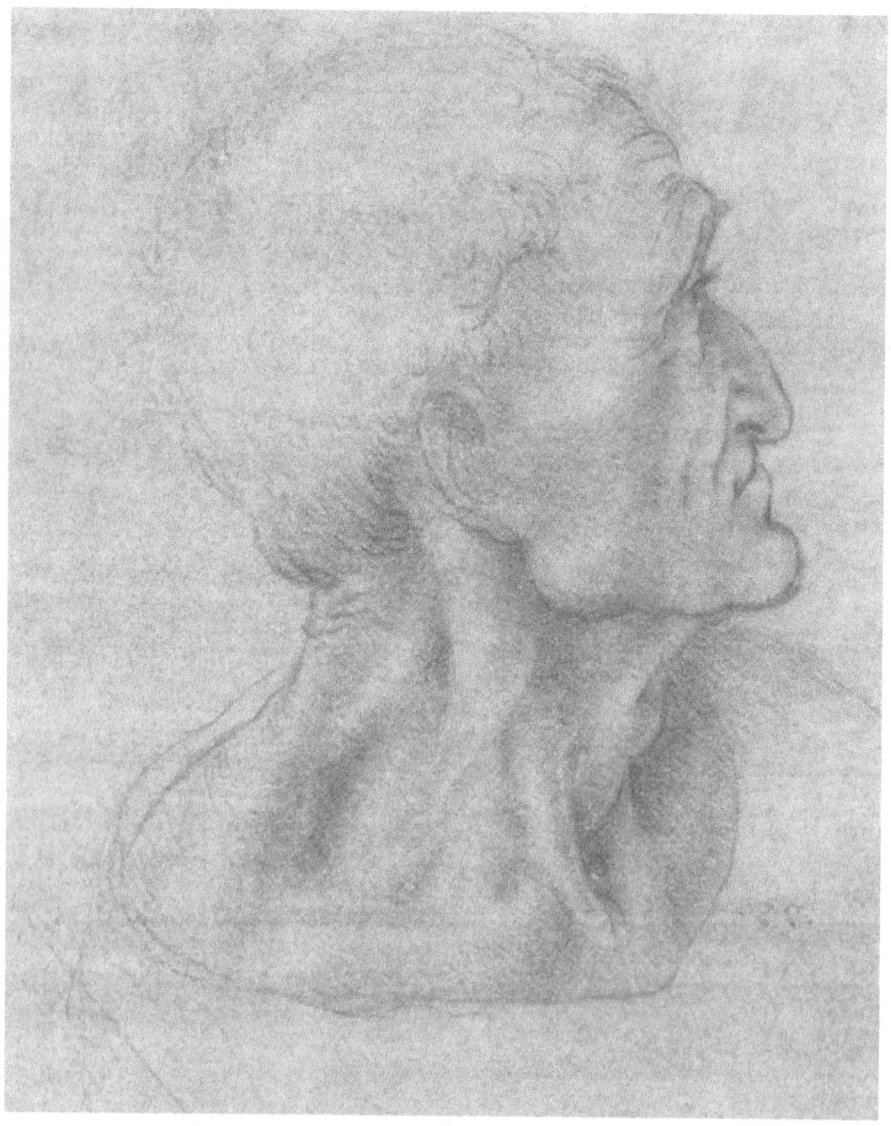

FANTASICOS Y GROTESCOS

172

Estudios de un sátiro con un león.

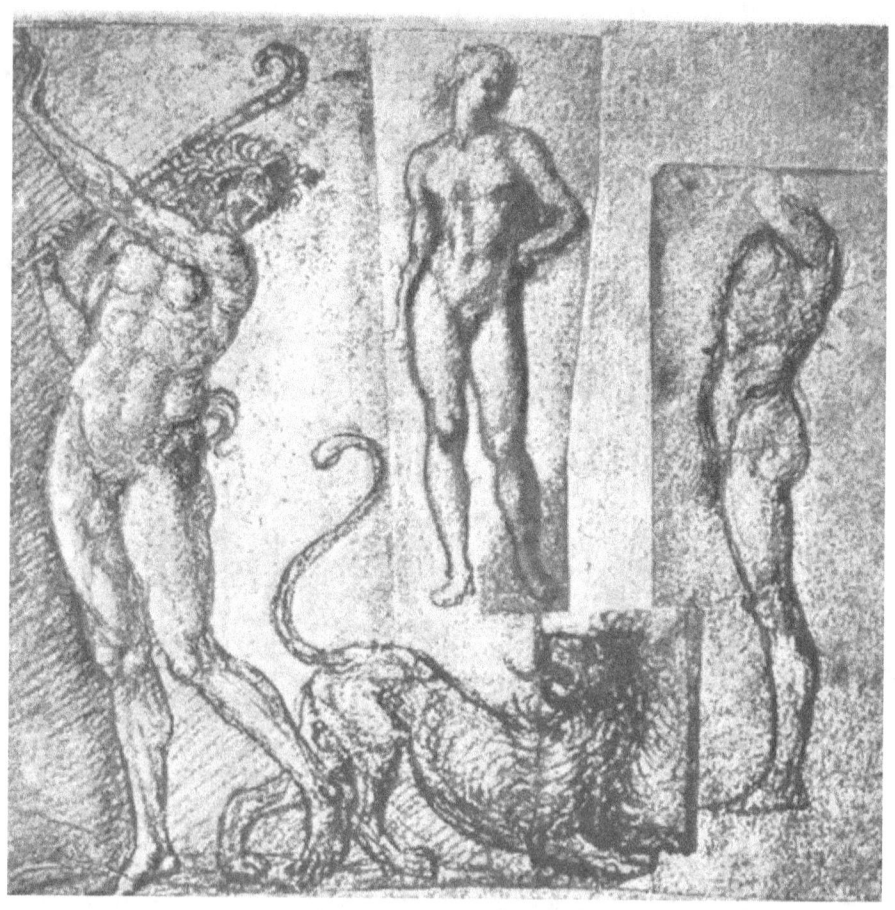

173

Batalla entre jinetes y monstruos

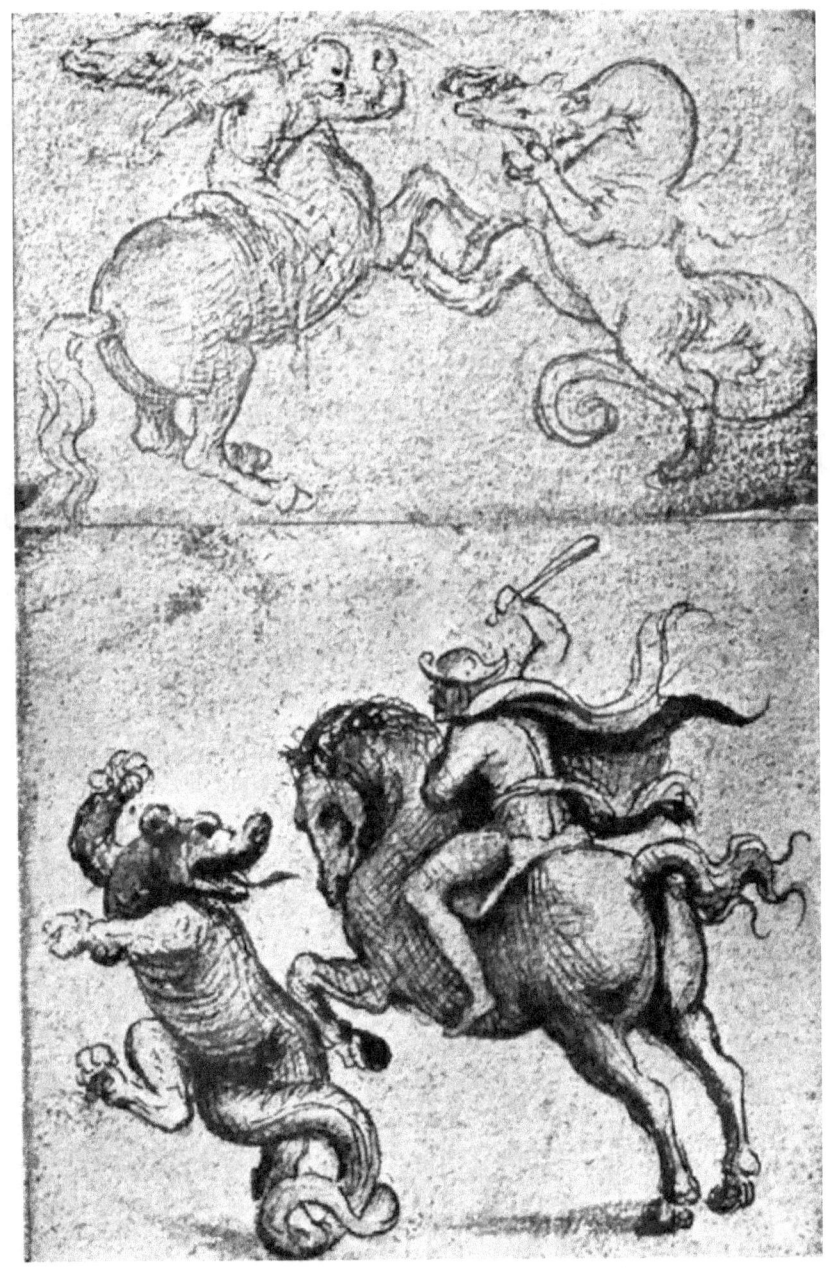

174

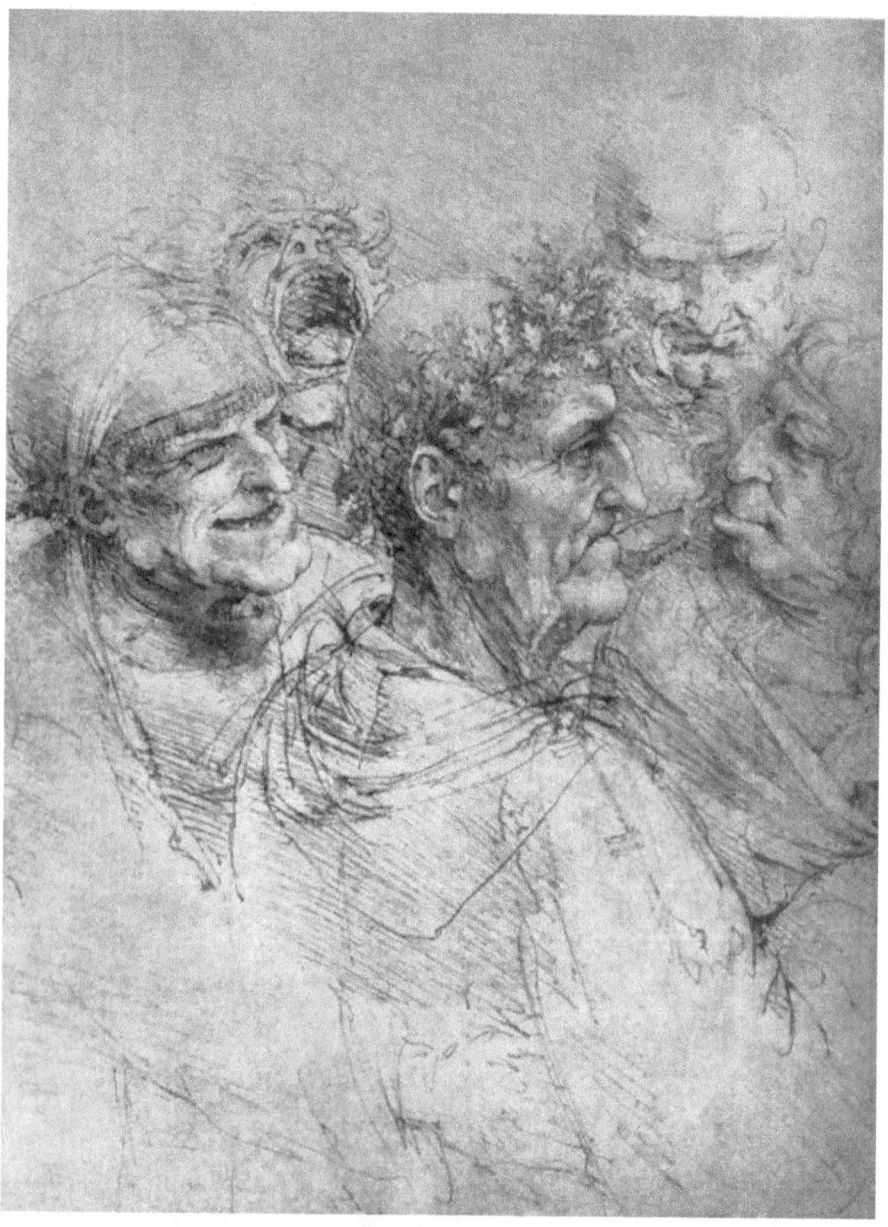

175
Dragón peleando con un león

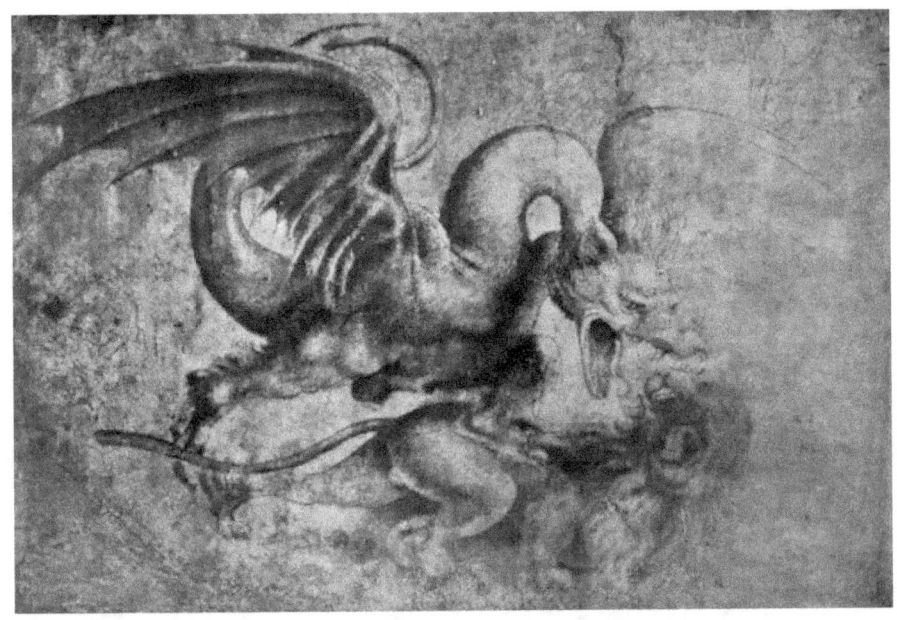

176

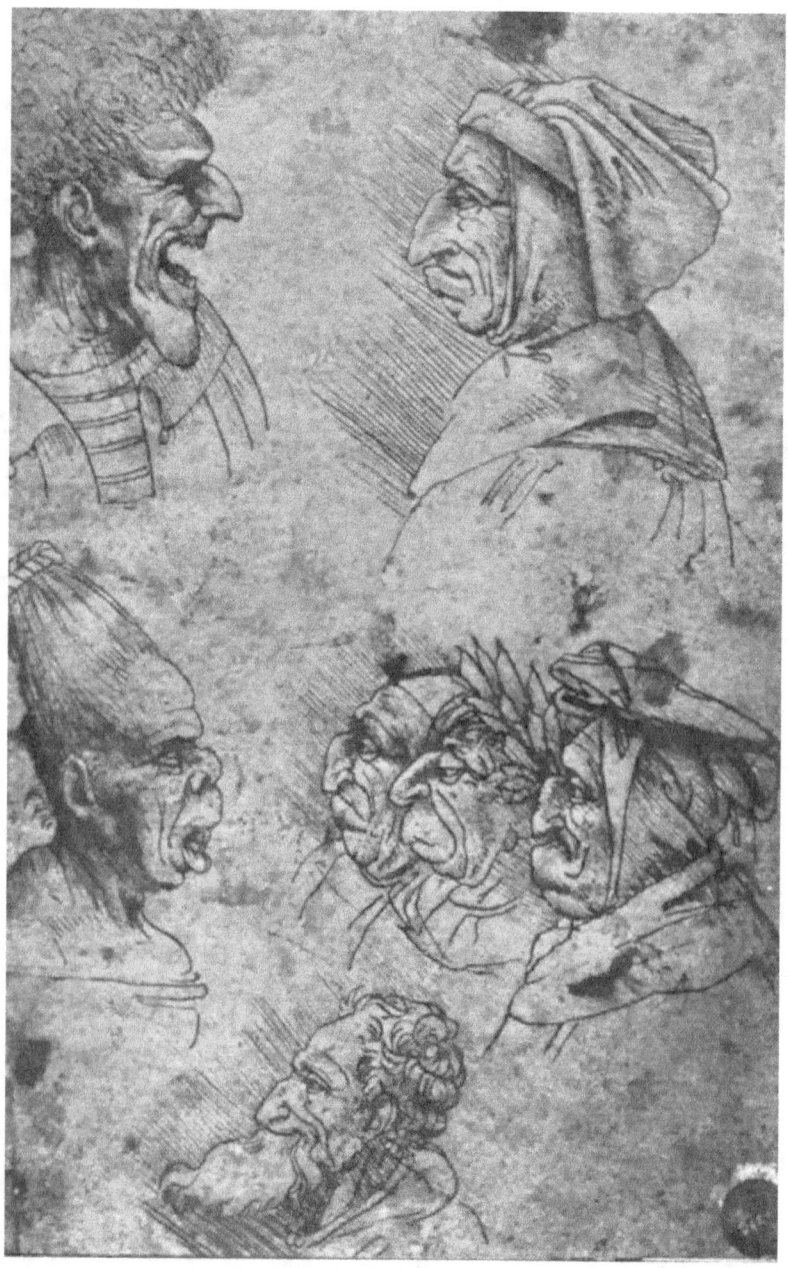

177

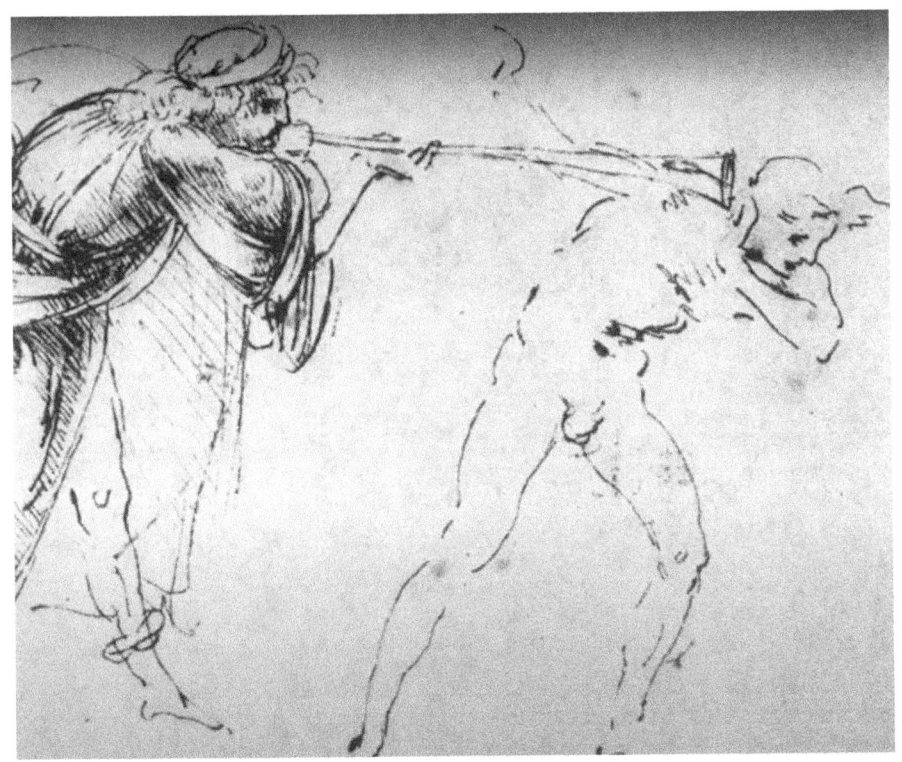

178

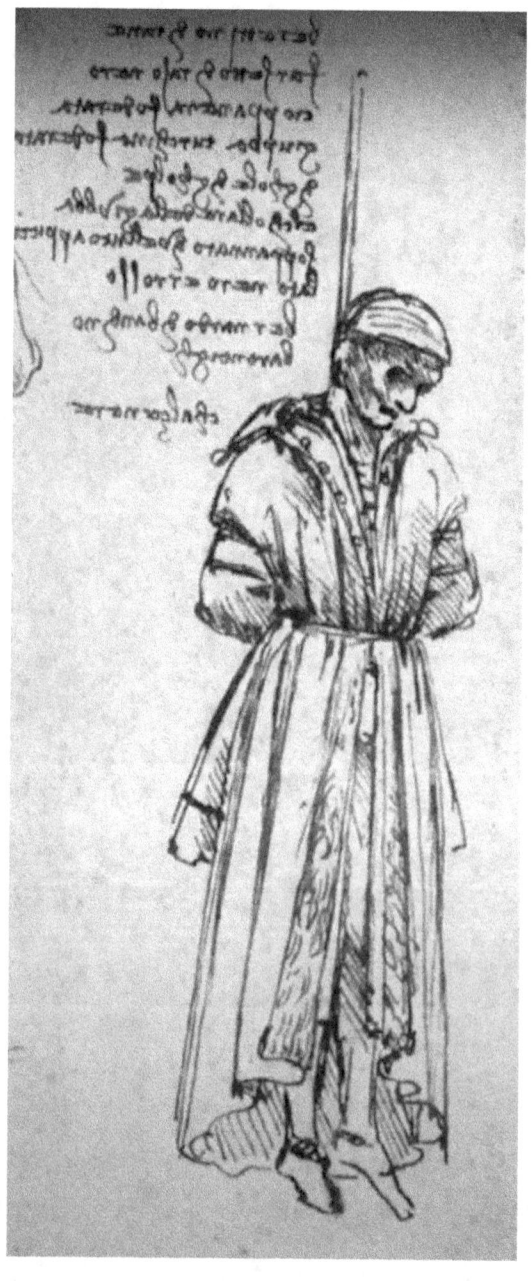

179

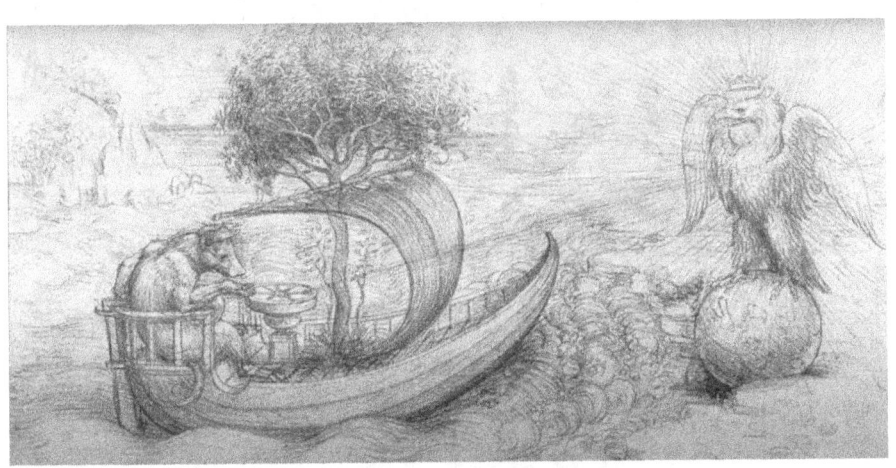

180

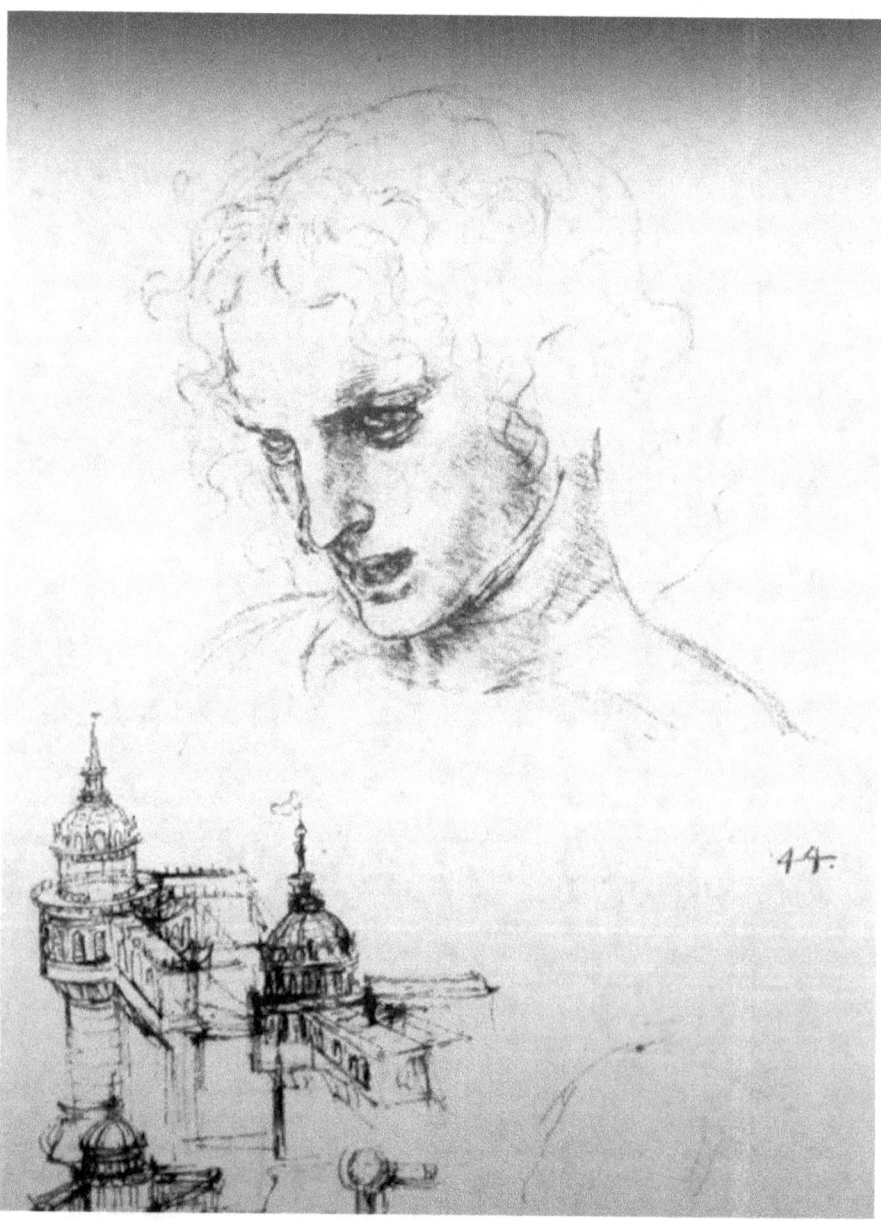

181

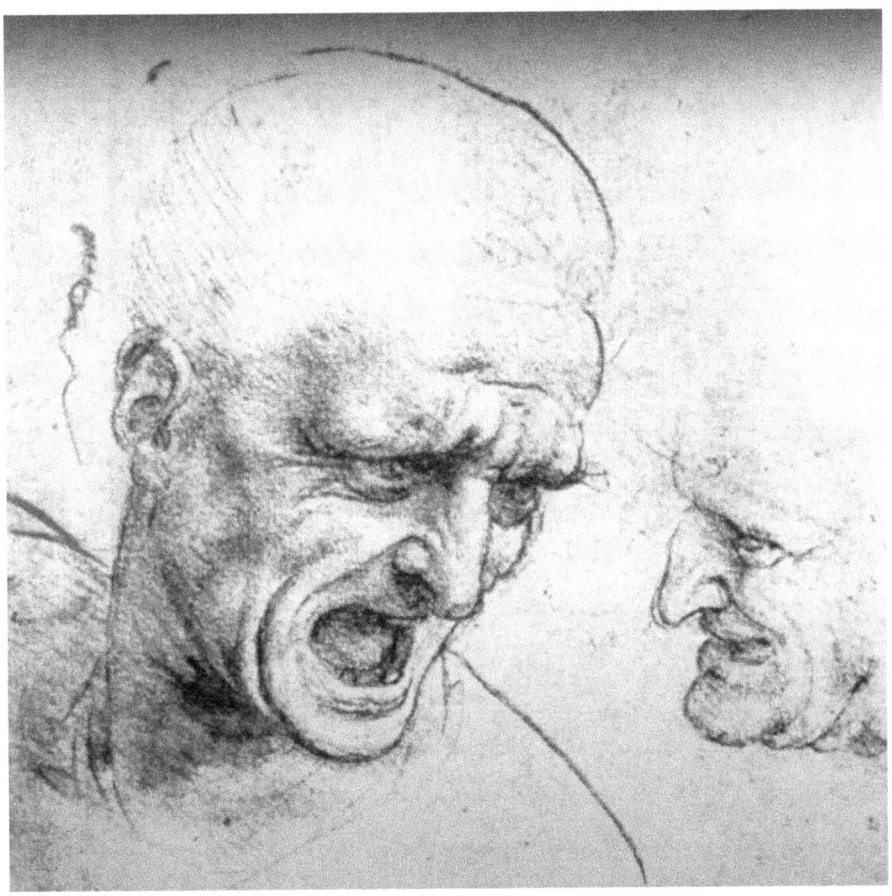

182

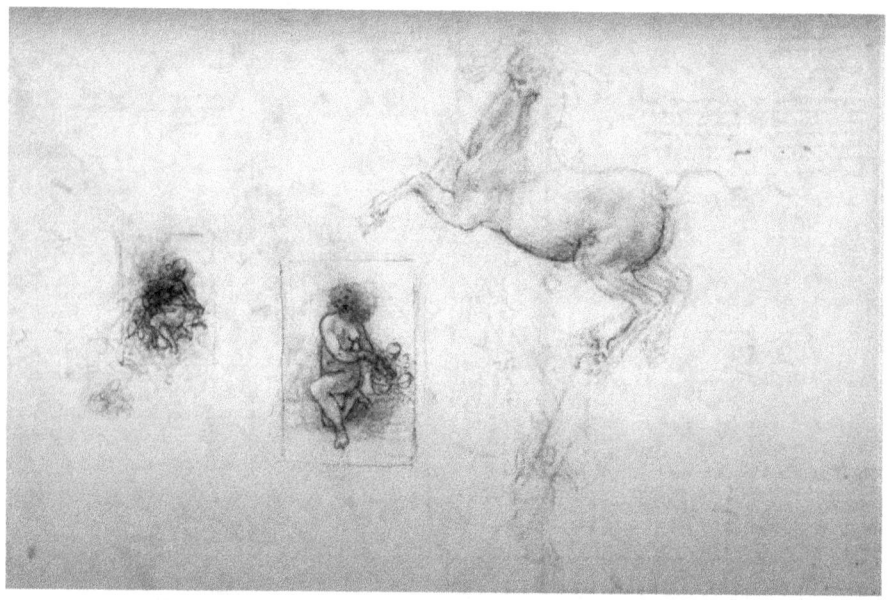

183

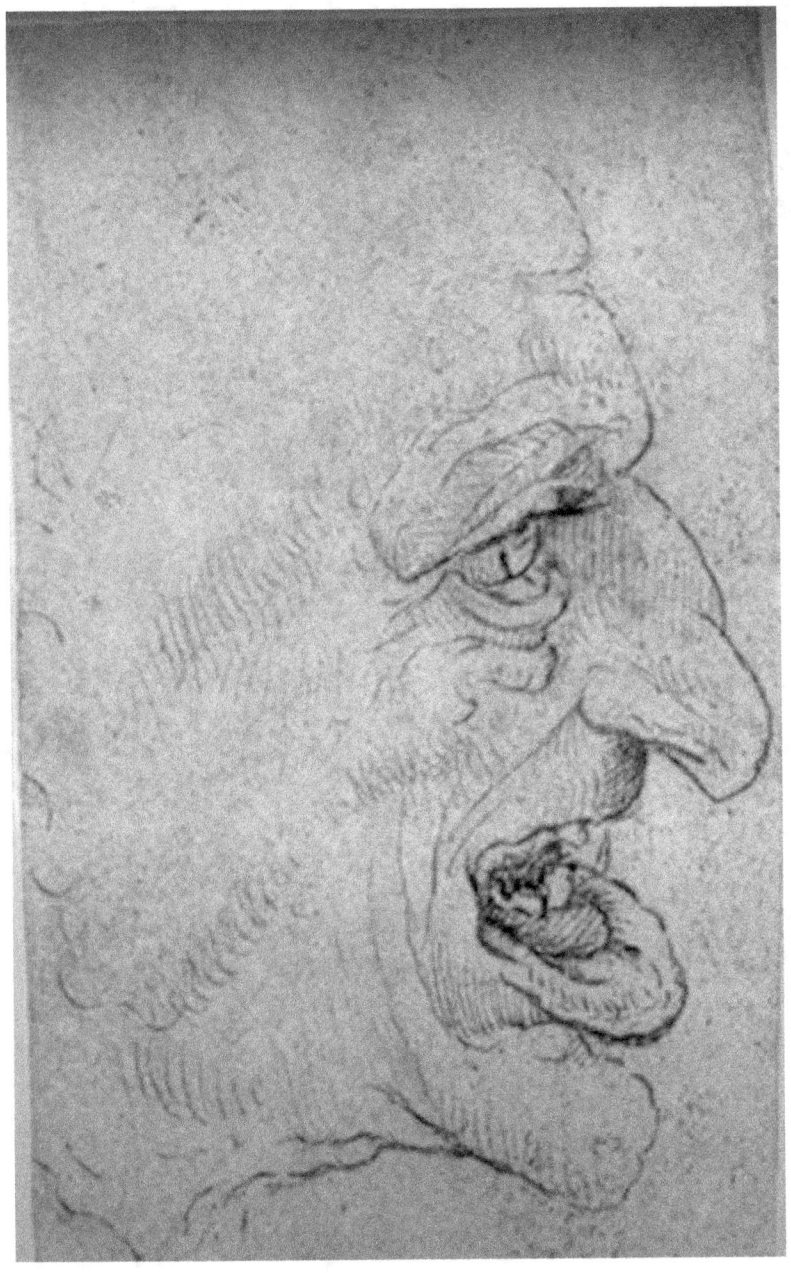

184

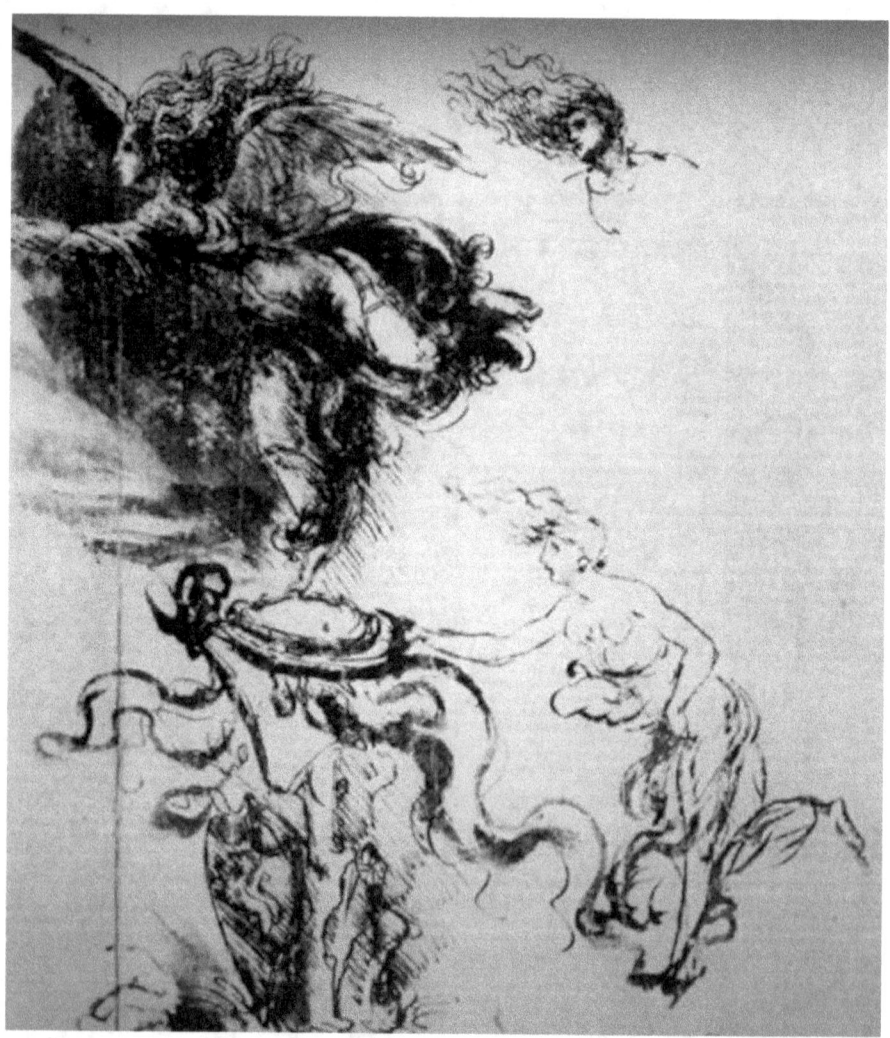

185

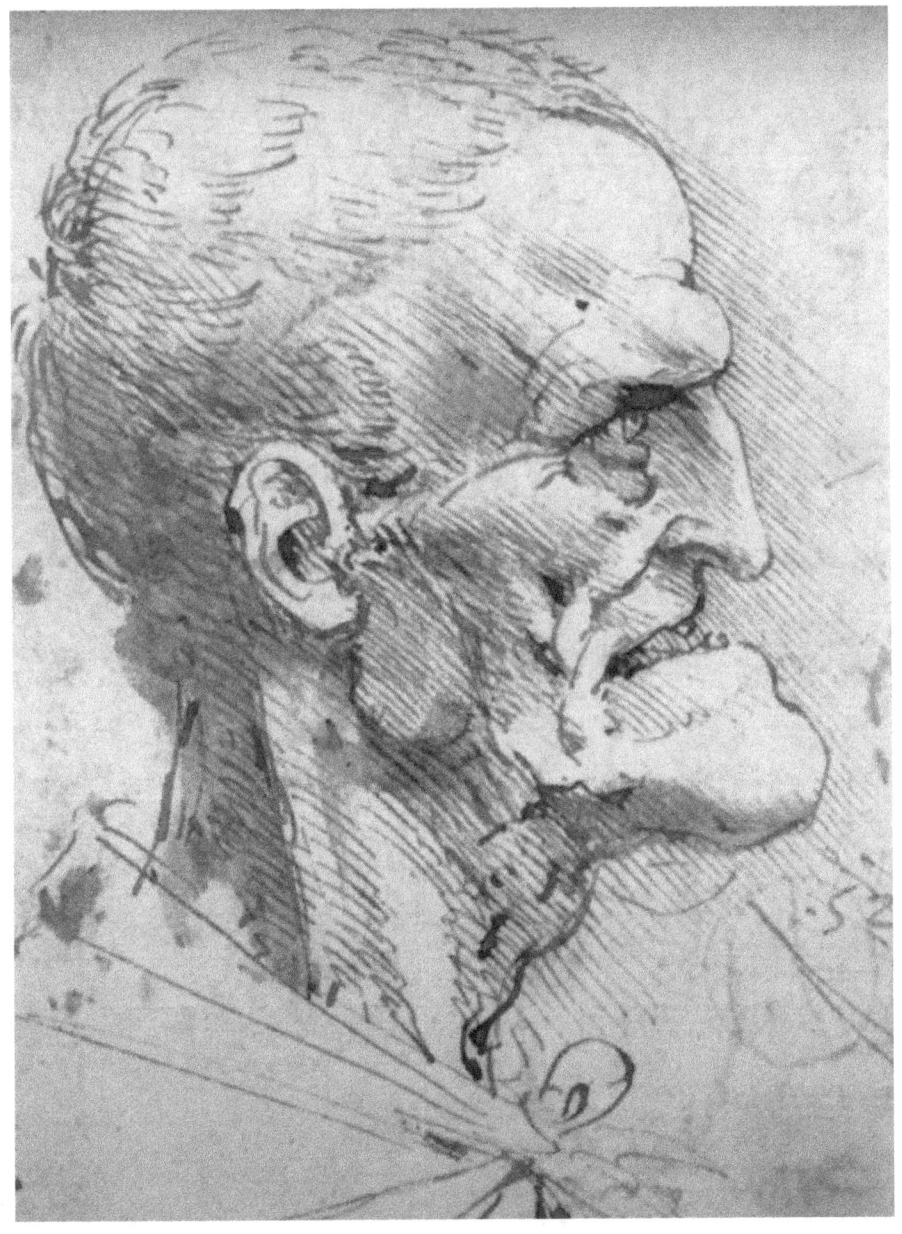

186

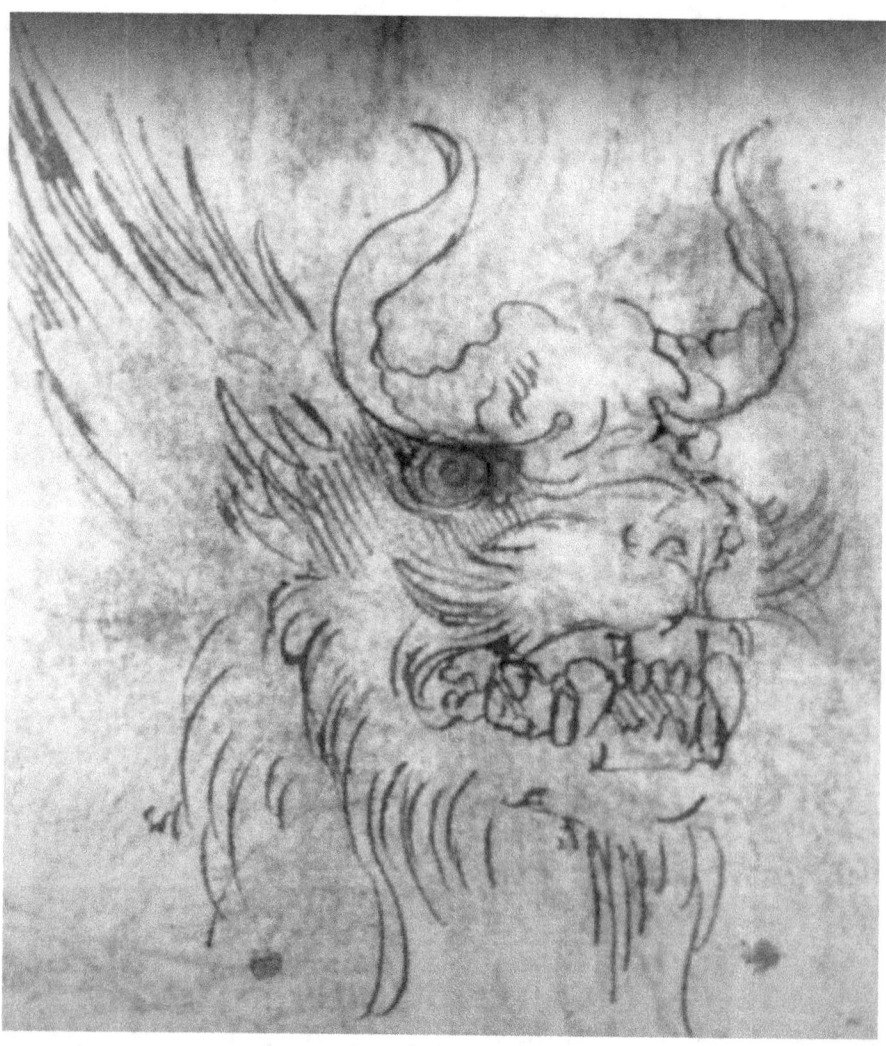

187

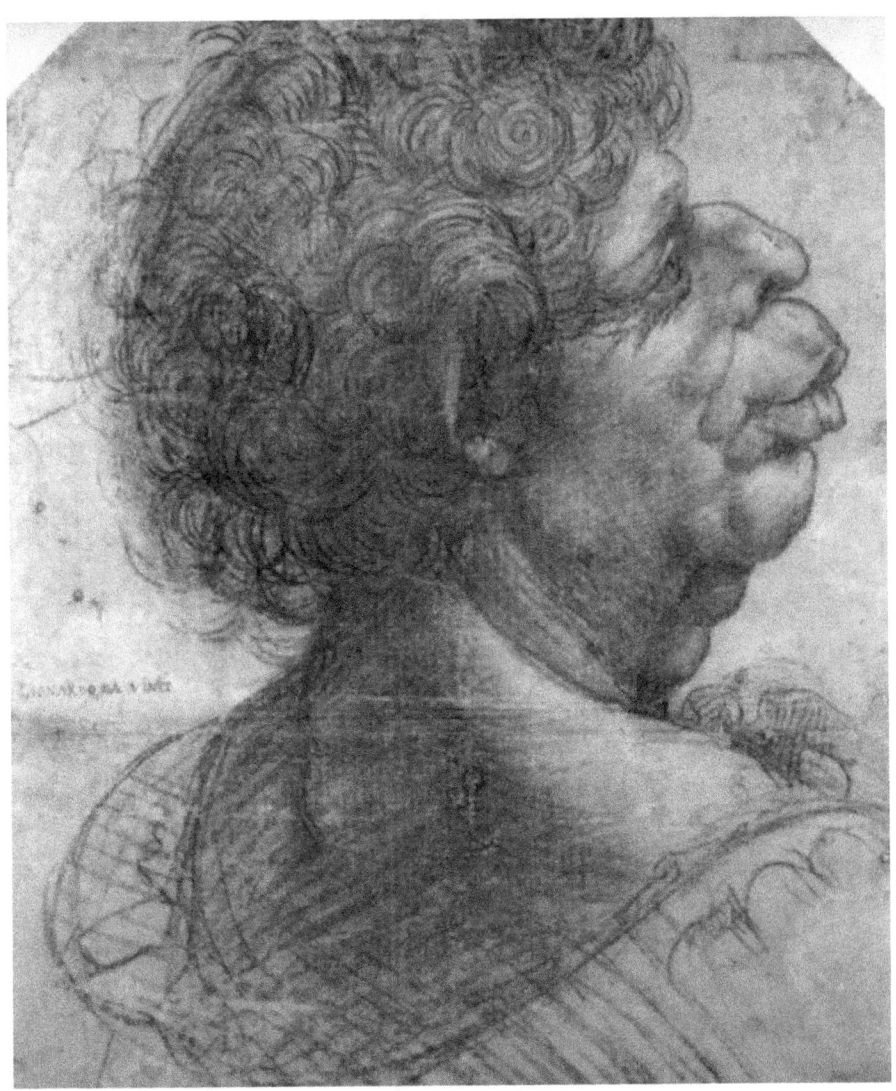

188

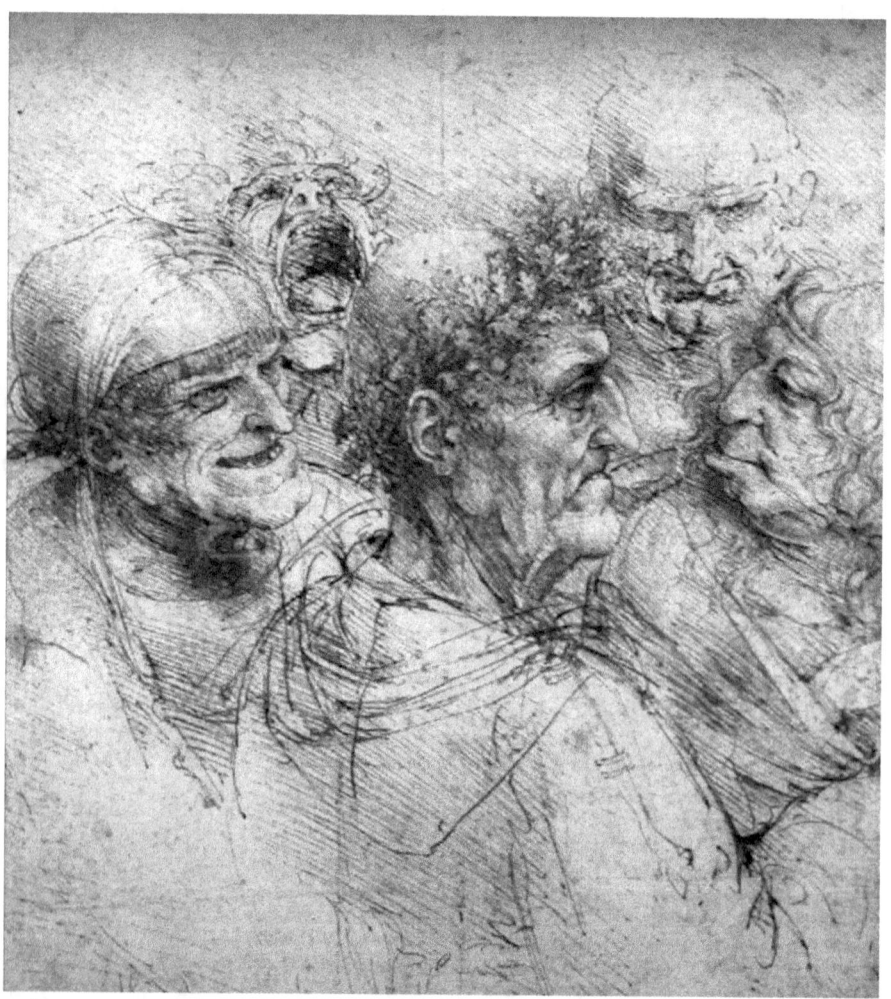

189

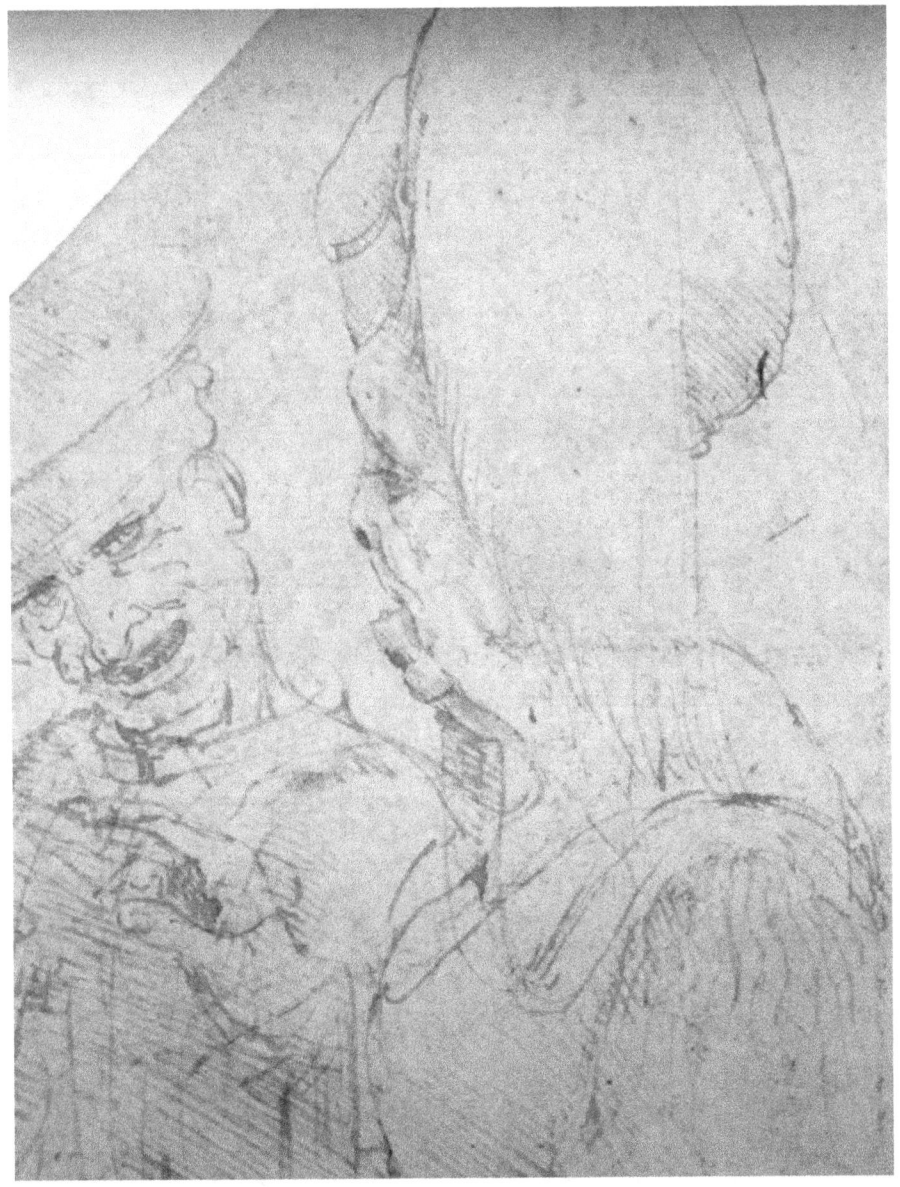

190

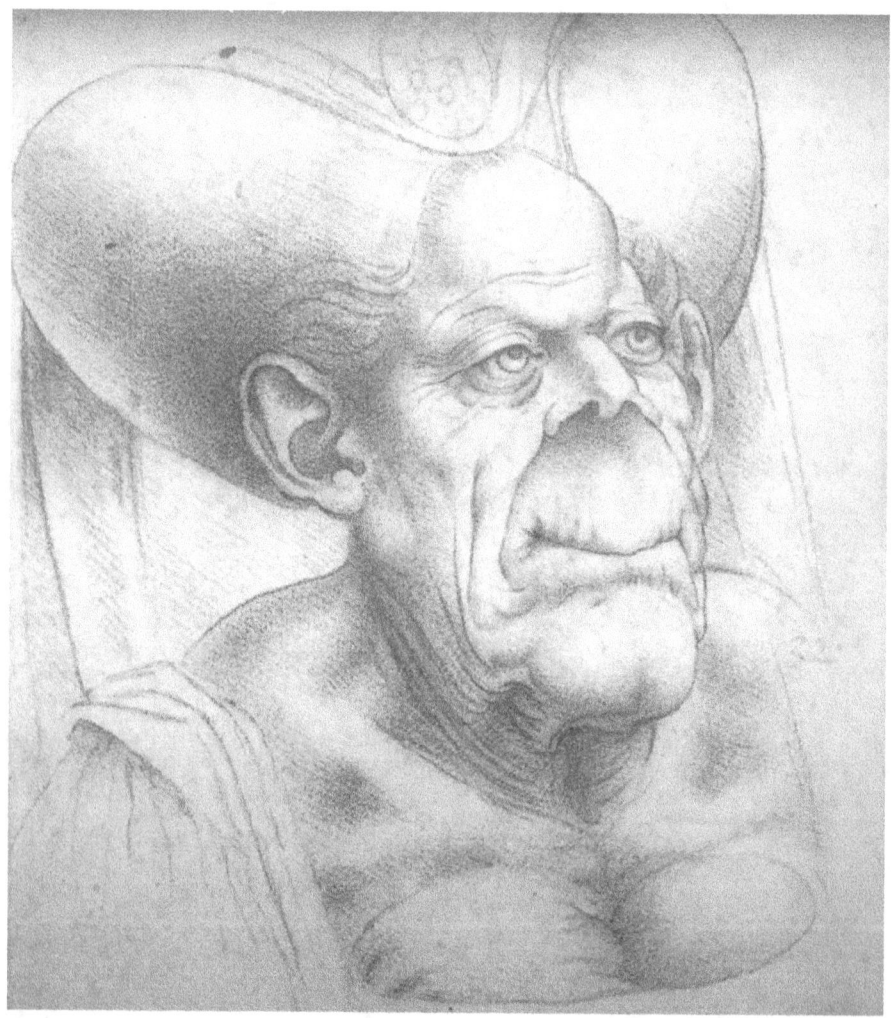

191

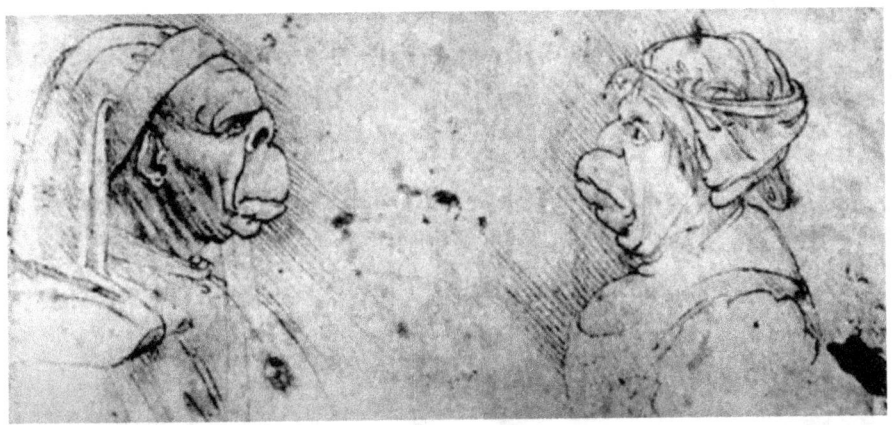

192

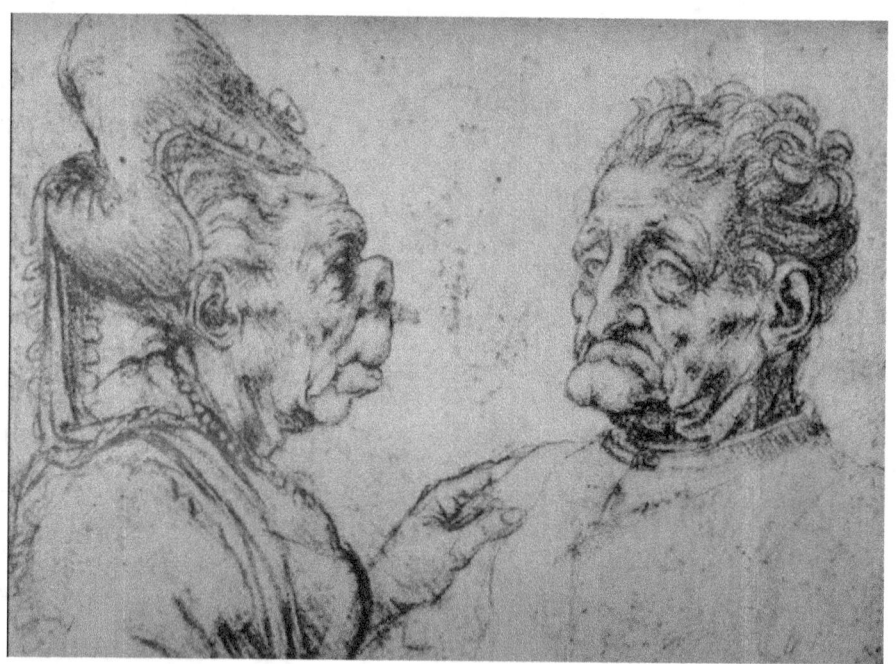

193

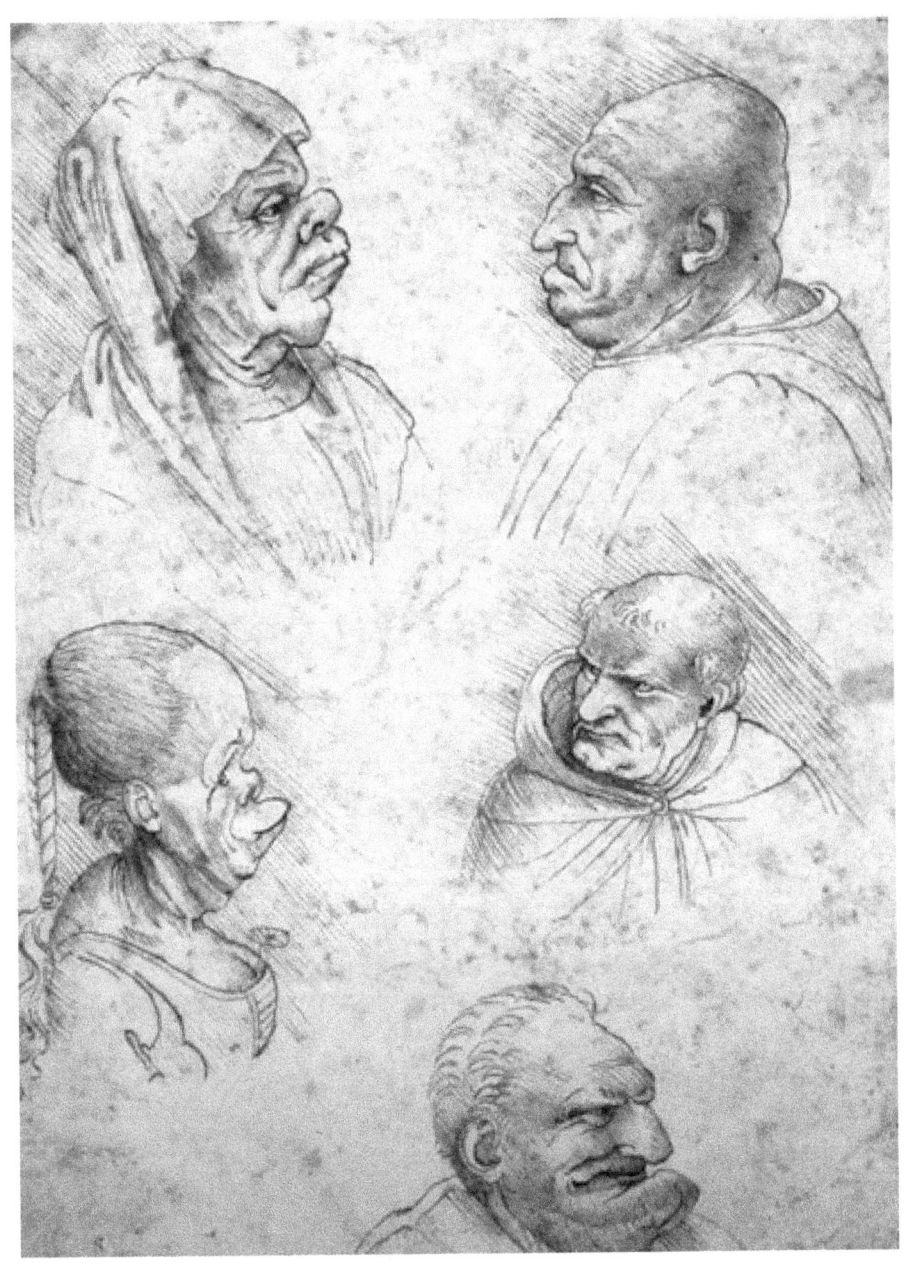

194

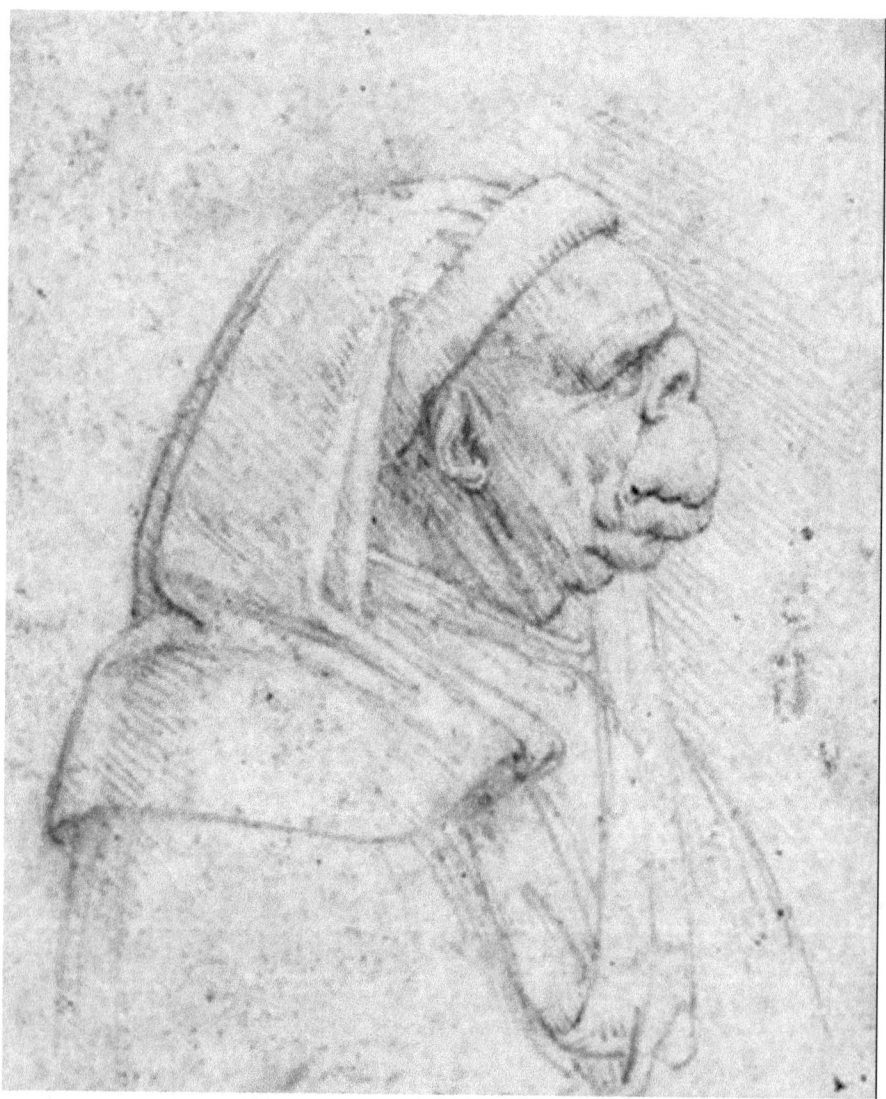

195

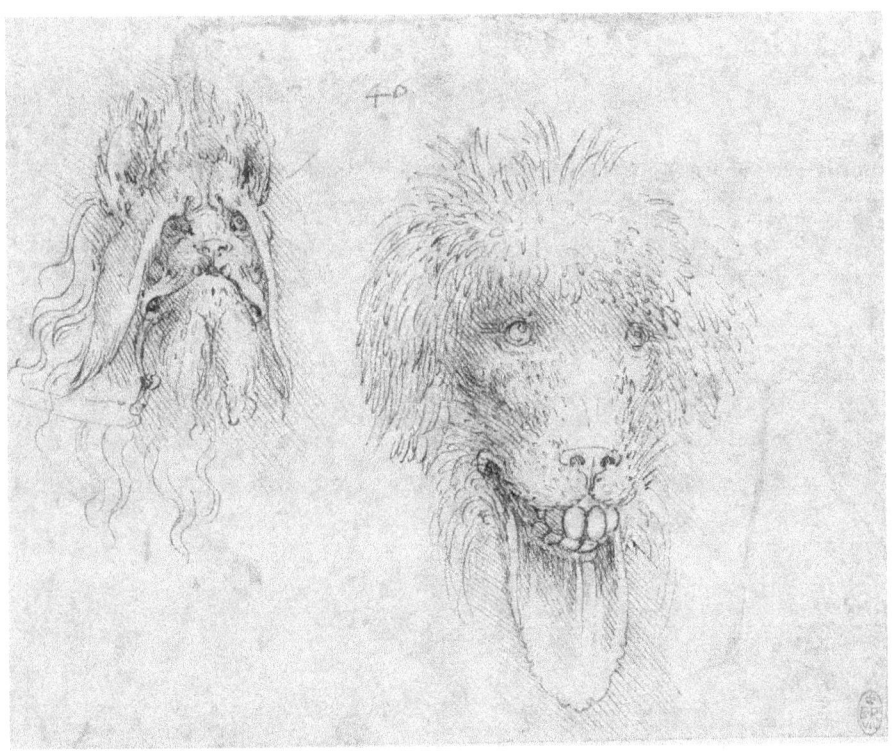

CATÁLOGO DE IDBCOM

www.idbcom.com
josercrevueltas@idbcom.com

ABOUT THE AUTHOR

José René Cruz Revueltas

Nació el 31 de julio de 1958 en la Ciudad de México. Fue librero y editor; en 1999 fundó con su padre www.libros.com.mx, una de las primeras librerías virtuales en México. En 2021 creó Idbcom LLC, Publisher. Actualmente escribe y publica.

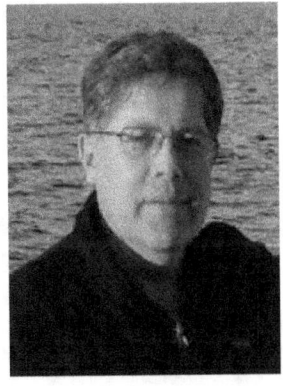

BOOKS BY THIS AUTHOR

Retratos De Francisco De Goya: 213 Obras Maestras De La Pintura

Sus retratos se fueron convirtiendo en la más clara descripción de las clases sociales que detentaban el poder en la España de la época. Porque Goya no solo los pintó, sino que supo captar sus almas, sus adentros. A través de sus rostros sus miradas y actitudes, dejó un espejo donde se refleja los rostros de una clase, una nobleza y sobre todo la de una monarquía caduca que no supo ni pudo dar respuesta a los problemas de la época convulsa que le tocó vivir.

Grabados De Francisco De Goya: Los Caprichos, Los Desastres Y Los Disparates

184 grabados de Francisco de Goya

Como nadie en la historia del arte, Francisco de Goya captó el dramatismo del momento histórico que le toco vivir y lo plasmó en sus fantásticos grabados que nos reflejan su inconsciente y el del alma de España en ese momento historico .

Los Toros De Goya: 72 Obras Maestras

Goya siempre fue, además de pintor, un español, y fundamentalmente un aragonés. Nunca despreció su cuna ni su origen sino más bien hizo gala, a través de su arte, de sus conocimientos sobre las costumbres y tradiciones españolas. Su pasión y su amor eran España: su tierra, su sol, el buen vino, sus mujeres y por supuesto la fiesta de los toros. La tauromaquia, arte y fiesta tan española como la España misma y tan goyesca como Goya mismo: luz, belleza, estética dentro de un marco en donde la posibilidad de la muerte grotesca, transforma la valentía del torero en un acto sado masoquista en donde el espectador cambia la alegría por la angustia, la belleza por el terror y la fealdad, y la vida por el dolor y la muerte. Los toros son la fiesta nacional española, tan íntima que podría definir a Goya y a la misma España. Esa España que nace del triunfo del cristianismo absolutista sobre los moros y los judíos. Que se engrandece con la riqueza de sus colonias. Pero que con la instauración de la santa inquisición condena a su pueblo a vivir bajo el terror y la sospecha, en donde quiera que haya un deseo y transgresión por pequeña que fuera, está el pecado y la posibilidad de un castigo brutal en esta vida o el infierno. La España que después de su grandeza inicial se consume a sí misma. Y que ya para la época de Goya se ha convertido en la España del Quijote, del Lazarillo de Tormes, del Buscón, en donde los buenos años han quedado atrás y hay que defenderse con todo para soñar y poder sobrevivir. Y es en la fiesta del toro en donde el pueblo español encuentra una catarsis contra ese mundo desigual, injusto, corrupto en donde la corte decadente vive en la opulencia, el engaño y la mentira. Es en la fiesta de los toros en donde no puede haber mentira porque la valentía no se puede ocultar, se enfrenta, con belleza, arte y gracia, de igual a igual con las verdades más reales que conocemos y que son: el miedo, el dolor y la muerte. Goya era célebre por sus borracheras, y por sus amoríos con doncellas y con mujeres casadas, y además como signo distintivo de su carácter, por su afición a los toros. Muy a menudo firmaba sus cartas como "Francisco, el de los toros". Cuando joven, Goya trató de colocarse como becario en la Academia real de artes en Madrid, dos veces fue rechazado. Antes que, a él, se dio lugar a los recomendados de las provincias mayores, principalmente a los andaluces y castellanos. Y él siendo un aragonés sin influencias en la corte, un desconocido sin obra, palurdo e ignorante, a pesar de sus recias raíces nacionales, no pudo obtener colocación alguna. Entonces para sobrevivir se aseguró una cierta cantidad de dinero lidiando toros en ruedos provincianos. Ya octogenario, Goya seguía haciendo alarde de su conocimiento de la fiesta taurina, de su erudición en materia de toros, toreros y plazas; y además se jactaba de ser todavía capaz de dar pases al toro más pintado, lo que dice bastante de su temperamento y personalidad. En las siguientes páginas podrás observar la serie de La tauromaquia que consta de 33 grabados que Francisco de Goya, publicó en 1816. Estas obras fueron elaboradas con lentitud, sin un plan concreto. También observarás las obras de la serie de Los toros de Burdeos elaboradas durante 1824 y 1825 en la ciudad francesa de Burdeos. A diferencia de La tauromaquia, estas obras reflejan las corridas de toros profesionales y los lances de toreros conocidos, junto a los lidiadores, se refleja la brutalización colectiva de la masa. Se encuentran también varias obras de Goya en donde el tema es la tauromaquia.

Vida, Amor Y Muerte En Las Obras De Francisco De Goya : 201 Obras Maestras

En muchas de las obras de Francisco de Goya sobre todo en la etapa final de su vida, se plasma la pesadilla del sufrimiento y el martirio de la nación española, pero junto a ella aparece ya la propia desesperanza, su desprecio, su cinismo, su pesimismo, su mordacidad y su sarcasmo.

Impresionistas Americanos, Volumen Uno : Cuarenta Y Tres Grandes Artistas

Volumen uno
Albert Henry Krehbiel, Alson Skinner Clark, Catherine Wiley, Childe Hassam, Colin Campbell Cooper, Daniel Garber, Dennis

Miller Bunker, Edmund Charles Tarbell, Edward Charles Volkert, Edward Henry Potthast, Edward Simmons, Edward Willis Redfield, Ernest Lawson, Everett Warner, Frank Weston Benson, Frederick Carl Frieseke, Guy Rose, Henry Bayley Snell, John Henry Twachtman, John Ottis Adams, Joseph Rodefer DeCamp, Julian Alden Weir, Leonard Ochtman.

Impresionistas Americanos, Volumen Dos: Cuarenta Y Tres Grandes Artistas

A pesar de haber sido inicialmente rechazado, el movimiento impresionista representa un hito en la historia del arte por el impacto que tuvo posteriormente en las multitudes. Buena parte de las obras de sus destacados representantes se exhiben en los grandes museos del mundo, donde millones de personas hacen fila para poder contemplarlas. Millones de reproducciones se encuentran en libros, litografías, camisetas, cajas de fósforos, servilletas de papel, bolsas, etc. Hoy los cuadros de los artistas que participaron en la primera exposición impresionista están valuados en millones de dólares. Este libro presenta obras de 43 artistas estadounidenses que participaron en este gran movimiento artístico. Sus creaciones no se quedan atrás de las de los artistas europeos por la belleza de sus obras.

Los Cartones Para Tapices De Francisco De Goya: 63 Obras Maestras De La Pintura Universal

En el año de 1775, probablemente por intermediación de su cuñado, que Goya, el genio casi desconocido en ese entonces, recibió la comisión de realizar cartones al óleo para servir de modelo en los productos de la Real manufacturera de tapices, que producía obras de ornato para la corte, no buscaba ningún significado ni profundidad en las obras, solo que fueran agradables a la vista.

Sin embargo, para Goya la producción de estos cartones (que

eran la base de los tapices) significaba un buen ingreso y poderse acercar a la corte. Inició su labor haciendo tal vez una media docena. En todos ellos se plasmaba lo mejor de su genio español: la temática, las composiciones, las figuras, los colores, la textura, los contrastes de luz y sombra. En estos cartones Goya se muestra como costumbrista dentro de las tradiciones españolas. El realismo es feroz, con gran despliegue de fieros y pasionales coloridos. Goya entregó los proyectos al director de la Real Manufacturera, sitio donde convergían los más altos talentos pictóricos de España y en donde se habían fijado en cuerdas y cordeles las obras magníficas de David y Tiépolo; de célebres pintores italianos; de los connotados de Flandes, de los sofisticados franceses, muy de moda entonces.

Después de recibir y examinar los proyectos de Goya, el director, don Rafael Mengs, los rechazó porque según él, el sentido de la temática, composición y figuras, eran demasiado populares. Goya recibió la comisión de rehacerlos y de conformarlos de acuerdo con lo imperante. Goya renegó de su suerte. No comprendía cómo se podía despreciar lo español y sumergirlo en un segundo plano, cuando en primera instancia todo artista que se dignara serlo, debía vivir agradecido por los temas que brindaban las costumbres y tradiciones del pueblo español.

Sin embargo, se rindió, más cornadas da el hambre. No era posible sobrevivir y sobresalir como artista y como pintor si no se rendía uno ante la preferencia insolente de la moda de las clases pudientes y del Rey. Sus cartones al óleo para tapices entonces fueron tomando la temática adocenada, tan abominablemente académica, de los paisajes italianos, de las figuras pastorales galas y flamencas, de las escenas bucólicas de un neoclasicismo imposible. Pero en esos temas tan refritos, la genialidad de Goya fue introduciendo poco a poco, aquí y allá, donde pudo, las costumbres y tradiciones que, a pesar de ser italianas, flamencas o francesas podían ser también españolas.

Fueron apareciendo entonces, paulatinamente, en la medida en que los tapiceros realizaban sus cartones y los tapices se vendían, temas españoles más goyescos, además. Se vieron cuadros deslumbrantes de los cartones al óleo que, luego transformados en tapices, le fueron dando un sitio internacional, muy europeo. Tapices como El quitasol, Las pastoras, Los bebedores, Niños cogiendo fruta, etcétera, lo consagraron y Goya se fue haciendo dueño de la alegoría, de la anécdota, de la temática mundana.

Fue conformando su arte nacionalista con notables raíces en la tradición y las costumbres populares. Entonces fue celebrado como un renovador.

La Malinche : La Esclava Indígena Que Alcanzó Su Libertad

La malinche, la esclava que alcanzó su libertad

Cinco siglos han pasado desde la conquista de México y aún no han sido suficientes para que todo lo acontecido sea considerado fríamente, con una perspectiva histórica clara.

En particular sobre la Malinche nos encontramos que es un personaje muy complicado y por casi todos denostado. Para muchos es una traidora, una soldadera vendida a los españoles y es de ello que se deriva el término malinchismo que en México significa preferencia por lo extranjero, en menosprecio de lo propio.

¿Pero cómo puede una esclava, una mujer humillada, ofendida y degradada por su pueblo, ser traidora a algo o a alguien? La Malinche es una mujer extraordinaria, de esclava llegó a ser la negociadora entre Cortés y el emperador Moctezuma en los días previos a la conquista de Tenochtitlán. Algo inconcebible tanto para los españoles como para los náhuatl.

Al final logró alcanzar su libertad, por su voluntad tuvo una hija con un soldado español y formó la primera familia hispanoamericana. Y con ello nos dejó con 500 años de duda hamletiana. ¿Es la Malinche una mujer que debemos admirar o despreciar?